Anonymous

Bericht der vom Gemeinderate der Stadt Wien berufenen

Experten

über die Wienfluss-Regulierung im August 1882

Anonymous

Bericht der vom Gemeinderate der Stadt Wien berufenen Experten
über die Wienfluss-Regulierung im August 1882

ISBN/EAN: 9783743670761

Hergestellt in Europa, USA, Kanada, Australien, Japan

Cover: Foto ©ninafisch / pixelio.de

Weitere Bücher finden Sie auf **www.hansebooks.com**

Bericht

der

vom Gemeinderathe der Stadt Wien berufenen Experten

über die

Wienfluß-Regulirung

im August 1882.

Mit 15 Tafeln.

Wien, 1882.

Verlag des Gemeinderaths-Präsidiums.

Druck von J. B. Wallishausser.

Inhalts-Verzeichniß.

Einleitung.

Der Gemeinderath der Haupt- und Residenzstadt Wien beschloß am 14. Februar über Antrag seines Mitgliedes, des Herrn Theodor Ritter von Goldschmidt, nach dem vom Herrn Architekten Streit erstatteten Referate die Einberufung einer Expertise, die mit der Aufgabe betraut wurde: „Den Wienfluß in seiner ganzen Ausdehnung, von der Quelle bis zur Einmündung in den Donaukanal, mit Rücksicht auf eine Regulirung oder Verwerthung desselben zu studiren, alle einschlägigen Verhältnisse in Erwägung zu ziehen und mit Rücksicht auf den gegenwärtigen Zustand des Wienflusses ein Gutachten abzugeben, welches als Grundlage für die Aufstellung eines Programms zur Verfassung von einschlägigen Projekten dienen könne."

Der Gemeinderath hat es für gut befunden, die Expertise mit Rücksicht auf die einschlägigen Spezialerhebungen und Gutachten aus folgenden Fachleuten zusammenzustellen:

1. Robert Micklitz, k. k. Ministerialrath und Ober-Landforstmeister, als Forstmann,

2. Karl Maria Paul, k. k. Bergrath, als Geologe.

3. Dr. Julius Hann, k. k. Professor und Direktor der k. k. Central-Anstalt für Meteorologie und Erdmagnetismus, als Meteorologe.

4. Dr. Josef Nowak, k. k. Professor und Mitglied des niederösterr. Sanitätsrathes, als Hygieniker,

5. Josef Riedel, Ingenieur, als Kulturtechniker.

Ferner als Wasserbautechniker:

6. Gottlieb Jänner, k. k. Oberingenieur der Donauregulirung,

7. Jos. Andreas Knobloch, behördlich autorisirter Civilingenieur,

8. k. Arthur Oelwein, Ingenieur und Bauinspektor der k. k. Direktion für den Staatseisenbahn-Betrieb in Wien.

Als berathende Mitglieder wohnten den Sitzungen bei:

9. Franz Berger, Oberingenieur und Leiter des städtischen Bauamtes,

10. Franz Kindermann, Ingenieur-Assistent des Stadtbauamtes, gleichzeitig als Protokollführer,

endlich die Herren Gemeinderäthe Architekt Streit und Weißenberger.

Die genannten Mitglieder der Expertise haben sämmtlich das sie im hohen Grade ehrende Mandat seitens des Gemeinderathes angenommen und erfolgte am 1. Mai d. J. die konstituirende Sitzung, eröffnet durch den

1*

Bürgermeister der k. k. Haupt- und Residenzstadt, Herrn Eduard Uhl.

Als Obmann der Expertise wurde einstimmig der k. k. Ministerialrath Robert Miklitz, als dessen Stellvertreter der k. k. Oberingenieur Herr Gottlieb Jänner erwählt.

In die Spezialreferate theilten sich die einzelnen Fachmänner der Expertise, in das hydrotechnische Komité wurden die Herren Jänner, Knobloch, Oelwein und Riedel delegirt und der Bauinspektor Oelwein als Obmann dieses Komités gewählt.

Nach einer mehrmonatlichen Thätigkeit, eingehenden Studien der einschlägigen Verhältnisse und Begehung des gesammten Gebietes haben sich die Experten überzeugt, daß die kulturellen Verhältnisse im Wienflußgebiete für jede Art der Regulirung kaum günstiger gestaltet sein könnten, daß die wasserbaulichen Zustände sehr Vieles, die sanitären Verhältnisse aber dagegen Alles zu wünschen übrig lassen.

Die Experten haben, nachdem die Vorarbeiten vollendet waren, beschlossen, ein Substrat für die Beantwortung der an sie gestellten Fragen in Form eines Berichtes zu schaffen, der in zwei Theile zerfällt: in einen allgemeinen Bericht mit den Monographien über die kulturellen, geologischen, meteorologischen und sanitären Verhältnisse des Wienthales, nebst einem Anhang über den Bau von Reservoirs und Thalsperren, dann in einen Spezial-Bericht über die topographischen hydrographischen Verhältnisse des Wienthales und die Methoden der Regulirung des Wienflusses.

Die Experten haben in diesem Berichte alle einschlägigen Fragen für die Ausarbeitung eines Detailprojektes zur Regulirung der Wien und der Abflußverhältnisse der Niederschläge eingehend erörtert und glauben in den Erläuterungen für die einzelnen Regulirungsmethoden genügende Grundlagen für die weitere technische Detailarbeit gegeben zu haben.

Auf Grund dieses Berichtes erfolgte im III. Theile des Berichtes die Beantwortung der einzelnen der Expertise vorgelegten Fragen.

Bei dieser Gelegenheit danken die Experten auch dem Stadtbauamtsleiter Herrn Oberingenieur Berger und dem Herrn Ingenieur Kindermann für die ihnen jederzeit bereitwilligst gegebenen Auskünfte.

Wien, im August 1882.

I. Theil.

Monographien.

1. Uebersicht der geologischen Verhältnisse des Wien-Thales.

Die Fragen, welche von Seite des Gemeinderathes von Wien der zum Studium der Wienflußregulirungs-Angelegenheit einberufenen Experten-Kommission vorgelegt wurden, sind der Mehrzahl nach wesentlich solche, daß die geologischen Verhältnisse des fraglichen Gebietes auf die Lösung derselben nur in geringem Grade von Einfluß sein können; doch folge ich gerne der ehrenden Aufforderung, diejenigen geologischen Daten, die für die Herren Hydrotechniker möglicherweise benützbar sein könnten, in gedrängter Kürze zusammen zu stellen, wobei ich in Anbetracht der rein praktischen Natur der Frage alles Theoretische, insoferne die Berührung desselben nicht zum Verständnisse erforderlich ist, möglichst beiseite lasse.

Der Wienfluß entspringt, wie allbekannt, bei Preßbaum am Nordost-Gehänge des Kaiserbrunnberges, und ergießt sich innerhalb der Stadt Wien in den Donaukanal; er durchfließt von seinen Quellen bis unterhalb Hütteldorf einen Theil der alpinen Wiener Sandstein-Zone, von hier abwärts das Gebiet der Tertiär- und Diluvialgebilde des Wiener Beckens, somit zwei durchaus verschieden zusammengesetzte Gebiete, die daher auch getrennt betrachtet werden müssen.

A. Die Wiener Sandstein-Zone.

Die Zone gerundeter Vorberge, welche wir mit dem Namen der „alpinen Wiener Sandstein- oder „Flysch“-Zone bezeichnen, begleitet den Nordrand der Alpen von der Schweiz bis in die Gegend von Wien, tritt mit dem Kahlen- und Leopoldsberge an das Donauthal heran, ist jenseits desselben noch durch einige isolirte Kuppen markirt (Bisamberg, Niederkreuzstätten) und findet endlich in der den Nordrand der Karpathen umsäumenden Karpathen-Sandstein-Zone ihre Fortsetzung.

In dieser Zone sind Ablagerungen von der älteren Kreide-Formation (Neocomien) bis zum mittleren Tertiär (Oligocen) vertreten und zwar scheinen im westlichen Theile (Bayern, Tirol) die Tertiären, bei Wien (Nußdorf, Klosterneuburg) die cretacischen Glieder zu prävaliren. Genauere Spezial-Studien über die Vertheilung und räumliche Verbreitung dieser altersverschiedenen Glieder sind jedoch in unserer Gegend bisher nicht durchgeführt worden, sie wären auch für den hier vorliegenden Zweck von geringerem Belange, da für die Verhältnisse der Quellbildung, Geschiebebildung ꝛc. nicht das geologische Alter der Gesteinschichten, sondern deren petrographische Entwicklung in erster

Linie maßgebend ist. Diese petrographische Entwicklung (Facies) ist aber bei den cretacischen und tertiären Gliedern der Zone sehr analog, daher auf diesen Altersunterschied hier nicht weiter Rücksicht genommen zu werden braucht.

Was nun die petrographische Entwicklung der Wiener Sandsteine betrifft, so kann ich hier wohl keine bessere Charakterisirung derselben geben, als diejenige, die sich hierüber in F. v. Hauer's Geologie (II. Aufl., Wien 1877) findet, daher ich diese hier auszugsweise reproduzire.

Der Wiener Sandstein besteht aus wohlgeschichteten Bänken von meist fein-, seltener grobkörnigen oder konglomeratartigen Sandsteinen, die durch ein Bindemittel zusammengehalten werden, in dessen Zusammensetzung meist kohlensaure Kalkerde und Magnesia, dann Eisenoxydul in beträchtlicher Menge auftreten. Das Gestein braust darum mit Säuren und seine im vollkommen frischen Zustande gewöhnlich blaugraue Farbe geht bei anfangender Verwitterung ins gelbbraune über. Diese Sandsteinbänke wechsellagern mit Schichten von bald mehr thonigen, bald mehr kalkigen Mergelschiefern; oft stellt sich dabei nach jeder meist etwa 5--20 Decimeter dicken Sandsteinschichte eine gewöhnlich schwächere Mergelschieferschichte ein, und in zahlloser Wiederholung setzen sie in dieser Weise die Gebirge zusammen. In anderen Fällen wechsellagern mächtigere Schichtenkomplexe von Sandsteinen mit solchen von Mergelschiefern, in noch anderen tritt das eine oder das andere der beiden Elemente beinahe ganz in den Hintergrund, und es werden Sandsteine oder Mergelschiefer, jedes für sich allein herrschend. Häufig sind die Mergelschiefer sehr eisenhaltig, und gehen in Flöze von Thoneisenstein über; in anderen Fällen, wenn der Thongehalt mehr zurücktritt, werden sie zu unsichtig brechenden Mergelkalken; diesen letzteren gehört der bekannte Ruinenmarmor an, ein fester Mergelkalk, in welchem die nach den Klüften verschieden weit gegen das Innere vordringende Verwitterung eine, aus gelb und braun unnancirten Farbenbändern bestehende Zeichnung hervorbringt, die oft einer Abbildung verfallener Bauwerke gleicht.

Was die Verwendbarkeit der Gebilde der Wiener Sandstein-Zone zu technischen Zwecken betrifft, so ist die Mehrzahl der Wiener Sandsteine, namentlich die feinkörnigen dünngeschichteten Varietäten derselben, ein schlechtes, nicht luftbeständiges Baumaterial. Besser sind die in dicken Bänken geschichteten Sandsteine, wie sie in den Steinbrüchen von Kritzendorf, Höflein, Gablitz und Rekawinkl gewonnen werden.

Die obenerwähnten Mergellagen sind häufig geeignet zur Erzeugung von hydraulischen Kalk und Cement; sie enthalten durchschnittlich 23--27% Kieselerde und 65 bis 70% Kalkerde.

Auf die mannigfaltigen Fragen, welche die Wiener Sandsteingebilde noch in genetischer, stratigraphischer, tektonischer und paläontologischer Beziehung darbieten, hier näher einzugehen, liegt keine Veranlassung vor. Dagegen sind die Quellbildungs-Verhältnisse der Wiener Sandstein-Gebiete, die durch die oben geschilderte petrographische Entwicklung der Wiener Sandsteine direkt bedingt sind, für unsere Frage von großer Wichtigkeit. Dieselben sind sehr eigenthümliche und ungünstige, und wesentlich verschieden von den in Kalk-, Granit oder krystallinischen Schiefer Gebirgen herrschenden.

Wie oben erwähnt, sind die Wiener Sandsteine im frischen Bruche meist blaugrau, an den Verwitterungs-Krusten bräunlichgelb; dies hat seinen Grund darin, daß das am Bindemittel theilnehmende Eisenoxydul sich an der Luft in Eisenoxyd verwandelt. Das Gestein überzieht sich dadurch mit einer schlammigen, gelblichen Masse mit Sandkörnern und Glimmerblättchen, welche nicht wasserdurchlässig ist. Diese nicht wasserläßige Kruste, welche die gesammten Wiener Sandsteinschichten überzieht, verhindert das Eindringen der atmosphärischen Niederschläge in das Innere der Gebirge, und damit die eigentliche Quellbildung. Die niederfallenden Regenmengen rinnen zum großen Theile an den Gehängen herab und sammeln sich in den offenen Wasserläufen, welche dadurch vollkommen den Charakter von Wildbächen annehmen.*) Daher

---

*) Begünstigend wirken die Gesteinsreste 2--3 Meter mächtigen Schichten bereits produzierten Bodens, in der das Regenwasser Gerinnsel verschieren kann.

erscheinen auch im Wienflusse und dessen Zuflüssen nach bedeutenden atmosphärischen Niederschlägen stets so namhafte Wassermassen, während die Wassermenge derselben im Sommer eine so auffallend geringe ist.

Im Gebiete der, den Wiener Sandsteinen analog zusammengesetzten Karpathensandsteine herrschen genau die gleichen Verhältnisse.

In Kalkgebirgen, wo stets ein Theil des Niederschlags in den Boden eindringt, somit eigentliche Quellbildung in entwickelterer Weise platzgreifen kann, ist der unmittelbare Einfluß der Niederschläge auf die Wassermenge der Flüsse selbstverständlich ebenfalls immerhin bemerkbar, wie jedoch in diesem bedeutenden Grade fühlbar.

In ausgezeichneter Weise sind die hier in Rede stehenden Verhältnisse in dem „Bericht über die Erhebungen der Wasserversorgungs-Kommission des Gemeinderathes der Stadt Wien, Wien 1864" von Herrn Prof. Dr. E. Sueß charakterisiert; es heißt dort pag. 64:

„Dieser einfache Verwitterungsprozeß (der Wiener Sandsteine), derselbe, welcher die Verwendbarkeit dieser Gesteine zu technischen Zwecken so außerordentlich hindert, ist es auch, welcher viel zur Abrundung der Berge in der Sandsteinzone beigetragen hat, welcher ihre Gehänge ausgeglichen, welcher vor Allem die sonderbare Erscheinung hervorgerufen hat, daß die großen Schuttwälzen, welche für die Gehänge der Kalkgebirge so bezeichnend sind, der ganzen Sandsteinzone fehlen. Was hier als kleines Fragment vom Felsen sich ablöst, fällt sofort diesem Zersetzungsprozesse anheim, entfärbt sich, blättert sich ab, und verwandelt sich endlich in diesen gelblichen Schlamm, welcher weit und breit den Fuß und die Lehnen der Sandsteinberge bedeckt, und einen vortrefflichen Waldboden abgibt, welcher aber auch zugleich das Eindringen des atmosphärischen Niederschlages in den Boden hemmt. Was also aus den Wolken auf die Sandsteinzone niederfällt, fließt zum größten Theile, getrübt durch feine gelbliche Schlammtheile und viele weiße Glimmerplättchen mit sich fortführend, an der Oberfläche in die Bäche und Flüsse ab, und nur wenig davon dringt in den Boden. — Für die gesammte Sandsteinzone ist es daher bezeichnend, daß die Quellen selten und wenig ergiebig sind, und bei dürrer Jahreszeit sehr an ihrem Reichthume leiden oder gar versiegen, während die Flüsse bei jedem heftigen Niederschlage bedeutend anschwellen und sich trüben, bei trockener Jahreszeit aber häufig verfiegen. So kommt es, daß die Oxydationsstufe, mit welcher das Eisen in diesem Sandsteinen enthalten ist, als die wahre Ursache zu gelten hat, warum z. B. der Wienfluß, welcher sein Wasser ganz und gar aus der Sandsteinzone bezieht, so bedeutenden und plötzlichen Schwankungen unterworfen ist, und so sehr den Charakter eines Wildbaches an sich trägt."

Wir kennen also, wie aus dem Gesagten hervorgeht, ziemlich genau die Gründe, warum unser Wienfluß bald zu viel, bald zu wenig Wasser führt. Was in dieser Richtung zur Abhilfe geschehen soll, muß vor Allem die Folgen der Wasser-Undurchlässigkeit der Verwitterungskruste der Wiener Sandsteine abzuschwächen oder zu paralysiren suchen.

Die allein möglichen Mittel hiezu scheinen mir zu sein:

Bewaldung, respektive Hintanhaltung der Entwaldung der Thallehnen der Wien und ihrer Nebenbäche.

Anlage von Reservoirs und Thalsperren, letztere namentlich an den Einmündungsstellen aller bedeutenden Zuflüsse.

Ohne Anwendung dieser Mittel in möglichst umfassender und ausgiebiger Weise dürften wohl alle anderen Regulirungsversuche halbe Maßregeln bleiben.

B. Der untere Lauf der Wien in den Tertiär- und Diluvial-Ablagerungen des Wiener Beckens.

Zwischen Hütteldorf und St. Veit (bei der Verbindungsbahn-Brücke) verläßt der Wienfluß das Wiener Sandsteingebiet, und fließt bis unterhalb der Elisabethbrücke im tertiären Tegel, von da an in Diluvialgebilden.

Die Tegel, in denen der Fluß von St. Veit bis zur Elisabethbrücke eingeschnitten ist, sind nicht durchlässig; eine Infiltration von Wienwasser findet nur bei Hochwasser statt, wenn der Wasserspiegel die Grenze der die Tegel weit überlagernden Diluvialschotter erreicht. Nur an einer Stelle ist die obere Tegelgrenze tiefer, hier kann also auch bei gewöhnlichem Wasserstande eine Infiltration (gegen die Vorstadt Wieden) statthaben.

Der Lauf des Flusses in den hier in Rede stehenden jüngeren Gebilden ist im Vergleiche zu dem im Wiener Sandstein-gebiete ein so kurzer, daß die Wasserstands-Verhältnisse des Flusses als ausschließlich von letzterem bedingt betrachtet werden können.

Die geologischen Verhältnisse des Ter-tiärgebietes können nur für die Frage einer eventuellen Ableitung des Wienflusses in Be-tracht kommen.

In dieser Beziehung ist es wohl all-bekannt, daß die durchaus weichen Tegel, Sande und losen Schotter, welche die Gegend zwischen St. Veit, Hietzing, Speising, Hetzendorf u. zusammensetzen, einem Kanal-baue keine ernstlichen Schwierigkeiten bereiten würden. Nur auf einen Umstand muß ich hinweisen, der vielleicht bei diesfälligen Pro-jekten noch seltener in Rücksicht gezogen wurde. Es hat sich bei den Einschnitten, die für die Verbindungsbahn im Tegel hergestellt wurden, gezeigt, daß namentlich die gegen Süden geneigten Böschungen einer sehr starken und dauernden Rutschung unterliegen, daher häufig bedeutende Verbreiterungen der Ein-schnitte nöthig wurden. Aehnliches würde man sicher auch bei einem Wien-Ableitungskanale zu gewärtigen haben, und es wären sonach für einen solchen Zweck die Tegelgebiete, trotz der leichten Bearbeitbarkeit des Materiales, vielleicht weniger günstig als die gegen Süd-west (Lainz u.) sich erschließenden festeren Cerithienschichten, in denen die einmal her-gestellten Einschnitte mindestens größere Sta-bilität versprechen würden. Uebrigens wären das Gegenstände spezieller Lokalstudien, wie sie überhaupt für alle konkreten Fragen noch vorzunehmen wären.

Wien, Juni 1882.

Referent:

C. M. Paul,

k. k. Bergrath.

2. Kultur-Verhältnisse des Wienthales.

a. Die Bewaldung des Bodens in ihrem Einflusse auf die Mäßigung, auf das theilweise Festhalten, sowie auf das Abrinnen der Niederschläge.

Die Beantwortung der Frage: „Soll die Aenderung der bestehenden Abflußverhältnisse im Flußregime der Wien durch ausgedehnte Bewaldung geschehen?" verlangt zunächst die Darstellung der Wahrnehmungen und Forschungen bezüglich des Einflußes, welche die Bewaldung auf die Niederschläge und Wasserläufe übt.

Es ist eine bekannte Thatsache, daß ein Theil der wässerigen Niederschläge vom Blätter- oder Nadeldach der Jungwüchse, wie der Althölzer des Waldes, ferner von dem Gezweige der baum- und strauchartigen Gewächse beim Herabfallen aus den Lufträumen zurückgehalten wird, um entweder langsam nachzutropfen oder verdunstend als Wasserdampf sich wieder in die Lüfte empor zu schwingen. Ebenso ist bekannt, daß die Bodendecke der Holzbestände (Blätter, Nadeln, Abfallholz, Moos und anderer niederer Pflanzenwuchs) gewisse Antheile des niederfallenden Regens zurückhält, den Boden vor Austrocknung schützt, die bedeckten Waldgrund (die Erdschichte) zugleich für das Eindringen der Feuchte offener erhält als dies beim streulosen nicht verhärteten Boden der Fall ist und den Ablauf der nicht aufgenommenen Flüssigkeit etwas verlangsamt. Diese Wirkung wird ferner durch die Baumschäfte und selbst deren Reste (die Stöcke) unterstützt, indem die Basis des Baumes oder auch des schwächeren Stämmchens, sammt der Bewurzelung dem auf schiefer Fläche abstießenden Wasser ein Hinderniß entgegensetzt und die anprallende Flüssigkeit zwingt, entweder auszuweichen, oder in zwei Arme gespalten bis zur abermaligen Vereinigung weiter

zu rinnen. Außerdem bemerken wir ja auf geneigten Flächen (an Berglehnen), wo die Hauptbewurzelung der Bäume an der oberen nach dem Rücken oder der Kuppe des Berges gekehrten Seite sich findet, eine kleine Ebene, daher im Holzbestande je nach der Menge der ihn zusammensetzenden Einzelstämme eine größere oder kleinere Zahl von Absätzen, die man als natürliche Terrassenstücke bezeichnen könnte. Letztere ergänzen sich bei den aus Riesensaaten und pflanzreichen hervorgegangenen Beständen in der That zu vollständigen Terrassen. Daß auch diese Bodenstaffeln den Wasserlauf verlangsamen, läßt sich nicht bestreiten.

Allerdings wird die günstige Wirkung der Holzwüchse auf die Zurückhaltung und Mäßigung der abstießenden Regen- und Schneewässer durch die Neigung der Bergseiten (Berglehnen) abgeändert und zwar in demselben Verhältnisse, als das Gefälle größer wird. Namentlich werden starke Regengüsse in ihrem beschleunigten Laufe über sehr geneigte Waldflächen so bedenkbar, daß sie oft nicht unbeträchtliche Mengen leicht beweglicher Gegenstände, zumal Theile der Laub- und Nadeldecke, mit sich reißen. Aber auch dann noch äußert sich die Bewurzelung der Holzwüchse, sowie die weitreichende Verzweigung der Wurzelausläufer im Boden als ein die Abschwemmung von Erd- und Geschiebemassen hinderndes, somit als bodenfestigendes Netz zäher Holzstränge.

Ich füge nun einige Daten von Niederschlagsmessungen bei, welche wir hervorragenden Naturforschern verdanken.

2

Obermayer ("Physikalische Einwirkung des Waldes auf Luft und Boden". Aschaffenburg 1873) berechnete, daß im Durchschnitte 26% der Niederschläge an Blatt und Nadeln hängen bleiben. Es gelangen sonach bloß 74%, auf den Boden. Im Detail: in Fichtenwaldungen gelangen 72 bis 73%, in Buchenwaldungen 73 bis 83%, in Kieferwaldungen nur 66% (?) des gefallenen Regens auf den Boden.

Die Regenmenge, welche in der Krone zurückgehalten wird, ist sehr verschieden nach der Stärke der Regenfälle. Je stärker der Regen, desto größer ist der Antheil, welcher auf den Boden gelangt.

Nach Krutzsch (Lorenz, Wald, Klima und Wasser, München 1878)

Niederschlag Millimeter.	Antheile für den Waldboden Prozent
1,	9
2,	18
4,	22
11,	54
15,	57

Bei sehr starken Niederschlägen empfängt der Boden nach Krutzsch sogar 80 bis 90% des Gesammtniederschlages.

Nach Breitenlohner ("Centralblatt f. d. g. Forstwesen" Jännerheft 1878) ergaben sich in Mähren (Groß-Karlowitz) folgende Verhältnisse:

Starke Niederschläge (über 6 Millimeter in 24 Stunden):

Buchenwald (über den Kronen)		Fichtenwald (über den Kronen)	
Niederschlag Mm.	Zurückgehalt. Prozente	Niederschlag Mm.	Zurückgehalt. Prozente
13,	23,	8,	85,
7,	23,	8,	52,
7,	33,	8,	86,

Schwache Niederschläge (unter 2 Mm. in 24 Stunden):

Buchenwald über den Kronen		Fichtenwald (über den Kronen)	
Niederschlag Mm.	Zurückgehalt. Prozente	Niederschlag Mm.	Zurückgehalt. Prozente
1,	72,	1,	96,
0,	56,	0,	100,
0,	74,	0,	93,

Bei starken Niederschlägen wurden zurückgehalten: im Buchenwald durchschnittlich 27%, Fichtenwald 78%; bei schwachem Regen: im Buchenwald 62%, Fichtenwald 95%.

Im Mittel für September 1877 mit 12 Regentagen hat der Buchenwald 35,%, der Fichtenwald 83,%, in den Kronen zurückgehalten.

Nach Beobachtungen an der Forstschule für Nancy (Observations météorologiques: Météorologie comparée agricole et forestière Administration des forêts. Paris 1878. Exposition universelle):

Nach elfjährigen Aufzeichnungen haben die Kronen des Laubwaldes (Hain- und Rothbuchen 40—51 Jahre) im Mittel nur 8, bis 17%, zurückgehalten, im Sommer doppelt so viel als im Winter. Der Regenmesser bildete aber einen weiten Kranz um den Baum und auch das am Stamme herabfließende Wasser wurde aufgefangen.

Bei den anderen, vor den letzteren ausgeführten Versuchen wurde die im Ganzen nicht unbeträchtliche Wassermenge, welche von den Aesten und am Stamme herabfließt, nicht in Rechnung gebracht, daher die Ziffern bezüglich des zum Boden gelangten Wassers zu klein ausfielen.

Diese speziellen Verhältnisse, welche besondere Vorrichtungen voraussetzen, wurden durch die forstliche Versuchsanstalt nach Anordnungen des Ministerialrathes Ritter Lorenz v. Liburnau namentlich von Wahrmund Riegler genauer untersucht ("Beobachtungen über die Abfuhr meteorischen Wassers entlang der Hochstämme. — Mittheilungen aus dem forstlichen Versuchswesen Oesterreichs." Band II, Heft 2, 1879).

Die Stämme führten noch Wasser ab in Prozenten: bei Buche 12,, Eiche 5,, Ahorn 5,; Fichte 1,; und es gelangten an den Stämmen und durch die Baumkronen auf den Boden: bei Buche 78,%, Eiche 79,%, Ahorn 77,%, Fichten 41,%, (das von den Aesten abträufelnde Wasser wurde nicht gemessen), danach stellt sich der Verlust an Wasser für den Boden zufolge der Beschirmung der Bäume:

Buche 21,%
Eiche 20,%
Ahorn 22,%
Fichte . . . . 58,% (etwas zu groß).

Die weiteren Ausführungen finden wir am bezeichneten Orte, ferner in der Abhandlung: "Beiträge zur Lehre von den Moosbedeckungen und von der Waldstreu" ("Mittheilungen aus dem forstlichen Versuchswesen Oesterreichs", Band II, Heft 2, Wien, 1879) und anschließend dort unter

11, in „Verhalten der Moosdecken*) und der Waldstreu gegen meteorisches Wasser" von Wahrmund Riegler. In Absicht auf die Laub- und Nadelstreu beobachtete der letztgenannte Forscher nach seinen Mittheilungen Folgendes:

„Lose, nicht weiter verweste Laub- und Nadelstreu, wie solche sich als das Produkt des letztjährigen Laub- und Nadelfalles sammelt, so dicht, als es die Menge der abgestorbenen Theile, die Elastizität derselben und ihr eigenes Gewicht zuläßt, bildet so reichlich von Luftadern durchzogene Schichten, daß sie dem Wasser widerstandsloses Ein- und Durchdringen gestatten. Auch die sich fester zusammensetzende Nadelstreu (von Tannen und Fichten; die Durchlässigkeit der Kiefernstreu kommt gar nicht in Frage) bildet unverweilt nur dem Widerstand eines Filtrums, welcher den einer gleich mächtigen zarten Erdlage nicht übersteigt."

„Unsere (Dr. Riegler's) Versuche ergaben, daß sich keine der Streusorten im unverwesten, wenn auch völlig ursprünglichen Zustande durch Druckkräfte, welche die in der Natur wirksamen (Schneedruck, wuchtig fallender Regen u. s. w.) bei Weitem übersteigen, zu Aggregaten vereinigen lasse, welche auch nach dem Austrocknen ihren Zusammenhang bewahren würde; die einzelnen Streutheilchen, Blätter, Nadeln, Knospenteguimente ꝛc. lösen sich, wenn nicht schon beim Aufhören des Druckes, so doch sicher beim Austrocknen, zufolge der durch dasselbe bedingten Gestaltsveränderungen, von einander und hinterlassen wieder nur ganz trockene Streuschichten. Es stimmt das mit der jederzeit zu machenden Beobachtung, daß der letztjährige Laub- und Nadelfall den Waldboden als eine jeden Zusammenhanges entbehrende

. *) Der Holzbestand im Wassersammlungsgebiete des Älzenflusses erscheint zum sehr überwiegenden Theile von Rothbuchen, Hainbuchen, Eichen, ferner von untergeordneten Arten, wie Birke, Else, Weide, Erle - samt von Laubbäumen gebildet und nur in geringem Verhältnisse zur Gesammtfläche begegnen wir Tannenarten, sowie den in letzten Wirthschaftsumlaufe eingebürgerten anderen Nadelhölzern — Fichte, Kiefer und Lärche. — Der Laubwald ist jedoch bei gut erhaltener Streuschichte dem Moorwuchse nicht förderlich und müssen zur reichern Polster von Laubmoosen, namentlich im Fichtenwalde oder in lichteren Tannenarten suchen. — Darum haben die Beobachtungen an Moosdecken über ihr Verhalten gegen meteorisches Wasser in unserem speziellen Falle eine minder hervorstechende Bedeutung.

Decke überzieht. Es gelingt auch starken und anhaltenden Sommerregen nur sehr unvollständig, die kranken und gerollt am Boden liegenden Blätter vom letzten Laubfalle zu einer vorübergehend geschlossenen Decke zu vereinigen; die wirre Lagerung macht die unverwesten Blätter, auch in durchnäßtem Zustande, nicht hinreichend gefügig, um dieselben mit ihren Planflächen abhärieren zu lassen. Wo das aber etwa auch vorübergehend geschieht, lösen sich die Blätter beim Austrocknen sicher wieder von einander und der nächste Regen findet an ihnen eine ebenso locker gebaute Decke, wie der vorhergehende."

„Solche lose Streudecken sind recht wohl geeignet, die Verlangsamung oberflächlicher Wasserabfuhr in hohem Grade zu begünstigen und besitzen manche andere für den Waldboden nicht unbedeutungslose Eigenschaften, ohne daß sie ein wirksames mechanisches Hinderniß für das Eindringen meteorischen Wassers in denselben bildeten. Sie können in dieser Form nur als Filtrationsmedien betrachtet werden und sind die Unterschiede in der Geschwindigkeit, mit welcher verschiedene Streusorten, bei gleicher Mächtigkeit gleiche Wasserquantitäten filtriren lassen, nicht einmal so bedeutend, als man von vornherein annehmen möchte."

„Anders verhält es sich mit Streu, wenn sich dieselbe im Zustande vorgeschrittener Verwesung zu festen Aggregaten vereinigt, welche im extremen Falle als weithin geschlossene Streudecken den Waldboden überziehen, deren Vorkommen in von Streunutzung verschonten Wäldern jedem Forstmanne hinlänglich bekannt ist."

„Vielfache Versuche mit derartigen natürlichen Kuchen von Laub- und Nadelstreu, desgleichen mit künstlich aus verwester Streu gepreßten, ergaben, daß solche Platten, soweit sie nicht offenbare Diskontinuitäten in ihrem Zusammenhange aufweisen, als bei geringem, hydrostatischem Drucke undurchlässig gelten müssen."

„In genäßtem Zustande sind Laubstreuzelten, insoferne die einzelnen Blätter gut aneinander schließen, sonn durchlässiger als in trockenen, wogegen durchnäßte Nadelstreuaggregate nur mehr den Widerstand entsprechend dichter Filtra vorstellen."

„Es bedeckt also allerdings Laub- und Nadelstreu zuweilen in einer Form den Waldboden,

2*

in welcher sie dem Durchdringen des meteorischen Wassers bedeutenden Widerstand leistet. Wenn es sich um die Beurtheilung ihres diesbezüglichen Einflusses handelt, darf aber nicht übersehen werden, daß das Vorkommen gut geschlossener Streuplatten stets nur ein örtliches ist und in den vorwiegenden Fällen die Streudecken, wenn schon in gutem Schlusse, doch in einem Gefüge auftreten, welches das Eindringen des Wassers nicht hindern kann."

„Wo immer aber auch fester geschlossene Streudecken den Regen vom Waldboden abhalten, werden die stets vorhandenen Lücken in diesen reichlich Wasser zwischen dieselben und den Boden gelangen lassen, das auf seinem hindernißreichen Wege doppelt Zeit einzusickern findet."

„Daß es bis heute der forstpraktischen Erfahrung nicht eingefallen ist, daß ein Wald wegen zu mächtiger und dicker Streudecken Wassermangel gelitten hätte, beweist hinlänglich, daß dieselben durch verlangsamte Wasserabfuhr, durch Erhaltung der Feuchtigkeit im Boden u. s. w. jene Wassermengen hereinzubringen im Stande sind, welche etwa wegen der Streudecken nicht in den Boden gelangen können."

So verhält es sich in der That. Vorerst sei bemerkt, daß wohl nur ganz ausnahmsweise reines, bereits verwesendes (mehr als einjähriges) Laub mit seinen einzelnen Blattflächen innig zu festen Schichten vereint vorkommen kann. Denn zugleich mit den Blättern und, so lange diese als neue, lose, mit den alten Baumabfällen unverbundene Streu anzusehen ist, gelangen abgestorbene Aestchen und andere Pflanzentheile, erdige Substanzen und andere, den Blätterzusammenhang unterbrechende Stoffe zwischen das Laub und die Nadeln. In gemischten Holzbeständen ist die Ungleichartigkeit der Blätter oder die Beimengung des Nadelabfalles dem Adhärieren der Einzelblätter abträglich. Auf vielen mit Felsbrocken und grobem Gestein an der Oberfläche stellenweise bedeckten Waldgründen wirken besagte Gerüststände dem ausgedehnten Festlagern des Laubwerkes entgegen.

Endlich beginnt für die im Herbste zu Boden gelangte Streu ja schon im nächsten Sommer der Zerbröcklungsprozeß, bei welchem Insekten und Pilze hilfreich thätig sind. Der Vollständigkeit halber will ich auch des Ueberganges der vegetabilischen Bodendecke in Humus und zur Erdschichte gedenken, wodurch namentlich ein sehr bindender Obergrund in seiner zunächst liegenden Schichte, — sei es auch nur bis zu einer mäßigen Tiefe, — entbunden wird.

Die Versuche über das Verhalten unserer Holzbestände bezüglich der Menge* wässeriger Niederschläge, welche in geneigten Lagen, je nach dem Neigungswinkel der Bergseiten, zum Boden gelangt, von demselben aufgenommen oder abgegeben wird, und zwar in welchem Verhältniß langsamer als auf holzleerem Grunde, solche Versuche mangeln einfürderhin für unsere Spezialbedürfnisse.

Wir gewinnen allerdings aus den zahlreichen Beobachtungsergebnissen ausländischer meteorologischer Stationen manch' dankenswerthen Anhalt mindestens über die Antheile der Niederschläge, welche im Waldbestande zum Boden gelangen.

So entnehme ich den mir von dem Kantonsforstmeister Herrn Fankhauser in Bern freundlich mitgetheilten Beobachtungsergebnissen (beispielsweise nur für das Jahr 1881) nachstehendes Verhältniß:

	Im Freien	Im 65jähr. Lärchen	Im Freien	Im 50jähr. Fichten	Im Freien	Im 60- bis 70jährigen Buchen
Regen- oder Schneehöhe in Millimetern						
a) Durchschnittlich während des ganzen Jahres	1640·4	1233·6	1295·3	948·7	1570·1	1531·0
b) Durchschnittlich vom 1. März bis 31. Oktober	1446·0	1062·1	1092·3	829·6	1220·3	1193·6

Ich unterlasse es, aus den veröffentlichten mehrjährigen Beobachtungen das Mittel zu suchen, — denn obgleich dies einen sicheren Anhalt zu gewähren vermag, gibt es uns dennoch die Antworten auf die vorhergehend angeregten Fragen nicht und es bleibt das Verlangen nach den angedeuteten Versuchen ein gewiß wohlberechtigtes.

Es sei gestattet, nunmehr auch des Verhaltens der Holzbestände bezüglich des Schneefalles näher zu gedenken.

Das Festhalten des feuchten und in großen Flocken niedersinkenden Schnees bringt oft den Waldbäumen, namentlich den wintergrünen Nadelhölzern oder manchmal auch den zu früh oder noch zu spät beblätterten Laubbäumen, in Form von Schneeanhang, als Schnee- und Eisbruch Verderben; immer aber bleibt das Verhalten des Waldes gegenüber den in seinem Bereiche abgelagerten Schneefällen ein gar wohlthätiges, — denn im Holzbestande liegt der Schnee vom Winde meist unbewegt und kann nicht wie auf freien Flächen verweht und sodann auf einzelnen windstillen Orten massenhaft abgelagert werden. Die gleichmäßigere Vertheilung der Schneemasse, sowie des bei der Schneeschmelze dem Boden und den Bächen zukommenden Thauwassers erscheint daher als eine gute Wirkung des Waldbestandes.

Aber auch in steilen Lehnen der höheren Gebirge hält der Holzwuchs die Schneeschichten mit großer Anstrengung fest, selbst dann noch, wenn die am betreffenden Orte gefallene Masse auf der schiefen Ebene zu entgleiten beginnt. — Zeugen dieses Umstandes sind die vom Wurzelstocke an, nach dem Thalzuge hin, säbelförmig emporwachsenden Laub- und Nadelholzstämme an solchen stärker geneigten Bergseiten. Ja sogar den aufgewohten und nachschiebenden Schneemassen vermögen kräftige Holzwüchse nicht selten erfolgreichen Widerstand zu bieten und so die Gefahr der Lawinenabstürze von unterhalb liegenden Thalgeländen und seinen Bewohnern abzuwenden.

Noch einmal zu der Abhandlung des Herrn Dr. Riegler zurückkehrend, erwähnen wir, daß die Versuche mit den Waldstreusorten bezüglich ihres Wasseraufsaugungs-Vermögens in lufttrockenem Zustande — nachdem sie mehrere Monate in demselben luftigen, trockenen, kühlen und sonnenfreien Raume gelegen hatten — durchgeführt werden. Zu den untersuchten Streusorten gehört auch die lufttrockene Streu von Moosarten, welche in diesem Zustande die relativ größten Wassermengen (am meisten Leucobryum vulgare) aufzusaugen vermochten. Am nächsten steht ihnen in dieser Eigenschaft das Rothbuchenlaub.

In Absicht auf Verdunstungs- und Austrocknungsfähigkeit nasser Waldstreu ergab sich namentlich, daß die Rothbuchenstreu längere Zeit als die Nadelholzstreu, hingegen kürzere Zeit als Moosstreu (von mittlerem Wasserfassungsvermögen) zum Austrocknen bedarf; ferner daß stärker verweste Streu schwerer als minder verweste lufttrocken wird.

Die Versuche über die Bedeutung von Moosdecken und Waldstreu für die Verdunstung aus dem darunter liegenden Boden haben ergeben, daß jede wie immer geartete Bedeckung den darunter liegenden Bodenschichten gegen die Verdampfung des Wassers aus ihnen Schutz gewahre.

In dem Vorangeschickten dürfte wohl ausführlich begründet sein, daß gut bestockte und gepflegte Wälder einen Theil der Niederschläge gar nicht zum Boden gelangen lassen, einen anderen Theil für ihr eigenes Feuchtigkeitsbedürfniß sowie auch zum Speisen von Quellen mit Sickerwässern zurückhalten, endlich aber die Raschheit des Laufes der abrinnenden Niederschläge, zugleich das Mitreißen von Erde und Gestein — beides namentlich an Berglehnen — auf wohlthätige Art vermindern.

Man ist daher berechtigt zu sagen, daß die genügende Bewaldung eines Wassersammelgebietes einen jener Faktoren bildet, welche zur Regelung der Abflußverhältnisse der Gewässer beitragen und daß ein solches Gebiet in besagter Richtung umsomehr gewinne, je größer das Bewaldungsprozent und je besser die innere Wald- (resp. Holzbestandes-) Beschaffenheit desselben im Vergleich zu einem anderen Landstriche sich darstellt.

Ich bin nun an jenem Punkte angelangt, welcher mich zur Betrachtung der Waldflächen und ihrer Holzbestände im Flußgebiete der Wien hinweiset.

Diese Aufgabe versuche ich in der folgenden Abtheilung zu lösen.

h. Der Wald und seine Beschaffenheit im Wassersammelgebiete des Wienflusses.

Die beigegebene Ueberfichtskarte (Taf. I.) enthält ein Bild der Bewaldungsverhältniffe im Bereiche des Wienthales und von deffen Seitenthälern, wie felbe dem Zustande vom Jahre 1876 bis zur Gegenwart entsprechen.

Der Staatsforst, welcher einen überwiegenden Theil des ganzen in Frage kommenden Waldstandes ausmacht, unterscheidet fich in der Karte vom Privatforst und von dem Forste im k. k. Thiergarten dadurch, daß er in Farben die vorherrschende Holzart und in je dreierlei Farbentonen die Hauptalterstufen der Holzbeftände zeigt, während letzterer nur mit einem Farbenton der dominirenden Baumarten angedeutet ist.

Der Nadelholzbeftand erscheint in grauer bis schwarzer Farbe und bedeutet:
lichtgrau das Jungholz;
dunkelgrau das mittelalte Holz;
schwarz das Alt- oder schlagbare Holz.
Der Laubholzbeftand erscheint in hellbrauner bis dunkelbrauner Farbe und bedeutet:
hellbraun das Jungholz,
dunkelbraun das mittelalte Holz,
schwarzbraun das Alt- oder schlagbare Holz.

In etwas genauerer Sonderung beziffert nachstehende Tabelle die Holzbeftände der Staatsforfte ihrem Alter nach, jedoch mit Beschränkung auf jene Flächen, welche im Niederschlagsgebiete der Wien liegen.

Forftbezirk	1–20	21–40	41–60	61–80	81–100	101–120	121–140	Verjüngungsflächen, Räumden und Schläge	Gesammtfläche
	jährige Holzbeftände Hektare							Hektare	Hektare
Hütteldorf . .	301·92	109·92	245·73	202·12	50·46	60·55		59·70	1090·10
Purkersdorf . .	273·76	172·24	259·65	185·08	170·31	119·11	.	23·44	1203·62
Gablit	326·51	202·66	430·27	182·95	208·18	206·99	.	62·44	1679·43
Preßbrunn . . .	366·52	250·28	251·06	341·95	368·86	90·91	73·94	177·86	1921·07
Preßbaum . .	172·30	443·34	446·11	174·27	141·21	328·83		175·13	1881·19
Breitenfurt . .	.	21·35	20·90	12·34	. 41·28	.	.	0·62	186·47
Mauerbach . .	127·00	19·02	195·65	42·47	28·08	65·92	63·90	30·03	572·07
Totale .	1565·04	1338·49	1849·44	1141·18	1008·71	871·41	137·84	528·82	8443·93

Der Privatforst.

Inmitten und am Rande des k. k. Hütteldorfer Forstbezirkes befinden sich nachstehende Privatwaldungen, welche auf die Wasserabgabe an die Wien Einfluß nehmen.

1. In der Katastralgemeinde Dornbach, Theile des dem Stifte Schotten gehörigen Waldes, und zwar nach dem alten Kataster.

Der Distrikt Steinerne Lahn	.	Parz.-Nr. 883ᵇ,	884,	885	— 84.₄₆ Joch
" " Hochmais	. . . .	"	883ᵃ,	883ᶜ,	— — 51.₇₃ "
" " Ausjagboden	. .	"	841ᵇ,	841ᶜ,	841ᵈ — 88.₄₄ "
" " Mariabrunnermais	.	"	881ᵇ,	—	— 91.₉₂ "
" " Moosgraben	. . .	"	875ᵇ,	875ᵈ	— — 47.₄₃ "

Summe Schottenwald 364.₃₆ Joch = 209.₄₆ Hektar

Dem Stifte Schotten gehört auch die große Moschingerwiese, die zwischen dem Steinernen Lahn und dem Ausjagboden liegt
Parz.-Nr. 842 mit 32 Joch.

2. In der Katastralgemeinde Hütteldorf liegen nachstehende Waldungen:
Die Gemeinde Hütteldorf besitzt nach dem neuen Kataster:

Im Satzberg	. . . .	Parz.-Nr. 674	—	— Joch 368 ☐Kl.
" "	. . . .	" 787	15	" 537 "
" "	. . . .	" 853	—	" 73 "
" "	. . . .	" 859	—	" 146 "
" "	. . . .	" 864	—	" 340 "
Im Auzbach	. . . .	" 776	—	" 1119 "
" "		" 781/1	64	" 1102 "
Im Scheibling, Gemeinde		" 787/1	15	" 537 "
" " "	. . . .	" 798 5	—	" 619 "
" " "		" 798 6	10	" 483 "
" " "		" 807	—	" 682 "
Im Satzberg	. . . . .	" 825	14	" 1271 "

zusammen Gemeindewald — 122 Joch 877 ☐Kl.
das Stift Schotten besitzt . . . Parz.-Nr. 824 — 64 " 1411 "
die Witwe Nordon besitzt Parz.-Nr. 816, 821, 823 — 62 " 1521 "

Insgesammt — 260 Joch 609 ☐Kl. = 144.₉₉ Hektar

3. In der Steuergemeinde Hadersdorf:
Das Stift Schotten besitzt im Distrikte Steiniger Weg nach dem neuen Kataster:

Die Parzellen	. . . .	Nr. 215 3, 215 4 mit	81 Joch 1395 ☐Kl.
„Scheibling, Gemeinde"	. . .	Parz.-Nr. 187	" 23 " 1229 "
Baron Landon	. . . .	" 154	" 129 " 281 "
Wiener Bürgerspital	. . .	Parz.-Nr. 186, 222	" 95 " 126 "
Fondsgut Pösendorf	. . . .	Parz.-Nr. 177 1	" 80 " 399 "
Gemeinde Hütteldorf	. . . .	" 182	" 25 " 282 "
Gemeinde Auhof { Bierhäuselberg		" 69	" 16 " 1175 "
k. k. Hofärar {		" 71	" — " 768 "

452 Joch 856 ☐Kl. = 260.₄₁ Hektar

4. In der Steuergemeinde Ottakring:
Ottakringer Gemeindewald . Parz.-Nr. 206, 207, 208 mit 77 Joch 750 ☐Kl. = 44.₃₄ Hektar

5. In der Steuergemeinde Mauerbach:

Die nachbenannten Waldstrecken der Gutsinhabung Mauerbach:

Eichwald, Lagerriegl, Mauereck, Kellermeis, Rußberg, Badermeis, Wigelsdorf, Außingboden, Goldbrunn, Wolfsleite, Bäckerstraße, Stiglbiegel, Straßenmeis, Griesau, Sonnenwald, in Summa mit 1375 Joch = 791 Ha., wovon

  361 Joch Jungholz.
  302 „ Stangenholz.
  362 „ Mittelholz.
  260 „ Altholz.

Zu 1. Die Stiftswaldungen werden mit Ausnahme der „Schreiblinggemeinde" als Hochwald, die „Schreiblinggemeinde" selbst wird als Niederwald bewirthschaftet. Die als Hochwald bewirthschafteten Theile des Stiftsforstes sind beinahe im Normalzustande, meist gut bestockt, der Niederwald ist ebenfalls gut bestockt. Blößen kommen in diesem nicht vor.

Zu 2. Die in der Katastralgemeinde Hütteldorf liegenden, der Pfarre Hütteldorf gehörigen Waldungen werden als Hochwald bewirthschaftet und kommt darin kein eigentlich schlagbares Holz vor, sondern sind größtentheils Mittelholz, Stangenholz und Jungweise, doch ziemlich gut bestockt vorhanden.

Der Hütteldorfer Gemeindewald und die anderen in der Steuergemeinde Hütteldorf aufgeführten Waldungen der Grundbesitzer werden als Niederwald im 40jährigen Umtriebe bewirthschaftet und sind sämmtliche Theile gut bestockt.

Zu 3. Von dem der Gutsinhabung Hadersdorf (Baron Loudon) gehörigen Waldungen wird ein Theil als Niederwald, der größte Theil als Hochwald behandelt. Die Wälder sind gut bestockt und größtentheils Stangenholz. Der Wald der Gutsinhabung Rosenthal, der Hütteldorfer Gemeinde, des Wiener Bürgerspitals wird als Niederwald im 40jährigen Umtriebe bewirthschaftet und ist gut bestockt.

Der bojanavische Wald, Vierhäuselberg genannt, wird gleichfalls als Niederwald behandelt und ist gut bestockt.

Zu 4. Der Ottakringer-Gemeindewald wird als Hochwald behandelt und ist meist gut bestockt.

Zu 5. Die Waldungen der Gutsinhabung Mauerbach werden als Hochwald bewirthschaftet und befinden sich nahezu im normalen Zustande.

Die wenigen in sämmtlichen Waldungen vorkommenden Blößen bestehen fast ausschließend nur in den jüngsten Holzschlägen, die bald zur Aufforstung gelangen.

Entlegen im ärarischen Waldbesitze des Gabliyer Forstes sind keine Privatforste.

Am Rande dagegen befinden sich nachfolgende in das Wassersammlungsgebiet des Wienflusses gehörige Privatwaldungen:

a. In der Katastralgemeinde Purkersdorf.

  Die Parzelle Nr. 579/2 579,3 579 4 = 3,97 Ha.

Eigenthum des Karl Langer in Purkersdorf. Ein zehnjähriger mit einzeln stehenden Eichenüberständern besetzter Buchenwald.

  Parzelle Nr. 579/8 = ... 9,35 Ha.

  Besitzer Adolf Rothansou in Purkersdorf. Ein 120jähriger mit Eichen gemengter, mäßig bestockter Buchenwald.

  Summa . . . 13,35 Ha.

b. In der Katastralgemeinde Gablitz.

  Parzelle Nr. 145 = ... 25,35 Ha.

Eigenthum des Wiener Bürgerspital-Fondes. Ein 10- bis 20jähriger mit Nadelholzern untermengter gut bestockter Buchenhochwald.

  Parzelle Nr. 348 = ... 15,2 Ha.

gehörig der Gemeinde Kayelsdorf. Ein 5- bis 20jähriger, ziemlich gut bestockter, wenig gepflegter Buchenhochwald mit Weichholzer-Untermengung. Unaufgeforstete Schläge und Blößen sind darin nicht vorhanden.

  Parzelle Nr. 382 2 . . . . 0,2 H.

Eigenthum des Leopold Hütterer und 382,3, 382 4 und 382 5 = . . 1,41 Ha. gehörig dem Johann Ag, beide im Lobach. — Ein licht bestockter circa 30jähriger Erlen- und Buchenwald, schlecht gepflegt.

  Summe . . . 43,... Ha.

c. In der Katastralgemeinde Ollern.

  Parzelle Nr. 63 = ... 38,40 Ha.

gehörig der Gemeinde Ollern, ein 10- bis 30jähriger, größtentheils ziemlich gut bestockter Buchenhochwald mit vielen Weichholzern untermengt und mittelmäßig gepflegt; größere Blößen und unaufgeforstete Schläge sind nicht vorhanden.

Die Parzellen Nr. 36 — . . . 18.₁₁ Ha.
Eigenthümer Franz Aigner in Ollern,

Nr. 59 — . . . . 5.₄₀ Ha.
Eigenthümer Jos. Urfinn in Tulln,

Nr. 60 — . . . . 1.₅₄ Ha.
Eigenthum des Schwab in Freundorf,

Nr. 61 — . . . . 4.₃₁ Ha.
Eigenthum des Josef Silthengst in Ollern,

Nr. 62 — . . . . 6.₄₄ Ha.
Eigenthum des Michl Gruber in Ollern,

Nr. 64 — . . . . 5.₉₁ Ha.
Eigenthum des Joh. Obhofer in Ollern.

Summe . 80.₃₄ Ha.

bilden einen zusammenhängenden Komplex von 10- bis 20- und 20- bis 40jährigen, zumeist ziemlich gut bestockten, jedoch mangelhaft gepflegten Buchenwaldungen mit zahlreichen Weichhölzern untermengt. Hie und da sind bis 3 Ha. große 40- bis 60jährige Buchenhorste vorhanden.

Größere unaufgeforstete Schläge und Blößen sind nicht vorhanden.

Außer dieser Waldfläche findet man noch die Parzellen 4 bis incl. 16, 18 bis incl. 34, zusammen . . . . 13.₄₂ Ha.

dann die ehemals der Gemeinde Ollern gehörigen, nun an 56 Eigenthümer vertheilten 112 Parzellen-Antheile aus Parzelle Nr. 17, 35 und 63 = ... 121.₅₄ Ha.

Von diesen Waldflächen erreicht nur die dem Geiger Johann von Ollern gehörige Parzelle Nr. 33 = 1.₄₁ Ha., während die erübrigenden Antheile unter einem Ha. stehen.

Die Besitzer dieser Waldtheile befinden sich in Ollern, Flachberg und Weinzierl.

Die Waldungen selbst gehören fast durchwegs der Buche an und haben ein Alter von 5 bis 40 Jahren, wobei Altersunterschiede von 5 bis 15 und 20 bis 40 Jahren vorherrschen. Die Bestockung ist dort, wo nicht eine förmliche Rodung oder Umwandlung in eine andere Kulturart stattgefunden, eine ziemlich gute.

Horstweise kommen Nadelhölzer, zumeist Föhren und 50- bis 80jährige gut gepflegte Buchenbestände vor; letztere erreichen jedoch kaum die Gesammtfläche von 5 Ha.

Antheile aus den Parzellen 17 und 35, namentlich zu beiden Seiten der Landesstraße, sind bereits gerodet und in Wiesen umgewandelt. Die diesbezügliche Gesammtfläche wird 15 bis 20 Ha. betragen.

Größere unaufgeforstete Schläge sind nicht vorhanden.

D. In der Katastralgemeinde Mauerbach.

Nachstehende zur Domäne Mauerbach — Eigenthum des Fürsten Maurocordato — gehörige Waldparzellen:

342 b. c. d. e. f. g. = . . 163.₄₃ Ha.
Buchenhochwald, wovon circa 20°/₀ 10- bis 30jährig, 30°/₀ 30- bis 60jährig und 50°/₀ 60- bis 90jährig sind.

Parzelle Nr. 334 a. b., 335, 336, 337, 338, 341, 339, 340, 342 a. = ... 66.₇₆ Ha.
wovon 40°/₀ 10- bis 30jährig, 50°/₀ 30- bis 60jährig und 10°/₀ 60- bis 90jährig sind.

Parzelle Nr. 333 e. und f. — 44.₄₇ Ha.
im Alter von 60 bis 90 Jahren.

Parzelle Nr. 331 a. b. c. 332, 333 a. b. c. d. e. . . . . . 238.₄₉ Ha.

Summa . 513.₄₅ Ha.

Hievon 10°/₀ 10- bis 30-, 10°/₀ 30- bis 60-, 35°/₀ 60- bis 90- und 45°/₀ 90- bis 120jährig.

Untermengt sind diese durchaus voll bestockten Buchenbestände hie und da mit Weißföhren- und Fichten-Horsten im Alter von durchschnittlich 30 Jahren im Gesammtflächeninhalte von etwa 5 Ha.

Unaufgeforstete Schläge und Blößen sind nirgends vorhanden.

Angrenzend an den k. k. Staatsforstdistrikt „Raubuch" liegen, abdachend gegen das Wienflußgebiet, die in einem Komplexe zusammenhängenden Gut Königstetter Waldtheile „Frauenwald, Raubuch, Dachsbaumwald, Großau und Hirschengarten."

Die Flächenmaße vertheilen sich nach den Katastralgemeinden wie folgt:

a) Katastralgemeinde Ratzelsdorf, Bezirk Tulln, mit den Waldtheilen Frauenwald und Raubuch, enthaltend die Katastral-Parzellen 661, 662, 563 ganz, und Parzelle Nr. 560 zum größeren Theile im Ausmaße von rund 150 Joch = ... 86.₃₅ Ha. wovon 80 Joche über 50 Jahre alte, 70 Joche unter 50 Jahre alte Holzbestände tragen.

b) Katastralgemeinde Tulbing, Bezirk Tulln mit dem Waldbistrikte Tachödaunwald, enthaltend Theile der Parzelle 420 und ganz die Parzelle 427 im Ausmaße von rund 106 Joch = ... 61.₄₀ Ha. wovon 48 Joch Wald über, 58 Joch Wald unter 50 Jahre sind, außerdem liegen dabei 7 Joch landwirthschaftl. Gründe.

c) Katastralgemeinde Mauerbach, Bezirk Purkersdorf mit den Waldstrecken „Kleinamtl, Großau und Hirschengraben," enthalten die Katastral-Parzellen, und zw.: Bau-Parzelle Nr. 50, 51, — Grund-Parzelle Nr. 362, 363, 366 bis inkl. 376, dann 379 bis einschließlich 342 noch 537 und 542 in der Ausdehnung von 232 Joch = ... 133.₅₁ Ha. welche sich in 159 Joch Holzbestand über, 73 Joch Holzbestand unter 50 Jahre alt vertheilen. Außerdem 4 Joch landwirthschaftliche Gründe.

Die Gesammtflächenausdehnung in den vorbenannten Katastralgemeinden summirt sich sonach auf:

287 Joch Waldland über 50 Jahre,
198 „ „ unter 50 „
3
488 „ „ und
11 „ landwirthschaftliche Gründe, — im Ganzen auf 499 Joch.

In der obbezeichneten Waldfläche kommen, mit Ausnahme von etwa 1½ Joch im Hirschengarten, welche dort auf die Werksteinbrüche fallen, gar keine Blößen oder unausgeforstete Schläge vor.

Die Bestockung, meist Roth- und Weißbuche, Birke, theils Fichte und Lärche, ist allenthalben eine vollständige.

Eultivirt im k. k. Purkersdorfer Forstwirthschaftsbezirke sind die Wälder:

a) der Gemeinde Purkersdorf:
Katastral-Parzelle Nr. 130 per
124 Joch 1025 ☐Kl. = . 71.₇₈₄ Ha.

b) der Gemeinde Weidlingau:
Kat.-Parz. Nr. 212 per
66 Joch 274 ☐Kl. = .. 38.₀₇₅ Ha.

c) des Wiener Bürgerspitales:
Kat.-Parz. Nr. 180 per
107 Joch 1187 ☐Kl. = . 62.₀₁₁ Ha.
(alle 3 in der Katastralgemeinde Purkersdorf) ferner:

d) des Wiener Bürgerspitales:
Kat.-Parz. Nr. 342 per 76 Joch
775 ☐Kl. — ..... 44.₀₈₂ Ha.
(in der Katastralgemeinde Purkersdorf.)

Anstoßend sind die Wälder:

e) der Heine'schen Erben auch „Augustinerwald" genannt:
Kat.-Parz. Nr. ⁿ⁄ per 66 Joch
1460 ☐Kl. = ... 38.₅₄₂ Ha.

f) des Freiherrn von Loudon:
Kat.-Parz. Nr. 97 per 91 Joch
188 ☐Kl. — ..... 52.₄₄₆ Ha.
(beide in der Katastralgemeinde Hadersdorf) endlich

g) der k. k. Thiergarten, Katastralgemeinde Auhof per 4476 Joch 351 ☐Kl., wovon 146 Joch 1280 ☐Kl. dem Hofärar nicht gehören.

Im Niederschlagsgebiete des Wienflusses liegen im k. k. Thiergarten:

	Joch	☐Kl.	Hektare
Wald	2662	641	= 1543.₆₃
Wiesen	617	430	
Teiche	6	1000	
Baustellen, Wege, Alleen, Straßen	46	1000	
Sanfänge, Schüttplätze ꝛc.	55	800	

Der Wald des Freiherrn von Loudon wird als Mittelwald, die übrigen Wälder werden als Hochwald im 100jährigen Umtriebe bewirthschaftet.

Das Altersklassenverhältniß ist ziemlich normal, die Bestockung gut; neben einigen Eichenbeständen herrscht zumeist Rothbuche, gemischt mit Eichen- und Weißbuchen; andere Holzarten kommen in untergeordneter Anzahl vor.

Der Zustand ist im Allgemeinen befriedigend, die Bewirthschaftung konservativ.

Größere manigfaltgestellte Schläge und Blößen kommen nicht vor.

Eigentliche Privatwaldungen bestehen in dem Forstbezirke Prebrunn nicht. Ganz unbedeutende Flächen, mit Holz bestockt, sind anläßlich der Hutweide-Auftheilung in den Besitz der ehemaligen Servitutsberechtigten übergegangen. Es sind folgende:

a) ein Theil der Parzelle Nr. 153·1 St. G. Tullnerbach, gehört dem Leopold Rigl von Tullnerbach;

b) Parzelle Nr. 277/8, 277/9 und 277·10. Erstere gehört dem Hofrathe Ritter von Schubert, letztere zwei gehören dem katholischen Waisen-Hilfsverein. Alle drei Parzellen liegen in der Steuergemeinde Tullnerbach;

c) Parzelle Nr. 61/64 St. G. Wolfsgraben gehört dem Georg Colbacher.

a Hat eine Fläche von circa — Joch 400 □Rl.
b " " " " " 2 " 760
c " " " " " 2 " 250
                        = 2·43 Ha.

a ist mit 30- bis 50jährigen Buchen, b mit 60jährigen Tannen und c mit 60jährigen Gleißliefern bestockt.

Die Parzellen enthalten keine Schläge und Blößen.

Außer den zunächst der ärarischen Waldabtheilungen 16 und 27 situirten Wäldchen, (dann einigen aus Grundtausch herrührenden kleinen Waldstreifen von zusammen circa 0·4 Ha., welche hier nicht in Betracht gezogen werden) befindet sich im Rayon des Verwaltungsbezirkes Preßbaum kein anderer Privat- oder Korporations-Wald.

Das aus den Kataster-Parzellen Nr. 265·1 und 265·2 St. G. Preßbaum bestehende, Eingangs bezogene Wäldchen, gehört dermalen dem Felix Zwickih (in Firma Landheim & Komp., Giselastraße 9) in Wien.

An Flächenmaß enthält:
Die Kat.-Parz.
Nr. 265·1 5 Joch 185 □Rl.
Nr. 265·2 8 " 995
Zusammen 13 " 1180 oder 7·49 Ha.

Im Aelawinkler Forstbezirke liegt nur an dem südöstlichen Rande der Abtheilung 35 ein kleiner Privatwald, welcher die Niederschläge zum Wienfluß abgibt. Dieser Privatwald gehört dem Wirthschaftsbesitzer Leopold Wagner, ist mit Parz.-Nr. 192 bezeichnet und zählt zur Katastralgemeinde Preßbaum.

Die Parzelle Nr. 192 besitzt ein Katastralflächenausmaß von 3 Joch 1168 Quadratklafter 2 Hektare 25 Ar.

Der bezeichnete Privatwald ist ein 30jähriger Erlenbestand von 0·7 Bestockung. Längs des Grabens stehen einzeln einige 80—100jährige Tannen.

Das Bestockungsverhältniß innerhalb dieses Privatwaldes ist überall ein gleichförmiges; Blößen sind nicht vorhanden.

Waldflächen-Summarium.

Summa des Staatswaldes . 8443·93 Ha.
Summa der Privatwälder zusammenhängend mit dem Staatsforstbezirke:

Hütteldorf . . . . . 1450·00 Ha.
Gablitz . . . . . 1071·93 Ha.
Purkersdorf . . . . . 1850·31 Ha.
Prebrunn . . . . . 2·43 Ha.
Preßbaum . . . . . 7·90 Ha.
Aelawinkel . . . . . 2·15 Ha.
                        4384·... Ha.

Insgesammt 12828·.. Ha.

Vergleicht man mit vorstehender Waldfläche jenes Gesammtareale, welches das Wasserfammelgebiet der Wien bis Hütteldorf (als östliche Grenze eine Linie vom Walde am Rosenbach bis zum Thiergatteuck bei Speising angenommen) einschließt, welches Areale . . . . . . 18.500·00 Ha.

beträgt, so ergibt sich innerhalb des bezeichneten Gebietes ein Bewaldungsprozent von = . . . 69·3 %

Es ist dies eine Bewaldungsziffer, welche in einem Lande mit allenthalben ausgebreiteten landwirthschaftlichen Kulturen gewiß befriedigen darf, zumal auch außerhalb des Waldes eine nicht unbedeutende Bestockung mit Bäumen und Gesträuchen auf den vielfach zerstreuten Gartenflächen vorhanden ist. Die landwirthschaftlich benützten Gründe sind zumeist Wiesen und nur zum geringeren Theile Aecker, Weingärten und Hutweiden.

Die bewaldeten Gebirgszüge zeigen in den Vorlagen (des Hütteldorfer Forstes und des k. k. Thiergartens) vorwiegend nur Neigungen von 10 bis 15 Grad neben ! nahezu eben verlaufenden Flächen. Von Mariabrunn aufwärts sind 15 bis 20 Grad das vorherrschende Gefäll der Berglehnen des Waldes.

Den nichtbewaldeten Grund sehen wir in den Vorlagen von den Ebenen aus überwiegend, (nur mit Ausnahme der St. Veiter und Rosenberggehänge) bis zu 5 Grad ansteigen; während bei den vom Walde entlavirten oder umbuchteten Ländereien der oberen Gegend Neigungen von 5 bis 10 Grad als die herrschenden erscheinen.

Sollte zunächst an die Forstwirthschaft im Wienerwalde das Verlangen gestellt werden, die Bewaldungsbeschaffenheit im Hinblicke auf das Zurückhalten von Niederschlagsantheilen, ferner bezüglich der Abflußmäßigung und Verzögerung zu verbessern, so wären etwa folgende Punkte in das Auge zu fassen:

1. Die außer Kronenschluß gekommenen Holzbestände wären thunlich rasch durch Jungwüchse mit reichlicher Stammzahl zu ersetzen, die Abtriebschläge sofort aufzuforsten. Zur Aufforstung der steileren Lehnen würde sich die Ausführung von Nadelholz-Pflanzungen im engen Verbande, auf horizontal angelegten Grabenauswürfen (Erddämmchen) empfehlen.

2. Reine Eichenbestände sind nicht anzustreben, weil sie gar bald sich licht stellen und dem Boden eine minder wohlthätige Bedeckung von Laubstreu verschaffen.

3. Auch andere Baumarten, deren Kronen wenig Schatten spenden, mögen gleich wie die Eiche nur in schwacher Vermengung (mit dichtschirmigen Hölzern; im Hochwalde mit der Rothbuche) herangezogen werden. Selbst die Hainbuche soll im Hochwalde nur untergeordnet vorkommen.

4. Die Beimischung von Nadelhölzern zum Laubholz im Hochwalde erscheint nützlich, weil diese einen reichlichen Theil des Niederschlages zurückhalten und ihre Abfälle, mit dem Buchenlaub gemengt, die ältere Bodenstreu lockerer machen.

5. Ein zu hohes, allgemeines Abtriebsalter (ein zu hoher Nutzungsumtrieb) zum Beispiel über 100 Jahre für den Buchenhochwald, erscheint nicht angezeigt.

Zum Weiteren wäre noch zu untersuchen, ob außerhalb des eigentlichen Waldlandes solche Flächen vorkommen, welche bei stärkerem Gefälle und dem Abgange einer Holzbestockung das Regen- (Schnee-) und Thauwasser zu gäh nach den Seitenbächen und dem Hauptgerinne der Wien abfließen lassen, zugleich auch der Entstehung von Wasserrissen förderlich sind. Daran reiht sich die Frage, ob und wo angebrochene, abrutschende Bodenstellen und Uferreinrisse vorhanden sind. Zur Beantwortung dieser Frage gelange ich in der Abtheilung c.

c. Holzleere Flächen außerhalb des Waldes. Angebrochene Bodenstellen und Ufereinrisse.

Im Bereiche des k. k. Hütteldorfer Forstbezirkes, insoweit derselbe im Wassersammlungsgebiete des Wienflusses und seiner Seitenbäche liegt, sind als holzleere Flächen von bedeutenderem Umfange nur die Wiesen am Rosenbach und Halterbach, dann bei Mariabrunn und in der Umgebung von Mauerbach, endlich die eingeschlossene Wiese auf der Sophienalpe zu bezeichnen. Alle diese Gründe haben außer der Wiese am Sayberg zumeist sanfte Neigungen.

In einem, dem Stifte Schotten in Wien gehörigen Waldtheile, Steinerne Lahn genannt, haben schon öfter Bergabentlichungen stattgefunden, jedoch wird das Steinmateriale zunächst in den in die Wien einmündenden Halterbache selbst abgelagert und bleibt dort zurück. Der Rosenbach kann kaum als geschiebeführend betrachtet werden.

An den gegen den Mauerbach abdachenden Berglehnen haben bis vor Kurzem keine Bergabrutschungen und Einrisse stattgefunden und sind solche erst in Folge des vorjährigen Wolkenbruches dadurch entstanden, daß der Teichdamm im Hirschengraben durchrissen wurde.

Die Grundparzellen, welche im Bereiche des Mauerbach-Thales und des gleichnamigen Baches in dem letzteren Angriffe durch Hochwasser erlitten, gehören zum kleineren Theile dem Forstärar, ferner dem Wiener Bürgerspital und zum größten Theile dem Besitzer von Mauerbach. Wird die Wienthalwasserleitung hergestellt, so ist das Verbauen von Terraineinrissen im Mauerbachthale als besondere Schutzmaßregel im Interesse der Wienregulirung kaum nothwendig.

Starkgeneigte, holzleere Flächen sind im Wirthschaftsbezirke Gablitz vorhanden:

In der Steuergemeinde Gablitz.

Auf der Nordseite der zu Gablitz gehörigen Ortschaft Hochbuch bilden Theile der Wiesenparzellen:

105 gehörig dem Franz Gruber von Hochbuch, 106 gehörig dem Jakob Schwaiger von Hochbuch, 110 gehörig der Michael Rhingers Witwe von Hochbuch, eine mäßig steil zum Bache daselbst abhängende Berglehne in einer Gesammt-Flächenausdehnung von circa . . . . 5 Hektaren.

Ferner gehört der südwestliche Theil der bisher dem Josef Lembacher von Holeiche zugeschriebenen Hutweide Parzelle Nr. 334 per circa . . . . 3 Hektare einem ziemlich steilen, zum Bache daselbst abfallenden Abhange an. Dieses Grundstück gehört zu dem „Holeichengute" und wird demnächst exekutio feilgeboten.

Endlich können nur mehr ein Theil der dem Josef Schweiber von Purkersdorf gehörigen Wiesenparzelle Nr. 298 per 0·75 Hektare und circa . . . . . . 0·5 „ aus der dem Johann Heigel in Gablitz gehörigen Wiesenparzelle Nr. 332 b, welche beide Objekte aus steilen Uferböschungen bestehen und nächst Althang liegen, erwähnt werden.

Anbrüchige Grundparzellen, durch welche namhafte Schuttmassen in Folge von Regen- und Schneewässern nach den Seitenthälern und nach dem Hauptthale gelangen, sind im Wirthschaftsbezirke Gablitz nicht vorhanden.

Als holzleere Fläche mit starker Neigung befindet sich im Purkersdorfer Verwaltungsbezirke nur der sogenannte Mühlberg bei Weidlingau, Katastral-Parzelle Nr. 56 a a a 2 und 57,1 per 15 Joch 519 Quadratklafter des Freiherrn von Landon und Parzelle Nr. 56 b a a 3 per 11 Joch 160 Quadratklafter der Gemeinde Weidlingau = zus. 15·21 Hektare.

Ost, Süd und Südwest dieses zusammenhängenden Komplexes ist bis auf die dortigen Steinbrüche mit Rasen bedeckt und verläuft nahezu eben in den k. k. Thiergarten, den Wiener Bürgerspitalswald, und den ärarischen Forst; die nordöstlichen und westlichen Abdachungen sind sehr steil, jedoch mit Rasen bedeckt, die nördliche Abdachung gegen den Ort Weidlingau besteht aus aufgelassenen Schotterbrüchen, meist kahlen Felswänden, unterhalb welcher ein mächtiger Schuttkegel, der für die am Fuße desselben befindlichen Häuser bei der geringsten Abgrabung und anhaltendem Regen gefahrdrohend ist. — Wenn die übliche Ziegenweide am Mühlberg eingestellt würde, ließe sich mit nicht zu großer Mühe ein Wald erziehen.

Außer verschiedenen kurzen Uferstrecken, an welchen jedes Hochwasser durch Auswaschen des aus Sand und Schotter bestehenden Untergrundes kleine Uferbrüche veranlaßt, wie dies an jedem nichtregulirten Bache geschieht, befindet sich im Purkersdorfer Bezirke nur eine einzige einsturzgefährliche Stelle von größerer Bedeutung. Es ist dies ein Theil des Purkersdorfer Gemeindewaldes Parzelle Nr. 130, gegenüber der sogen. Pragermühle in Purkersdorf. Hier zwängt sich der Wienfluß durch sein plötzlich auf halbe Breite verengtes Bett zwischen der Deutschwaldstraße und dem Gemeindewalde hindurch und unterwäscht den Fuß des letzteren. In Folge dessen entstand schon vor circa 20 Jahren eine Abrutschung von beiläufig 0·2 Hektar; dieselbe wurde mit Schwarzföhren bepflanzt, so zur Ruhe gebracht, aber vor 10 Jahren durch das Einschneiden des Promenadenweges in den steilen Schuttkegel wieder in Bewegung gesetzt.

Diese Stelle ist um so gefährlicher, als durch eine während eines Hochwassers eintretende Absitzung der nur aus losen Steintrümmern und Erde bestehenden Bergwand das ganze Flußbett verlegt und eine Wasserstauung veranlaßt werden kann, deren verderbliche Folgen für

Purkersdorf unberechenbar sind. — Die Uferversicherung müßte hier aus massivem Mauerwerk aufgeführt werden, da die als Flußsohle dienenden natürlichen Felsbänke die Anwendung von Piloten ausschließen.

Im Prebrunner (Tullnerbacher) Forstbezirke finden sich holzleere, stark geneigte Flächen auf der rechten und linken Uferseite des Wolfsgraben-Baches, einem der bedeutendsten Zuflüsse des Wienflusses.

Gegen das rechte Bachufer fällt der sogenannte Brandberg, gegen das linke Ufer der Taborberg mit bedeutender Böschung ab. Beide Flächen stehen zum größten Theile außer Kultur, werden als Hutweide benützt und vermitteln theils direkt, theils indirekt durch Seitengräben ein ungemein rasches Abfließen des Regenwassers.

Die Brandhutweide ist im forstärarischen Besitz (Abtheilung 44 c) und wurde vor 2 Jahren mit der Aufforstung dieser kahlen Fläche begonnen.

Die Hutweiden auf Tabor wurden anläßlich der Weideservitut-Ablösung und Regulirung an viele ehemals Berechtigte aufgetheilt und bislang zum sehr geringen Theile in Wiese und Ackerland übergeführt.

Den Beginn von Abrutschungen bemerkt man auch unfern der Eisenbahn von Profil Nr. 184 bis 192 an der linken Uferseite des Wienflusses am sogenannten Wienerberg.

Durch das rasche Abstürzen des Regenwassers ist das nahe dem Wienflusse befindliche Terrain schon in Bewegung gerathen und sind bei Eintritt von Hochwasser an dieser Stelle Ufereinstürze und Abtragungen voraussichtlich.

Die hier erwähnte Fläche fällt mit jenem Terrain zusammen, welches von Seite des Wienthal-Wasserleitungs-Projektes zur Errichtung des ersten und größten Wasserreservoirs bestimmt wurde.

Die einzige größere Abspülung, durch welche namhafte Schuttmassen in Folge von Regen- und Schneewässern nach den Seitenthälern und nach dem Hauptthale gelangen, besteht in dem forstärarischen Waldbistrikte "Glasfogel", Abthlg. 36 c St. Gem. Purkersdorf am rechten Wienufer.

Diese Parzelle fällt äußerst steil unmittelbar in das Flußbett ob; die Lehne ist mit massiven

Felsstücken bedeckt, welche bei den hier häufig eintretenden Uferunterwaschungen zum Absturze gebracht werden und das Flußbett verlegen. Es ist deutlich ersichtlich, daß an dieser Stelle vor mehreren Decennien eine bedeutende Bergabrutschung stattgefunden hat, worauf zur Bindung des Erdreiches die Anwendung von sogenannten Fischerzäunen und Aufforstung mittelst Kiefern versucht wurde, welche Maßregel jedoch nur mangelhaft gelungen ist. Mittlerweile haben sich die verschiedensten Straucharten angesiedelt.

Kleinere Erdabsitzungen und Uferbrüche finden sich der ganzen Strecke des Wienflusses entlang, eine Folge des ganz regellosen Laufes desselben.

Im Forstbezirke Preßbaum kommen zwar allenthalben holzleere Flächen, Wiesen und Hutweiden vor, jedoch liegen dieselben meist unterhalb der Waldesgrenzen, reichen von da bis an das Bachufer und sind (allenfalls nur mit Ausnahme des „Buchberg") vermöge Ausdehnung und Situation von geringer Bedeutung.

Der „Buchberg" hat bei einer Höhe von circa 420 M. über der Meeresfläche eine ziemlich starke Neigung, ist größtentheils holzleer und dürfte bei einer eventuellen Regulirung des Wienflusses hier die Anlage eines Baumgürtels nicht unvortheilhaft sein.

Die betreffenden Parzellen wären eventuell Nr. 264/33, 264/31, 264/37 des Franz Krumpöl und Franz Klaghofer in Preßbaum.

Es gelangt wohl auch aus den in den Forsten vorhandenen Wassergräben bei heftigen Regengüssen Stein- und Erdmaterial in die Bäche, jedoch rührt das Hauptkontingent der Stein- und Schottermassen, welche bei Regen- und Schnee-Hochwässern dem Wienflusse und den gröberen Nebenbächen zugeführt werden, von den längs der Bäche vorkommenden, aus lockerem und stark schotterigem Boden bestehenden Ufern, respektive den jederzeit stattfindenden Uferbrüchen und Erdanrissen her, oder sind Folge des ganz regellosen Bachlaufes und dürften durch sachgemäße Regulirung der Bachläufe und Bachsohlen für die Zukunft enthalten.

Größere Rutschungen und Bergabstürze kommen nicht vor.

Mit Rücksicht auf das im Rekawinkler Forstbezirke, Forstort Kaiserbrunnberg, Kat.-Parz. 208 in der Steuergemeinde Rekawinkel liegende Quellengebiet der Wien, die hier in einer Länge von 5250 M. „Dürrwien" heißt, ist der Hauptbach sammt Nebenbächen verhältnißmäßig gering bezüglich seiner Wasserführung, so daß selbst bei heftigen Regengüssen nur unbedeutende Schnittmassen in Bewegung gerathen, namhafte Uferbrüche und Grundeinrisse, oder überhaupt solche anbrüchige Grundstellen, für welche Verbauungen nothwendig wären, innerhalb des obigen Forstverwaltungsbezirkes nicht vorkommen.

Ich erlaubte mir in der eben beendeten Darstellung der Abtheilung c. außer dem Hinweise auf einige, dem Waldstande nicht angehörende, holzleere Flächen auch die Andeutung, wo bemerkenswerthe Bodeneinrisse oder Absitzungen, endlich wo die häufigeren Uferbrüche hervortreten. Bezüglich der letzteren, welche ohnehin von den Herren Hydrotechnikern berücksichtigt werden, enthalte ich mich eines weiteren Beisatzes und möchte mir nur einige Worte in Absicht auf das andere Vorkommen gestatten.

Von einer ausgedehnten Bewaldung des holzleeren, als Grasland benützten Wiesen- und Hutweiden-Grundes wird wohl abgesehen werden müssen, weil die Eigenthümer besagter Ländereien, welche namentlich die Ernährung ihrer Viehstände im Auge behalten müssen, einer solchen einschneidenden Kulturveränderung mit dem Hinweise auf die Interessen der Landwirthschaft ein Veto entgegensetzen und zum Verkaufe der Flächen, mit wenig Ausnahmen, kaum geneigt sein werden.

Der Holzpflanzenzüchter wird daher wohl nur auf einigen stark abdachenden Antheilen der Graslandflächen die Aufgabe erhalten, Baumreihen in horizontalem Verlaufe und mäßigem Abstande der einzelnen Stämmchen innerhalb der Reihen, ferner Hecken auf den mehr wagrecht an den Berghängen hinziehenden Grenzrainen anzulegen. Dann dürften aber weniger die Waldbäume, als die geeigneten Obstbaumarten, ferner der Nußbaum und die gute Kastanie am Platze sein. In den Hecken ließen sich die Riedsarten, die Ostheimer Weichsel, die Cornelkirsche, die veredelte Hasel, die Maclura aurantiaca 2c. unterbringen.

Zur Vermeidung und Beruhigung des Geschiebes in den Gräben und Wasserläufen erscheinen an einigen bezeichneten Orten im Bereiche oder zunächst des Waldgebietes die Bindung von Absitzungen, ferner mehrere solche Thalsperren, welche das Wasser abrinnen oder durchsickern lassen, den Schutt hingegen zurückhalten, als wirksame Mittel angezeigt.

Zur Anlage von Horizontalgräben (nivellirte Wasserfurchen), von denen man das Zurückhalten, Ansammeln und zugleich das Mäßigen der abfließenden Niederschlagswässer in stark geneigten Bergseiten erhofft, möchte ich nur noch schließlich bemerken, daß ich diese Maßregel in unserem Falle nicht unter die besonders anwendbaren Hilfsmittel zur Gewässerregelung zähle.

Sollen die Gräben wirksam werden, dann müssen sie in minderen Abständen sich wiederholen und es wird pro Hektar Fläche ein hoher Kostensatz zum Vorschein kommen. Weiters kann man den Eigenthümern der bezüglichen Berglehnen die Ausführung besagter Maßregel im Interesse Wiens keineswegs aufstellen und die Kommune hätte zunächst den Weg der Expropriirung zu betreten, der die Gräben-Ausführung gar weit in die Ferne rücken und vertheuern würde.

---

d. Die verschiedenen Bodenkulturen in ihrem Verhalten gegen die Niederschläge.

Das Ackerland. Wenn der Ackergrund auf ebenen oder sanft geneigten Flächen sich befindet und in letzterer Lage die Beete nach ihrer Länge rechtwinklig auf die Richtung des stärksten Falles der Berglehne angelegt sind, — oder wenn ein Ackerland in stark geneigten Berglehnen durch Aufführung von Terrassenmauern an der unteren Seite im Gefälle ermäßigt wird, dann wirkt der Acker gewiß wohlthätig für die Aufnahme eines Theiles der Niederschlagswässer und bezüglich der Ermäßigung des Ablaufes der nicht zurückbehaltenen Flüssigkeit.

Der Ackergrund wird — mit Ausnahme der Kleefelder — hier alljährlich, meistens sogar mehrmal gelockert, liegt unbebaut in rauher Furche da und trägt bebaut eine dichtere und dem abrinnenden Gewässer mehr Widerstand bietende Fruchtbestockung als das Grasland. — Im Vergleich zu diesem steht der Acker nur insoferne zurück, als ihm bei starkem Regen und rasch thauendem Schnee durch den Wasserablauf leichter viele Bodentheile entrissen werden.

Der Gemüse- und Weingarten erweiset sich bei ziemlich gleichen Grundbedingungen seiner Kultur, was das Zurückhalten und Abrinnen des Wassers betrifft, ähnlich wie das Ackerland.

Der Obstgarten und der Park nähern sich in ihren Wirkungen dem Walde, wenn derselbe mit Grasland durchbrochen erscheint.

Die vollständige und sorgfältig bewahrte Berasung der Bergseiten schützt die Oberfläche gegen das Abschwemmen des Erdreiches.

Bei Hutweiden sehen wir aber die Grasnarbe durch den Tritt des Weideviehes, namentlich auf den an Lehnen weithin sichtbaren Fußsteigen (Wechseln) der Rinder, Ziegen und Schafe, oft arg verletzt. Die Weideflächen an stark abdachenden Berghängen senden in Folge dessen eine Masse von Geschieben und Felsbrocken zu Thal. — Indem trägt die Gebirgshutweide stets nur eine niedere Bestockung von Gräsern und Kräutern, vermag daher nicht dem abrinnenden Wasser ein Hinderniß im Ablaufe zu bereiten.

Darum ist die Hutweide jene landwirthschaftliche Bodenbenutzung, welche von den geneigten Flächen des Wassersammelgebietes der Wien ganz verbannt sein sollte.

Die Wiese leistet außer der Festigung des Obergrundes und Verhütung der Erdabschwemmung durch den höheren Gras- und Kräuterwuchs einige Wochen der Vegetationsperiode — vor der Heu- und Grummetmahd — auch in geneigten Lagen wichtige Dienste durch Zurückhalten mäßiger Regen und durch Verzögerung des abrinnenden Wassers. Gegenüber einem Regengusse und jäh abschießenden Gewässern tritt der Widerstand der Wiesengewächse auch bei ihrer üppigsten Entwicklung gewiß außer Rechnung.

Referent:

Robert Micklitz.
k. k. Ministerial-Rath und Ober-Landesforstmeister,
als forstlicher Experte.

3. Ueber die terrassenförmige Umgestaltung der Kulturflächen.

Nachdem der Expertise die Frage der terrassenförmigen Umgestaltung der Kulturflächen vorlag, so sah ich mich veranlaßt, in eine nähere Erörterung auch dieser hydrotechnischen Maßnahme einzugehen.

Unter terrassenförmiger Umgestaltung der Kulturflächen begreift man, kurz zusammengefaßt, jene Vorkehrungen, wodurch eine Verzögerung des Wasserabflusses von steilen Lehnen, gleichgiltig ob dieselben bewaldet sind oder nicht, angestrebt wird. Dies geschieht je nach dem Werthe der Grundstücke durch Erbauung wirklicher Stützmauern, wie z. B. in den Weingärten am Rhein, Nekar und anderen Orten, oder aber bei Wäldern, Wiesen und Hutweiden durch die Ausbebung seichter und schwach gegen den Horizont geneigter Gräben.

Während im ersteren Falle der Zweck mehr auf die Festhaltung der kostbaren Ackererde gegen Abschwemmung und leichteren Wirthschaftsbetrieb gerichtet ist, gilt es im letzteren Falle vornehmlich das Wasser aufzuhalten, beziehungsweise den raschen Absturz der meteorischen Niederschläge hintanzuhalten.

Die Anlage horizontaler oder sanft geneigter und den Lehnen entlang gezogener Gräben ist nicht neu; ihre Einführung in die inländische Land- und Forstwirthschaft wird dem fürstl. Karl Schwarzenberg'schen Domänen-Direktor Th. Gassner, zugeschrieben, welcher im Jahre 1872 der patriotisch-ökonomischen Gesellschaft, sowie dem Landesausschusse in Böhmen eine Abhandlung vorlegte, betitelt: „Ueber die

Ursachen der Wasserverheerungen und großer Trockenheit in unserem Vaterlande, mit gleichzeitigem Vorschlage zur Behebung dieser Kalamitäten."

In dieser Abhandlung, welche seitens der genannten kompetenten Korporschaften die eingehendste Würdigung erfuhr, heißt es unter Anderem:

„Dem gewaltsamen Ablauf der Wässer von den bewaldeten Höhen wurde durch offene, mit einem schwachen Gefälle versehene Gräben Einhalt gethan, und wurden gleichzeitig auf verschiedenen Punkten — selbst in hohen Lagen — kleine Teiche angelegt." Und weiter:

„Nach mündlicher Mittheilung des Oberverwalters Liul auf der kais. Herrschaft Jenč wurden solche Gräben auf den Lehnen liegenden Feldern bereits im Jahre 1860 ausgeführt, und zwar auf der k. k. Privat-Domäne Kron-Borsien."

Einen ähnlichen Vorschlag erstattete im Jahre 1879 (siehe Wochenschrift des österr. Ingenieur- und Architektenvereines Nr. 44, Jahrg. 1879) der Landes-Oberingenieur Geppert in Innsbruck bezüglich der Unschädlichmachung der Wildbäche in Tirol. Zur Ausführung gelangten solche Anlagen auch in den Vogesen, und zwar vom königl. bairischen Oberförster Haag, welcher sich über den erzielten Erfolg wie folgt aussprach: „... von dem Augenblicke an, wo ein Berghang mit Sickergräben versehen war, wurde das Regenwasser zurückgehalten, so daß jede Ueberfluthung und Uebersandung von dem geschützten Hange ver-

4

ein Ende hatte und die Landleute der Meinung Ausdruck gaben, daß es im Walde nicht mehr regne. (!?) An vielen Stellen entstanden Quellen, die seit Jahren versiegt waren und die bestehenden lieferten doppelt so viel Wasser, als vordem."
(Dabei ist jedoch zu beachten, daß es sich in dem besprochenen Falle weniger um Steilgehänge als um sanfter geneigte Lehnen des durchfurchten Hügellandes handelt. D. Rst.)

Aus diesen kurzen Andeutungen ist zu ersehen, daß diese Frage, von deren richtiger Lösung in Wahrheit eine nachhaltige Sanirung der Wasserstandsverhältnisse unserer Flüsse und der Wohlstand nicht nur Einzelner, sondern ganzer Gemeinden abhängen kann, schon vielseitig erörtert wurde.

Wenn irgendwo, so weisen im Wiengebiete die Zustände auf die Beachtung dieses Meliorationsmittels; denn wie aus dem geologischen Bericht zu entnehmen, ist die petrographische Entwicklung der Wiener Sandstringebiete der Quellenbildung insofern ungünstig, als sich das Gestein mit einer schlammigen Kruste überzieht, welche das Eindringen der atmosphärischen Niederschläge in das Innere der Gebirge mehr weniger erschwert, d. i. die ausgiebige Quellenbildung, verhindert.

Aus dieser geologischen Eigenthümlichkeit läßt sich auch am zutreffendsten die Erscheinung der großen Schwankungen in den Wasserstandsverhältnissen, zur Zeit der Regengüsse und langandauernder Trockenheit erklären. Ueberdies haben alle Quellenforscher auf diesen Zusammenhang zwischen Bodenbeschaffenheit und Wasserabfluß, großes Gewicht gelegt und hat Pomeranz nicht mit Unrecht die Behauptung aufgestellt, daß die Durchflußweite der Brücken einen Maßstab liefere für die Durchlässigkeit des Bodens in dem oberhalb derselben liegenden Gegend.

Muß es nicht zum Nachdenken herausfordern, wenn ein Flußgebiet, das mehr als 60% Waldfläche enthält, das in forstwirthschaftlicher Hinsicht die conservativste Behandlung erfährt und wo nur die sanftgeneigten Lehnen nebst dem Thalboden in verschwindend kleinem Ausmaße der Landwirthschaft überlassen sind, wenn ein solches Flußgebiet so ungesunde Wasserverhältnisse aufweist, wie wir sie an dem Hauptflusse und den Nebenflüssen der Wien wahrnehmen?

Es liegt im Wienthale thatsächlich eine Lokalität vor uns, in welcher in hydrologischer Hinsicht der geologische Einfluß des Untergrundes die Wirkung der wirthschaftlichen Bebauung des Geländes überwiegt, wobei allerdings die Terrainneigung insbesondere in Betracht kommt.

In diesen Umständen erkennt die Expertise den Fingerzeig zur Anwendung solcher künstlicher Mittel, wodurch dem raschen Absturz des Regen- und Schneewassers nach den Terraineinkerbungen vorgebeugt werden soll, so daß in Zukunft weder intensive Regengüsse, nach plötzlich eintretende Schneeschmelzungen ein gefährliches Anschwellen der Flußgerinne hervorrufen und anhaltende Dürre keine vollständige Austrocknung der Bäche nach sich ziehen kann. Zu diesen Retensionsmitteln kann außer den Sperren und den Wasserspeichern im Thalgrunde die Anlage von Sickergräben an den Berglehnen gerechnet werden. Da diese Wasserbehälter im Kleinen unter allen Umständen beschigt sind, einen beträchtlichen Theil der atmosphärischen Niederschläge, sei es in fester oder flüssiger Form in sich aufzunehmen; eine Speisung der Quellen und somit eine permanente Alimentirung der offenen Bachgerinne zu bewirken.

Diese Sickergräben würden außerdem, daß sie den starken Wasserabfluß hemmen, auch das Abschwemmen der fruchtbaren Erde und des Düngers verhindern, wodurch nicht allein die Landwirthschaft Nutzen ziehen, sondern auch die Verunreinigung des Wassers — falls dasselbe in eigenen Bassins zu Haushaltungszwecken gesammelt werden sollte — theilweise hintangehalten würde. Obzwar anzunehmen ist, daß diese Gräben nach einiger Zeit mit Erde angefüllt sein werden, so werden die einsichtsvollen Landwirthe die Depôts sicher von Zeit zu Zeit unaufgefordert räumen und den fruchtbaren Inhalt über die seitlichen Flächen ausbreiten. Ueberdies wären zu den gedachten Zwecke vorläufig nur die Grasflächen und Hutweiden in Aussicht zu nehmen, wogegen bei den Waldkulturen die Graben-, beziehungsweise Terrassenfrage erst beim Aufpflanzen neuer oder der Verjüngung bereits bestehender Waldflächen in Betracht käme.

Man sollte aber nicht bei der Herstellung der Gräben allein stehen bleiben, sondern außerdem für sekundäre Reservoire Sorge tragen, die einerseits durch solche Wasser gespeist würden, welche derzeit die Wald- und Feldwege aushöhlen und anderseits das aus den oberhalb befindlichen Transversalgräben abfließende Wasser aufnehmen können. Im baltischen Hügellande existiren Tausende solcher, oft ziemlich hoch gelegener Wasserbehälter, deren Inhalt zur Zeit der Trockenheit mittelst systematisch angelegter Grabennetze über die Grasflächen geleitet werden kann. Nachdem — wie die verflossenen trockenen Jahre gezeigt haben — das Bedürfniß für solche Bewässerungs-Einrichtungen im Pieuithale ein sehr dringendes gewesen und die Localverhältnisse die Durchführung solcher Anlagen begünstigen, so liegt kein Grund vor, weshalb die Landwirthe daselbst nicht die passende Gelegenheit zur Inaugurirung einer zeitgemäßen Melioration ihrer Großflächen ergreifen sollten, zumal die Vortheile rationeller Wasserverwendung alsbald grell in die Augen springen würden.

Bei dem Umstande jedoch, als die Durchführung dieser Wasserbaue und Culturmaßnahme ohne sorgfältige Bedachtnahme auf Boden- und Terreinbeschaffenheit sehr leicht Abrutschungen herbeiführen kann, sollten diese Arbeiten nie ohne vorherige Sondirung und ohne permanente technische Aufsicht begonnen werden.

Was die Kosten anbelangt, so werden diese sicher nicht außer Verhältniß zu den Vortheilen stehen, welche schon die Landwirthschaft allein daraus zu ziehen vermag.

Die Entfernung der proponirten Gräben ist durch den Böschungswinkel der Lehne bestimmt, und nimmt Gassauer nach seinen bisherigen Erfahrungen an, daß bei Böschungswinkeln von 45° (?) bis zu 5° die Grabenentfernungen von 30 bis 200 Meter zunehmen könnten, während Göppert dieselben in den Alpenregionen in Entfernungen von 10—20 Meter situirt wissen will. Letzterer nimmt an, daß ein Mann im Durchschnitt per Tag einen 20 Meter langen und 1 Meter breiten und circa 40 Centimeter tiefen Graben herstellen könne und berechnet demnach per Hectar Grundfläche einen Arbeitsaufwand von 25 Tagschichten. Nach dem Ausmaße Gassauers würde jedoch für die gleiche Fläche der 3. bis 10. Theil der Arbeitszeit erforderlich sein.

Aus einer im Jahre 1879 vom Herrn Ingenieur Knobloch über die Wasserzurückhaltung im Hochgebirge publicirten wissenschaftlichen Abhandlung [*] haben wir entnommen, daß solche Transversalgräben in Oesterreich bereits vor mehr als 100 Jahren ausgeführt wurden und noch heute functioniren, nur mit dem Unterschiede, daß das Wasser in denselben gesammelt wird, sonach nicht zum Versickern bestimmt ist.

Man hat nämlich in den Karpathen, oberhalb Schemnitz, in der Absicht für den Betrieb der Poch- und Pumpwerke Wasserkraft zu gewinnen, ein ausgedehntes Grabennetz in Verbindung mit Thalsperren und Reservoirs angelegt, wodurch das gesammte — oder mindestens der größte Theil — im Gebirge niederfallende Meteorwasser aufgehalten werden kann. Die dortigen Gräben, mit und ohne Gefälle sind an den Berglehnen oder auch am Fuße derselben angelegt, in der Sohle 40 Centimeter breit und 70—80 Centimeter tief. Ihre Gesammtlänge beträgt circa 130 Kilometer (17 Meilen). Sie sind auf lange Strecken in der Sohle und an den Böschungen gepflastert, betonirt oder mit Bretteln verkleidet. An den nicht bewaldeten und nicht berasten Berglehnen sind jedoch die Verschlammungen nach jedem Regen derart, daß die dadurch erwachsenen Erhaltungskosten die Veranlassung bildete zur gänzlichen Auflassung dieser Gräben an solchen Stellen. Die 16 Reservoire haben einen Gesammtinhalt von 7 Millionen Cubik-Meter, die Abschlußdämme haben im Innern einen gestampften Lettenkörper und beiderseits Erdanschüttung. Sie stehen seit vielen Decennien, während welcher Zeit nur Einer, u. zw. wegen fehlerhafter Konstruktion vom Wasser durchbrochen wurde.

Es sind somit die Anlagen nicht selten, durch welche mittelst Gräben das Regen- und Schneewasser am raschen Abfließen von den Gebirgen gehemmt und in vielfacher Weise nutzbar gemacht wird, so daß diese Maßnahme wohl füglich zur Unterstützung der anderweitig für die Verbesserung der Wasserverhältnisse der Wien in Vorschlag gebrachten Regulirungsmittel in Betracht gezogen werden solle, immer vorausgesetzt daß die geologischen Verhältnisse dieß gestatten

[*] Wochenschrift des österr. Ingenieur- und Architekten-Vereines, IV. Jahrg. Nr. 51.

Referent:

Josef Riedel.
Ingenieur.

4*

4. Die Regen- und Abflußverhältnisse im Wiengebiete.

a. Ueber die Regenverhältnisse des Wienflußgebietes.

Es ist ein von Fachmännern längst anerkannter Grundsatz, daß die im Gefolge meteorischer Exzesse auftretenden Uebelstände unmöglich gründlich zu beseitigen sind, so lange der Techniker nicht in den Stand gesetzt ist, sich über die gesammten Wasserverhältnisse, gewissermaßen über die Physiologie der Flüsse, sowie den ganzen Kreislauf des Wassers ein zusammenhängendes Bild zu verschaffen. Nicht minder unbekannt ist die weitere Thatsache, daß bei der Lösung hydrotechnischer Fragen die einfache Kenntniß der Lokalität nicht genügt und auch der eminenteste Fachmann ohne Berücksichtigung aller in das gesammte Wasserregime einschlägigen Verhältnisse einzig auf Grund der Lokalkenntniß keine wasserbauliche Angelegenheit mit dauerndem Erfolg zu lösen vermöchte.

Hydrometrische oder Wasserstandsbeobachtungen wurden von Orten, wo die Kenntniß der Wasserstände für die Schifffahrt und das Wasserbauwesen von Nutzen waren, schon vor Jahrhunderten angestellt, nicht aber Regenmessungen. Der hierländische Hydrotekt war diesfalls meist nur auf die Beobachtungsdaten der k. k. Observatorien Wien, Prag, Pest, Krakau und Klausenburg angewiesen. Wer es verstand, die daselbst gesammelten Ziffern geschickt zu benützen und daraufhin ein Beweisgebäude zu fundiren, der galt als der Finder besonderer Schätze. Dem entgegen sei bemerkt, daß ein nur auf wenige Stationen beschränktes Beobachtungsnetz wohl Aufschluß geben könne über die charakteristischen Merkmale selbst größ-

herer und geographisch getrennter Ländergebiete, daß es Aufklärung geben könne bezüglich etwaiger meteorologischer Analogien und Unterschiede, daß es aber keinerwegs belehren könne über die physikalischen Eigenthümlichkeiten einer engbegrenzten, vielgestaltigen Lokalität. Zwar ist seit der Kreirung eines engmaschigeren Beobachtungsnetzes der geschilderte Standpunkt überwunden, allein für die Beantwortung konkreter Fragen reichen die erhobenen Daten noch immer nicht aus. Auch sind dabei nicht alle Provinzen des Reiches mit der gleichen Sorgfalt vorgegangen; denn es sind z. B. in Böhmen gegen 900, in Schlesien etwa 20, in Niederösterreich dagegen kaum 15 meteorologische Stationen in Aktion, die vertrauenswürdige Regenbeobachtungen vornehmen.* Das Kronland Niederösterreich steht daher rücksichtlich der Erforschung seiner klimatischen und Witterungsverhältnisse den meisten Ländern nach; denn mit Ausnahme des k. k. Observatoriums Wien liegen von keinem Orte längere Beobachtungsreihen vor, welche eine strenge fachmännische Behandlung der beregten Frage gestatten würden. Dieser Mangel wurde schon in dem Berichte der Wasserversorgungskommission der Stadt Wien vom Jahre 1864 hervorgehoben und gesagt: „Es ist zu bedauern, daß die Beobachtung der Niederschlagsverhältnisse, welche mit verhältnißmäßig geringen Kosten und Zeitaufwande verbunden und doch wieder, was Vegetationsver-

*) Es entfällt sonach im Durchschnitt auf jede Station ein Ländergebiet von: In Böhmen 1 Quadratmeile, in Schlesien 5 Quadratmeilen und in Niederösterreich 24 Quadratmeilen.

hältniffe, Quellenbildung u. dgl. anbelangt, von fo hoher Bedeutung ift,
entweder meift vernachläffigt oder doch
nicht konfequent durch eine längere Zeit
fortgefetzt worden ift." Außerdem haben
alle Projektanten der Wienregulirung — deren
Zahl feit 100 Jahren auf mehr als 30 an-
gewachfen ift — das Bekenntniß abgelegt und
unumwunden,geftanden, rückfichtlich der Regen-
und Abflußverhältniffe des Wiengebietes nichts
zu wiffen. Ueberrafchen mußte es daher, die
Niederfchlagsmengen des topographifch fowie
wirthfchaftlich fo wechfelvollen Wienthales ftets
aus den Analogien des Wiener Obfervatoriums abgeleitet zu fehen. Wenn deshalb den
folcherart begründeten Behauptungen nur ein
hypothetifcher Werth beigelegt werden kann,
fo findet dies feine Erklärung in der Natur
des Gegenftandes.

Trotz diefer zugeftandenen Mangelhaftig-
keit hat die Expertife keinen Weg unbetreten
gelaffen, auf dem fie irgend welche Anhaltspunkte für ihre Schlußfolgerungen zu finden
hoffte; fie hat nicht bloß die aus früheren
Jahren ftammenden Notirungen forgfältig ge-
ordnet und geprüft, fondern auch die neuerer
Zeit fowohl feitens der k. k. Centralanftalt
für Meteorologie, als auch feitens des hohen
k. k. Ackerbauminifteriums gefammelten ftati-
ftifchen Daten mühvoll zufammengetragen und
den Verfuch unternommen, aus diefem Materiale ein Bild zu konftruiren, das allein
geeignet fein dürfte, einige Hypothefen auf-
zuklären, und einen Anhaltspunkt zu erbringen
über die zwifchen den Niederfchlags- und Abflußmengen beftehenden Verhältnißziffern.

In Verfolgung diefes Zieles wurden
außer jenen Angaben welche anfchließlich im
Rayon des Wiengebietes gefammelt werden
konnten, auch folche benützt, die aus deffen
unmittelbarer Nachbarfchaft zu erhalten waren.
Es eigneten fich für die Behandlung der vorliegenden Frage die Stationen: Wien (Hohe
Warte), Wien (Reitergaffe)*), Preßbaum (Rekawinkel), Haderodorf, Mariabrunn, Klaufen-Leopoldsdorf, Hinter-
brühl, Mödling, Kalksburg, Sierning,
Krems, Weißenhof, Hirfchftetten und
Thavonhof. Die beiden letztgenannten Orte

*) Beobachter: Prof. Dr. Jakob Breitenlohner,
Garten der Hochfchule für Bodenkultur.

im Marchfelde gelegen. An diefen Punkten
wurden in verfchieden langen Zeiträumen Regenmeffungen vorgenommen, jedoch von un-
gleicher Vertrauenswürdigkeit. Da die meiften
Stationen ihre Thätigkeit erft mit dem Jahre
1880 begonnen, fo erwiefen fich die daraus
abgeleiteten Verhältniffe noch nicht als zur
Berechnung von Mittelwerthen geeignet, wohl
aber zur Vergleichung mit älteren Stationen,
zumal gerade in den letzten zwei Jahren
mehrere Ereigniffe eintraten, welche eine
territoriale Begrenzung diefer meteo-
rologifchen Erfcheinungen möglich machte.

Um die Ueberficht zu erleichtern und die
Mitführung minder wichtiger Ziffern zu vermeiden, erfcheinen in der Tabelle I Seite 37
nur jene Monate mit ihren fünfjährigen
Regenfummen angeführt, die das meteo-
rifche Frühjahr (März, April, Mai) und den
meteorifchen Sommer (Juni, Juli, Auguft)
bezeichnen.

Es erweift fich diefe Einfchränkung fchon
deshalb als nöthig, weil einerfeits die Herbft-
und Winterniederfchläge meift nur den dritten
Theil der Jahresfumme ausmachen und anderer-
feits die Schneemeffungen in vielen Stationen
nicht mit jener Genauigkeit vorgenommen
wurden, wie die Regenmeffungen.

Im Allgemeinen zeigt diefe Zufammen-
ftellung keine nennenswerthen Unterfchiede bezüglich des Eintritts von Niederfchlägen innerhalb der Pentaden, wohl aber rückfichtlich
der abfoluten Regenhöhe, woraus folgt,
daß, die in der bezeichneten Zeit beobachteten Regenerfcheinungen faft, in allen Orten
gleichzeitig wahrgenommen wurden, daß aber
deren Intenfität fehr verfchieden gewefen fei.
Um diefe Unterfchiede in der Regenergiebig-
keit zu charakterifiren und gleichzeitig die
Ueberfchüffe der benachbarten Stationen gegenüber der Hohen Warte prägnanter auszu-
drücken, find in der Taf. II eine Reihe von
Beobachtungsdaten diefer Gruppe graphifch
dargeftellt und bedarf diefes Tableau keiner
weiteren Erklärung. Die meiften Stationen
um Wien zeigen abfolut größere Regenmengen
als Wien; zurück blieben nur die Flachlands-
orte Mödling und Thavonhof.

Wegen der verfchiedenen abfoluten Größe
des Jahresniederfchlags in den benachbarten
Orten eignen fich die Monatsfummen

selbst nicht für einen direkten Vergleich untereinander, wohl aber die Prozente der
Jahressumme.

Denn es hat sich herausgestellt, daß die
Lokalverhältnisse zwar die absoluten Quan-
titäten der Regenmengen in hohem Grade
beeinflußen, hingegen in viel geringerem
Maße die relative Vertheilung derselben über
die einzelnen Zeitabschnitte.

Aus diesem Grunde sind in der Tab. II
Zeile 38 alle Monatssummen des Früh-
lings und Sommers in Prozente der Jahres-
summe umgerechnet und derart nebeneinander
gestellt worden, daß die Stationen nach ihrer
absoluten Erhebung über dem Meere nebeneinander zu stehen kommen. Man kann daraus
schon viel deutlicher sowohl die Uebereinstim-
mung als auch die Abweichung in der Vertheilung der Niederschläge in und um Wien beur-
theilen; wobei schon hier erwähnt sein mag,
daß die beiden Jahre 1880 und 1881 im
Mai und August ganz besondere Regenüber-
schüsse zeigten.

Eine Gruppirung mehrjähriger Beobachtungsdaten der Stationen Wr. Neustadt,
Gutenstein, Scheibbs, Gersten, Reichenau,
Oberschützen und Neunkirchen ergab eine Verminderung der Winterniederschläge und eine
Steigerung der Sommerregen, und zwar fällt
das Minimum auf den Jänner und Februar,
das Maximum auf Juli oder August, wogegen die Juniregen zurücktraten. Auch der
Oktober zeigt ein relatives Maximum. Allgemein nimmt die Regenkurve der niederösterreichischen Alpen vom Frühling gegen
den Sommer allmälig zu, erreicht im August
die Kulmination und nimmt von da an sehr
rasch ab.*) Die jährliche Regenvertheilung des
Wienerwaldes scheint sonach unter denselben
natürlichen Einflüssen zu stehen wie die
niederösterreichischen Alpengegenden.

Zieht man von der am weitesten entfernten Station Krems ab, so übt im Wienerwalde die zunehmende Seehöhe des Beobachtungsortes wohl einen erheblichen Einfluß
auf die absoluten Regenmengen (zwischen
Wien und Preßbaum ergab sich in der

*) Siehe: Dr. Hann, Untersuchungen über die
Regenverhältnisse von Oesterreich-Ungarn. LXXX. Band
der Sitzungsberichte der Akademie der Wissenschaften.
II. Abth. Jahrg. 1879.

Jahressumme ein Unterschied von 25—28%),
nicht aber auf die relative Vertheilung derselben über das Jahr. Ein Vergleich des
zu einer Gruppe gebildeten Mittels sämmt-
licher Wienstationen mit dem 34jähr. Mittel-
werthe der Wiener Obfervatoriums constatirt
zwar 2 regenreiche Jahre, allein die Ueber-
schüsse der Wolkenbruchmonate sind durch die
Abgänge der Zwischenzeit nahezu gedeckt.

Grelle Unterschiede zeigt die Vertheilung
der Niederschläge nur bei meteorologischen
Exzessen und vornehmlich bei den im Wienerwalde so häufig auftretenden Wolkenbrüchen.
Wenn das derzeit vorliegende Material auch
keinen Anhaltepunkt bietet für die Erklärung
dieser lokal auftretenden Erscheinung, so ist
es doch geeignet, durch wirkliche Messung
den numerischen Nachweis zu erbringen, daß
solche Wolkenentladungen thatsächlich vorkommen.

Wolkenbrüche sind lokale, meist auf eng-
begrenzte Territorien beschränkte Regengüsse,
bei denen in der Zeit von wenigen Minuten
sehr große Wassermengen zur Erde fallen.

Unter den 5 bedeutendem Regengüssen,
die während der beiden letzten Jahre statt-
fanden, zeichnen sich 2 besonders und durch
ihre Dauer und Intensität. Es sind dies
die Regenzeiten vom 11. bis 15. August
1880 und jene vom 11. bis 15. Mai 1881.
Beide erscheinen in der Taf. III graphisch
dargestellt und zwar in Vergleichung mit den
zur selben Zeit in Wien beobachteten Regenhöhen. Sie zeigten zwar nicht gerade den
Charakter von Wolkenbrüchen, sondern trugen
mehr die Kennzeichen von Landregen an sich,
allein man ersieht auch schon die Vorkommen
von Ueberschüssen bis zu 178"" (Februar
1880) der in Wien gefallenen Regenmengen, und erkennt daraus die Unzuverläßig-
keit einer Schlußfolgerung mit Zugrundelegung der Station Wien.

Nach den regelmäßigen Aufzeichnungen
des k. k. Wiener Obfervatoriums, welche bis
zum Jahre 1845 zurückreichen, beträgt die
jährliche Regenmenge von Wien im Mittel
594 Mm. Als das niederschlagreichste Jahr
dieser Periode gilt 1878 mit . 796 Mm.
und als das regenärmste 1858
mit . . . . 421 Mm.

Im Jahre 1864 betrug das Tages-Maximum . . . 69 Mm.

Nach den Angaben von Fritsch soll der Maximalniederschlag am 17. Mai 1851 die Höhe von . . . 72 Mm. erreicht haben. Fritsch ist jedoch der Meinung, daß damals die Niederschläge über dem Waldgebirge des Wienflusses bis 105 Mm. gestiegen sein dürften.

Wegen ihrer Intensität zeichnen sich folgende in Wien beobachtete Regen aus:

Im Jahre 1853:	10. Juni	18 Mm.
	20. „	22 Mm.
„ „ 1854:	19. „	22 Mm.
„ „ 1855:	10. „	19 Mm.
„ „ 1860:	3. Mai	26 Mm.
„ „ 1870:	18. Juli	18 Mm.
„ „ 1872:	18. Aug. *)	25 Mm.
	4. Mai	37 Mm.
„ „ 1880:	9. „	40 Mm.
	12. „	36 Mm.
„ „ 1881:	11. „	49 Mm.
„ „ 1882:	28. Juli	97·3 Mm.

Neben diesen Ziffern stehen einige Notirungen der k. k. forstlichen und anderer Stationen des Wienerwaldes aus dem Jahre 1880 und 1881 mit numerisch viel höheren Tagesniederschlägen und zwar:

Am 13. Aug. 1880 (Wien, 15 Mm.):
Prebrunn (Preßbaum) . . . 100 Mm.
Klausenleopoldsdorf . . . 103 Mm.
Am 12. Mai 1881 (Wien, 17 Mm.):
Prebrunn . . . . . 86 Mm.
Hadersdorf . . . . . 110 Mm.
Mariabrunn . . . . . 155 Mm.
Mödling . . . . . 104 Mm.
Kalksburg . . . . . 148 Mm. **)

Aus dieser ziffermäßigen Darstellung wird sofort ersichtlich, daß die Tagesmaxima der Wienerwaldstationen nicht, wie Fritsch und nach ihm alle Verfasser von Wienregulirungs-

Projekten annahmen, 1/3 bis 1/2 höher seien als jene in Wien. Wobei selbstverständlich auch die Fälle nicht ausgeschlossen sind, in denen der umgekehrte Fall eintreten kann, allein dies werden im Allgemeinen nur Ausnahmen sein.

Die Verschiedenheit in der Regenintensität tritt recht verständlich vor Augen, wenn man eine solche Gruppe von Regenlagen zusammenzieht und die Ergebnisse der einzelnen Stationen in ein kartographisches Bild bringt. Ein solcher Vorgang wurde rücksichtlich der Regenepoche der 3. Pentade des Monats Mai 1881 eingeschlagen und darauf hin die Regenkarte Taf. IV konstruirt. Es ist dabei der Grundsatz eingehalten, daß jene Flächen mit dem tiefsten Farbentone schraffirt wurden, auf welche das meiste Meteorwasser gefallen, so daß diese Karte auch gleichzeitig die Grundlage bildete für die Berechnung der innerhalb dieser Zeit über dem Wiengebiete niedergefallenen Wassermenge sowie zur Ermittlung der dabei stattgehabten Abflußverhältnisse.

Das Gesagte kurz zusammengefaßt, gelangt die Expertise zu folgenden Schlüssen:

1. Das über das Wiengebiet ausgebreitete Regen-Beobachtungsnetz existirt erst während einer viel zu kurzen Zeit und es ist dasselbe mit Rücksicht auf die Topographie und Bodenausformung nicht zweckmäßig vertheilt. Es empfiehlt sich mindestens die Einschaltung je einer Station in Mauerbach, Rekawinkel und Rappoltenkirchen, wobei auch auf die hochgelegenen Bergkämme des Thiergartens Rücksicht genommen werden sollte.

2. Aus den in den Jahren 1880 und 1881 erhobenen Daten geht hervor, daß die Regenvertheilung auf die einzelnen Monate eine sehr ungleichmäßige gewesen und die Seehöhe des Beobachtungsortes wohl auf die absoluten Regenmengen, nicht aber auf die relative Vertheilung derselben während eines Jahres von Einfluß war, daß weiter

---

*) Mariabrunn notirte an diesem Tage 78 Mm.

**) Diese Maxima der Wienerwald-Stationen bleiben jedoch weit zurück gegen Regenfälle, wie solche an anderen Orten Europa's gemessen wurden. So erreichte die Regenhöhe des Bernhardin am 27. September des Jahres 1868 die Ziffer 213 Mm. und am 28. sogar 264 Mm. Vier Tage nacheinander wurden daselbst über je 100 Mm. gemessen und ergab die Regenmenge, welche in der Zeit vom 17. September bis 6. October auf dem Bernhardin niedergegangen war, zusammen 1620 Mm. das ist das dreifache Maß des mittleren jährlichen Niederschlages von Wien. Auch während der 1880er Wolkenbruchkatastrophe in Schlesien betrug die Regenhöhe der Karpathenstationen Ostrawitz und Rakau am 4. August 1880 bezw. 200 Mm.

3. die am Observatorium der k. k. Centralanstalt für Meteorologie gemeffenen Maximalniederschläge keinen sicheren Anhaltspunkt bieten bezüglich der im Wienthale auftretenden Stunden- und Tagesmaxima und endlich

4. die für eine specielle Regenepoche entworfene Regenkarte die sicherste Basis bildet für eine Berechnung des zur Erde gefallenen Meteorwaffers.

b. Ueber die Abflußverhältniffe des Wiengebietes.

Wie aus dem vorhergehenden Abschnitte zu ersehen ist, fallen die Niederschläge nicht überall in der gleichen Menge zur Erde, sondern es zeigen sich, wie dies in der Natur der Sache begründet ist, selbst in einem verhältnißmäßig kleinen Ländergebiete allmählige Uebergänge von weniger bewäfferten Distrikten in solche, welche die Kulmination der Wolkenentladung begrenzen. Aus diesem Grunde partizipiren bei meteorischen Excessen die einzelnen Bäche rücksichtlich ihrer Anschwellungen sehr verschieden, wobei wohl in erster Linie die wirthschaftliche Bebauung der Gehänge, sowie die Jahreszeit in Betracht kommt. Es genügt deshalb durchaus nicht die Berechnungen des jährlichen Abfluffes auf die Regenmengen in der Weise zu stützen, daß die einzelnen Regen summirt und von dieser so erhaltenen Ziffer ein gewiffer Perzentantheil (gewöhnlich ¹/₃) als Abflußquantum in Rechnung gestellt werde, es entscheidet hiebei vielmehr die Intensität, die Zeitdauer und die Aufeinanderfolge der einzelnen Regenfälle. Deshalb kann es geschehen, daß, gleiche Lokalverhältniffe vorausgesetzt, ein auf mehrere Stunden vertheilter Regen selbst bis zur Höhe von 20 Mm. im Flußgerinne noch keinen nennenswerthen Effekt hervorruft, während ein darauf folgender Regentag von geringerer Intensität schon eine Anschwellung erkennen läßt. Bei mehrtägiger Regendauer wird somit ein Moment eintreten können, in dem die Bodenoberfläche eine solche Sättigung und der natürliche Blätterschirm eine derartige Durchfeuchtung erfuhr, daß an den letzten

Tagen nahezu der ganze atmosphärische Niederschlag zum Abfluß gelangt.

Am auffallendsten zeigen sich solche Differenzen zwischen Niederschlags- und Abflußmenge in waldreichen Gebieten, und zwar in Folge der bemerkten hydrostopischen Eigenschaften der Waldkulturen, indem nämlich der absolute Einfluß des Waldes auf die Verdunstung besonders im Sommer derart mächtig ist (4 Mal größer als im Winter), daß kleine Regenmengen weder für die Alimentirung der Quellen, noch für die Flußgerinne überhaupt in Betracht kommen. Jede unter dem Namen Hochwafferkatastrophe bekannte Erscheinung bedurfte daher immer eine, meist in 4 Tage geschloffene Gruppe von mehr weniger ausgiebigen Regenfällen. Exakt kann übrigens diese Frage nur durch gleichzeitig über die Regen- und Abflußmengen angestellte Meffungen beantwortet werden, was bisher bei der Wien gleichfalls in sehr unvollkommener Weise geschah. Bezüglich der im Verlaufe eines Jahres im Flußgerinne abfliestenden Wafferquantitäten liegen keinerlei Daten vor.

Der Expertise standen nur die Notirungen eines einzigen Hochwaffers, und zwar des jenigen vom Mai 1881 zur Verfügung und wurde das hiebei gesammelte Material, soweit es zuläffig schien, in zwei Bilder gebracht, aus denen der Kaufalnexus zwischen meteorischer Ursache und hydraulischer Wirkung her ausgelesen werden kann. Es sind dies die Regenkarte (Taf. IV) und das Tableau über den Verlauf und die Konsumtion des Maihochwaffers vom Jahre 1881 (Taf. V.) *)

Die Regenkarte ist nach geometrischen Grundsätzen, einem Terrain-Schichtenplane gleich, in der Weise entworfen, daß die vorhandenen ombrometrischen Stationen zu Poligonzügen verbunden in ihren horizontalen Abständen die Absciffen und in den Regenhöhen die Ordinaten für eine Anzahl von Querschnitten lieferten, welche, nach dem genannten Prinzipe berechnet, auf den Plan übertragen wurden.

*) Das nach der Drucklegung dieses Abschnittes eingetretene Hochwaffer vom 28. bis 29. Juli d. J. ist in dem Kapitel 6. „Beitrag zur Geschichte des Wienfluffes" besonders behandelt.

Diese durch Linien in Zonen gleichen Regenfalles (Isohyeten) getheilte und entsprechend abgethönte Horizontalkarte gibt nicht bloß ein annähernd richtiges Bild über die räumliche Ausdehnung eines mehrtägigen Regenfalles, sondern auch Aufschluß bezüglich der einzelnen Regenabstufungen, d. i. über die Mächtigkeit, mit welcher die einzelnen Distrikte an der Vertheilung der Regenmenge partizivirten und glaubt die Expertise hiermit gewissermaßen eine Type aufgestellt zu haben, woraus ersichtlich ist, in welcher Weise größere Wolkenentladungen im Wiengebiete - - selbstverständlich mit Variationen — auftreten können, und zweifelsohne auch bei ähnlichen Anlässen aufgetreten sein mögen. Da in dieser Karte die einzelnen Regenzonen in Höhenabständen (von 50 und von 10 Mm.) abgegrenzt erscheinen, so bildet sie eine geeignete Basis für die Berechnung der Kubatur der faktisch herabgefallenen Regenmengen, wobei nochmals betont sein soll, daß der Grad der Genauigkeit des dadurch gewonnenen Resultates abhängt: von der Maschenweite des Beobachtungsnetzes und von der Vertrauenswürdigkeit der Beobachter. *)

Die graphische Darstellung (Taf. V) basirt auf den, bei der Leopoldsbrücke angestellten Pegelbeobachtungen. Es ist daraus der innige Zusammenhang zwischen der Regenintensität einerseits und den Wasserständen anderseits ersichtlich, ebenso das Quantum des in der Zeiteinheit zum Abfluß gelangten Wassers. Die diesfälligen Berechnungen stützen sich auf die Wasserstände zahlreicher, vorhergegangener Hochwässer, für welche die stundliche Geschwindigkeit auf zweierlei Wegen

ermittelt wurde, und zwar nach der Formel von Darci und Bazin und nach jener von Ganguillet und Kutter. Hiebei lag das in Taf. VI dargestellte Durchflußprofil zu Grunde.

Die erhaltenen Rechnungsresultate sind in der Tabelle III Seite 39 ziffermäßig und im Tableau Taf. VII graphisch zusammengestellt. In diesem Diagramme findet der bauleitende Ingenieur gleichzeitig einen bequemen Schlüssel zur Berechnung aller in Zukunft zwischen Nullwasser und dem als höchst bekannten Wasserstande (5·66 M. Pegelstellung) das Wienbett passirenden Wassermengen.

Die Rechnung ergab während der vier Regentage eine Niederschlagsmenge von 43,160.000 Km. und eine Abflußmenge von 26,612.000 Km. somit einen Abgang von 16,548.000 Km. d. h. es würden dabei nur 38·3 Perzent des Meteorwassers durch Verdunstung, Einsickerung &c. verloren gegangen sein. Wobei jedoch nicht unerwähnt bleiben soll, daß die so gewonnenen Ziffernresultate nur aus einem einzigen Beispiele gerechnet werden konnten*), wobei viele Fehlerquellen unterliefen, die bei einer späteren Untersuchung, auf Grund weiterer Daten in engere Grenzen eingeschlossen, eine Elimination erfahren würden und daß in den ausgewiesenen Abflußmengen auch die Quellwässer des Wienthales nebst den Abflüssen aus vorangegangenen Niederschlägen enthalten sind.**) Zu beachten ist auch der

*) Die Kubatur des auf die Erdoberfläche fallenden Wassers ermittelt man am einfachsten in der Weise, daß man die Höhe der Wasserschichte angibt, welche aus dem Regen und Schnee entstehen würde, wenn sie auf eine horizontale Bodenfläche fielen und weder durch Abfluß noch durch Verdunstung vermindert würden. Diese Höhe, zusammengelegt aus der Summe der einzelnen Regen- bez. Schneefälle, nennt man Regenhöhe, wogegen unter Regenmenge, streng genommen, ein Wasserkörper zu verstehen ist, dessen Kubikinhalt aus dem Produkte der Niederschlagsfläche in die Regenhöhe resultirt. Wobei man sich jedoch den Schnee durch absichtliche Schmelzung in Regen verwandelt denkt und solcherart über viele Weitschweifigkeiten am leichtesten hinweg kommt.

*) Ein weiteres Beispiel bot, wie bereits bemerkt, das Hochwasser vom 28. bis 29. Juli 1882.

**) Ueber spezielle Anfragen seitens der Expertise an den k. k. Oberlehrer Hrn. Brenn an in Perchsna, welcher den meteorologischen Vorgängen jederzeit besondere Aufmerksamkeit zuwendet, erhielten wir rücksichtlich des Brenlaufes der letzter Mainiederschläge folgende Mittheilung: ...... Am 16. Mai begann bei heftigem Westwind um 6 Uhr Abends der erste Regenfall, welcher in Folge rasch sinkender Lufttemperatur zwischen 4—5 Uhr Morgens in Schnee überging. Die Regenhöhe betrug am 13ten um 7 Uhr Früh 42·2 Mm. Regen und 8 Km. Schnee. Im Freien war die Schneedecke 10 Cm. hoch. Es schneite an diesem Tage ununterbrochen bei 3—4° C. über Null und maß die Niederschlagshöhe am 12ten um 7 Uhr Früh 86·0 Mm.; am freien Felde war die Schneedecke auf 22 Cm. angewachsen. Der Schneefall ging am 12ten bei zunehmender Temperatur in einen schwachen Regen über, so daß der Ombrometer am 13ten nur 13·0 Mm. anzeigte. Die Schneedecke war inzwischen geschmolzen und

Umstand, daß im Mai 1881 die Schneefälle, welche für die Abflußziffer in Betracht kommen, an den höher gelegenen Bergkämmen viel intensiver gewesen als in den tiefer gelegenen Thalstationen, wo die Messung geschah.

c. Teich- und Reservoiranlagen im Wiengebiete.

Die in den Seitenthälern der Wien bestehenden 9 Wasseransammlungsanlagen stammen aus verschiedenen Zeitperioden, jedoch dienen nicht alle dem gleichen Zwecke. Einige davon datiren aus jener Zeit, wo die im Wienthale geübte Holztrift eine zeitweilige Aufweichrung des Wassers nothwendig machte. Diese Anlagen dürften indeß seit dem Jahre 1741, in dem der Durchbruch der Purkersdorfer Holzklause erfolgte und der Holztransport zu Wasser aufgelassen werden mußte, als Fischteiche benützt worden sein. Erst die später erbauten Wasserbecken dienten zu Wasserversorgungs- oder auch Verschönerungszwecken, durch keines derselben war jedoch eine Zurückhaltung des Wassers zur Besserung der Wasserstandsverhältnisse angestrebt.

In einem Berichte des Sanitätsrathes Bock geschieht schon 1781 von einer Verbesserung der Gesundheitszustände am Wienflusse Erwähnung und wird darin auf die in „hiesiger Gegend befindlichen vielen und häufigen Quellen" und auf vier Fischteiche des Klosters Mauerbach hingewiesen, welche hinreichen würden, den Fluß mit einer permanent ausreichenden Wassermenge zu versehen. Diese vier Teiche konnten

nur mehr partiell vorhanden, dagegen hatte der Regen an Intensität zugenommen, denn die Abtheilung am 14ten ergab 88·6 Mm. Der Regen endete am 14ten zu Mittag und erreichte nur mehr die Höhe von 75 Mm. Es beziffert sich somit der Gesammtniederschlag innerhalb dieser fünf Tage auf 287·2 Mm. — Der Wasserstand zeigte in dem 9 M. breiten Bette der Wien war eine Überhöhe von 1·1 M., wodurch er nach dem Wolkenbruch am 11. und 12. August 1880, wobei nur 132·4 Mm. Regen fiel, 4·2 M. erreichte. — Zur Zeit des Wolkenbruches vom 11. und 12. Mai 1881, in Folge der enormen Belastung der bereits vollkommen belaubten Baumkronen, eine geradezu vernichtende Wirkung. Das Ergebniß des durch Schneedruck gebrochenen und geworfenen Holzes betrug im Vorkärnner (2800 Hektar umfassenden Forstbezirke etwa 8175 Raummeter.

163.200 Kubm. fassen und konstatirte die 1782 mittelst allerhöchster Resolution angeordnete Untersuchung einen Wasserzufluß von 1325 Kubik. täglich. Zwei dieser Wasserbecken fielen dem 1788er Hochwasser zum Opfer und wurden dieselben, da der rasche Abfluß der Wässer in Mauerbach und im unteren Wienthale große Verwüstungen angerichtet hatte, nicht wieder hergestellt.

Westlich vom Orte Mauerbach bestehen derzeit noch 2 Sammelreservoirs, und zwar mit der Bestimmung als Fischbehälter und Eiserzeuger, sowie zur Verschönerung einer Parkanlage zu dienen. Das größere davon kam bei den Regengüssen am 28.—29. Juli d. J. in Folge unvorsichtiger Hantirung mit der vor Kurzem neu und solide hergestellten Ablaßvorrichtung zu bedeutendem Schaden; obzwar der Teichdamm erst beim Maihochwasser des Jahres 1881 durchrissen worden war.

Drei nicht unbedeutende Wasserbecken existiren im Rayon des k. k. Thiergartens, nämlich eines im Grünauer Graben und 2 im Oberlaufe des Speisungsbaches. Ihre Errichtung datirt gleichfalls aus dem vorigen Jahrhundert und fällt theils mit der Abschließung des Thiergartens, theils mit der Erbauung des Lustschlosses Schönbrunn zusammen.

In Folge fehlerhafter Anlage der Ablaßvorrichtung wurde das Bassin des Grünauer grabens seit seinem Bestehen oftmals durchbrochen und befindet sich dasselbe dermalen in destruirtem Zustande. Der Zweck desselben bestand einerseits in der Eisgewinnung und andererseits in der Wildpflege, während die beiden derzeit intakten Reservoire des Speisungsgrabens ausschließlich als Wasserstuben für die Wasserversorgung von Schönbrunn und Lainz (Bischofspark) fungiren. Alle 3 Anlagen nehmen eine Grundfläche von 3—4 Hektaren (circa 6 Joch) ein, bezüglich ihres Fassungsraumes liegen jedoch keine bestimmten Angaben vor.

Behufs Eisgewinnung bestehen unterhalb Gablitz 2 kleinere Bassins.

Eine eigenartige Reservoiranlage befindet sich im Rosengraben bei Hütteldorf; dieselbe gibt nicht bloß Zeugniß von dem Kunstsinne der Fürstin Paar, welche (1791) ihren Park mit einem kleinen See ausstattete,

3*

sondern auch von dem Verständnisse des Baumeisters (Dichter Mayern), welcher das Wasserbecken in geschickter Anordnung von der Ueberfüllung durch außerordentliche Hochfluthen zu bewahren wußte.

Zu den neueren Wassersammlungslokalen zählt noch die Albertinische Wasserleitung, die im Jahre 1804 mit einem Kostenaufwande von 400.000 fl. vollendet wurde. Die Brunnenstube empfängt das Wasser aus 6 verschiedenen Quellen, die ihren Ursprung im oberen Theile des Halterbachthales haben. Das Wasserquantum soll jedoch laut durchgeführter Messungen seit dem Jahre 1861

von 6000 auf 3000 Eimer per Tag herabgesunken sein. Das Wasser dient zur Versorgung der k. k. Hofstallungen.

Rechnet man zu den eben aufgezählten Wasserspeichern auch noch die zahlreichen Voll- und Schwimmbadeanstalten, in denen die Wasserverdunstung zweifellos bedeutend gefördert wird, und bedenkt den immensen Verbrauch von Grundwasser für den Hausbedarf, die Industrie und die Gartenwirthschaft, so wird es bald klar, weshalb bei anhaltender Dürre die Kleinwässer der Wien einen so niederen Stand erreichen können, wie wir dies alljährlich wahrnehmen.

Referent:

Jos. Riedel,
Ingenieur.

Tabelle 1.

Tabellarische Uebersicht

der fünftägigen Regenhöhen der barometrischen Stationen in und um Wien (Regenhöhen in Millimeter), notirt in den Frühjahrs- und Sommermonaten der Jahre 1880 und 1881.

1880.

- Steckran
- Kalksburg
- Hadersdorf
- Meran
- Mödling
- Wien { Hohe Warte
- Wien { Reitergasse
- Thurnthal

1881.

- Steckran
- Kalksburg
- Hadersdorf
- Meran
- Mödling
- Wien { Hohe Warte
- Wien { Reitergasse
- Thurnthal

Tabelle II.   Regensummen der Frühjahrs- und Sommermonate, speciell nach Perioden der Jahres-Summe.

Post Nr.	Beobachtungsort	Seehöhe in Metern	Im Jahre 1880				Im Jahre 1881			
			Jahres-Summe in Millimetern	Frühling (März April Mai)	Sommer (Juni Juli Aug.)	Perioden und Winter	Jahres-Summe in Millimetern	Frühling (März April Mai)	Sommer (Juni Juli Aug.)	Perioden und Winter
1	Brennen	300	559	2·7 5·2 21·0	6·1 5·3 29·2	30·1	985	10·8 4·7 27·1	5·6 8·6 9·6	25·6
2	Kalksburg	246	755	4·1 5·4 21·2	7·8 7·2 21·4	29·0	824	19·5 3·7 20·3	6·2 6·0 11·9	7·3
3	Hadersdorf . . .	230	720	4·1 6·4 20·0	5·2 4·5 21·5	37·3	940	14·1 4·1 26·5	5·0 6·0 10·0	21·3
4	Krems	230	630	1·7 5·7 20·5	7·0 10·5 26·0	24·6	623	7·7 5·4 26·8	8·5 9·4 14·1	28·1
5	Mödling	230	575	4·8 6·8 22·4	7·3 7·4 23·1	24·0	764	11·3 3·5 27·2	4·7 6·9 6·8	41·0
6	Wien, Hohe Warte	202	700	5·8 6·1 20·7	8·6 8·1 16·0	28·7	740	14·6 3·3 25·5	5·0 5·4 13·1	43·3
7	" Meierwasse	230	620	5·0 9·8 18·0	12·7 6·2 19·7	27·8	738	12·6 3·3 21·9	4·4 4·6 14·9	39·0
8	Inzersdorf . . .	149	550	5·4 8·7 22·7	8·3 5·2 21·0	29·1	633	8·8 4·9 12·7	5·8 7·0 14·8	45·0
	Gruppenmittel . .	—	630	4·2 7·4 21·0	7·9 6·8 22·2	26·2	767	11·5 4·1 29·9	5·0 6·8 11·8	39·5
	Gruppenmittel aus fünf Stationen der nieder-öster. Alpen nach Donau	604	4·2 7·4 21·0	7·9 6·8 22·2	26·2	767	11·5 4·1 29·9	5·0 6·8 11·8	39·5
	Differenz	149	+10·2	−3·0 −6·7 +8·4	−5·5		+4·3 −2·9 +11·9	−6·2 −6·7 −2·1	+2·0

Tabellarische Uebersicht der Wassermengen-Berechnung

mit Zugrundelegung des Sohlengefälles $J = 0.0008$ bei der Uyperhochfluth.

Seite III.

A. Nach der Geschwindigkeitsformel von Darcy und Bazin.

$$v = c\sqrt{R \cdot J},\ \text{wobei } c = \sqrt{\dfrac{1}{\alpha + \dfrac{\beta}{R}}} \quad \left\{ \begin{array}{l} \alpha = 0.00040 \\ \beta = 0.00070 \end{array} \right.$$

Ablesung am Pegel in Metern	F Querschnittsfläche in ☐ Metern	P Benetzter Umfang in Metern	$R = \frac{F}{P}$ Hydraulischer Radius	$v = k\sqrt{\frac{R\cdot J}{\alpha R + \beta}}$ Geschwindigkeit per Sec. in M.	$Q = F\cdot v$ Wassermenge per Sekunde in Kub.-M.
0.00	2.00	7.4	0.27	0.52	1.1
0.50	10.00	21.8	0.44	0.89	9.4
1.00	21.45	23.2	0.92	1.55	33.2
1.50	32.00	24.6	1.33	2.00	64.2
2.00	44.00	25.9	1.72	2.54	113.3
2.50	55.00	27.2	2.09	2.92	166.4
3.00	68.70	28.6	2.44	3.26	227.2
3.50	83.50	29.9	2.76	3.52	296.9
4.00	94.00	31.3	3.02	3.75	352.5
4.50	106.00	32.6	3.26	3.94	417.6
5.00	118.00	34.0	3.49	4.12	486.2
5.66	135.00	35.3	3.75	4.33	584.6

B. Nach der Geschwindigkeitsformel von Manguillet und Kutter.

$$v = c\sqrt{R \cdot J},\ \text{wobei } c = \dfrac{23 + \dfrac{1}{n} + \dfrac{0.00155}{J}}{1 + \left(23 + \dfrac{0.00155}{J}\right)\dfrac{n}{\sqrt{R}}} \quad \left\{ \begin{array}{l} \frac{1}{n} = 33.333 \end{array} \right.$$

Ablesung am Pegel in Metern	n	$\sqrt{R}$	c Reibungs-Coefficient	$v = c\sqrt{R\cdot J}$ Geschwindig-keit per Sekunde in Metern	$Q = F\cdot v$ Wasser-menge per Sekunde in Kub.-M.
0.00	0.057	24.29		0.58	1.4
0.50	0.042	29.00		1.07	11.3
1.00	0.031	32.90		1.72	36.9
1.50	0.026	35.00		2.20	72.2
2.00	0.022	37.00		2.65	118.2
2.50	0.021	38.30		3.02	172.1
3.00	0.019	39.20		3.35	233.5
3.50	0.018	40.00		3.60	293.4
4.00	0.017	40.40		3.81	359.1
4.50	0.017	40.80		4.00	424.0
5.00	0.016	41.10		4.18	493.2
5.66	0.015	41.30		4.40	584.6

5. Die sanitären Verhältnisse des Wienflusses.

Verunreinigung des Wasserlaufes.

Welcher Art die gegenwärtigen Zustände am Wienflusse sind, ist allgemein bekannt. Es ist vollkommen begründet, wenn allseitig darüber Klage geführt wird, daß der Wienfluß von Purkersdorf bis zum Eintritte in das Weichbild von Wien ein Abzugsgraben für Abfallwässer jeder Art sei, und daß das Wasser des Wienflusses in seinem unteren Theile nicht mehr Flußwasser, sondern eine von animalischen und vegetabilischen Abfällen starrende Jauche sei.

Begeht man die Ufer des Wienflusses von Preßbaum aus, so findet man dort das Wasser noch rein und klar. Es strömt durch ein Gefilde von Wiesen und Wäldern mit einem ziemlich bedeutenden Gefälle und da dieses Landschaft nur spärlich bewohnt ist, so behält es bis Purkersdorf seine Reinheit und gute Beschaffenheit.

Erst aus den Häusern und Villen Purkersdorfs gelangen nicht unbedeutende Mengen von häuslichen Unrathsflüssigkeiten in den Fluß, ebenso aus Ober- und Unter-Weidlingau. Die Verunreinigung des Wassers steigert sich aber sehr bedeutend während des Laufes durch Hütteldorf Hacking und Unter-St. Veit. Die zahlreichen großen Industrien dieser Ortschaften liefern (außer häuslichen Abwässern) flüssige und feste Abfallstoffe aller Art, welche theils in das Flußbett abgeleitet, theils an dessen Ufer aufgestapelt werden.

Hauptsächlich sind es die Gärbereien und Färbereien, die chemischen Fabriken und das Hütteldorfer Bräuhaus, welche an der Wasserverderbung und der Verschmutzung der Ufer den größten Antheil haben. Das aus dem Hütteldorfer Bräuhause abgehende Wasser des Mühlbaches weist geradezu eine ekelerregende Beschaffenheit auf. Die Flußsohle dieses Baches ist bedeckt mit einer hohen Schichte einer schlammigen Masse, aus welcher sich die verschiedenartigsten Algen entwickeln, deren fortwährende Zersetzung einen intensiven Fäulnißgeruch verursacht. Dieses Wasser fließt sehr träge, hat eine dunkle schwarze Farbe, und entwickelt zahlreiche übelriechende Gase. In einem solchen Zustande fließt der Mühlbach eine verhältnißmäßig lange Strecke, ehe er in den Wienfluß mündet.

Die Ursache dieser hochgradigen Verunreinigung des Mühlbaches ist in dem freien Ablassen aller Schmutzwässer aus der Bräuerei und Mälzerei zu suchen. Durch das Einweichen der Gerste mit Wasser zum Zwecke der Malzbereitung werden eiweiß-, zuckerhaltige und extraktive Stoffe gelöst, die rasch in Fäulniß übergehen und dadurch das fließende Wasser hochgradig verderben.

Auch die Bräuerei-Abfallwässer und jene Wässer, welche beim Reinigen der Bierfässer und der Bräuapparate entstehen, enthalten noch Reste von Hefe, Zucker, Malzsubstanzen und wirken deßhalb in gleicher Weise gährend, Fäulniß und Uebelgeruch erregend, wie die Einweichwässer der Mälzerei.

Von großer Gefährlichkeit sind weiter die vielen Gärbereien in diesen Ortschaften. Das wochenlange Einlegen der Häute in mit Wasser gefüllte Bottiche (zum Zwecke des Weichmachens der Häute) erzeugt ein übelriechendes Weichwasser, dessen freies Ablassen in kleine Wasserläufe eine starke Verunreinigung zur Folge hat.

Auch das beim Reinigen der Haar- und Narbenseite der Haut benützte Wasser und die bei der Lohgärberei sich ergebende Lohbrühe enthalten Macerationsstoffe der Häute, Fettsäuren, namentlich Butter-, propionsaure Verbindungen, gelösten Gerbstoff und überhaupt fäulnißfähige Substanzen.

Aus dem Gesagten geht hervor, daß der Gärbereibetrieb in der Mehrzahl der Fälle zu erheblichen Belästigungen der Umgebung durch Luft- und Wasserverderbniß führt.

Färbereien und Druckereien brauchen sehr bedeutende Wassermengen, die sie wieder verunreinigt ablassen. Die Abflußwässer dieser Industrien enthalten vorwiegend Reste von Beizen und Pigmenten zum Theil in gelöster, zum Theil in suspendirter Form; die verunreinigenden Substanzen sind theils farbig, theils farblose, organische und unorganische, bald solche, die in Fäulniß übergehen, dann auch solche, die direkt giftige Wirkung haben. Auch enthalten diese Abwässer reichliche Mengen verschiedener suspendirter Stoffe, die zur Verschlammung des Wasserlaufes beitragen. Darum geben diese in den genannten Ortschaften zahlreich etablirten Industrien immerfort zu berechtigten Klagen über Verderbniß des Wienflußwassers Anlaß.

In dieser Weise hat der Wienfluß zahlreiche wirthschaftliche und industrielle Abwässer aufgenommen und es ist begreiflich, daß das Wasser bereits auf dieser Strecke (Purkersdorf bis Baumgarten) eine hochgradige Verunreinigung erfahren hat.

In Baumgarten und Penzing wird ihm neuer Unrath aufgebürdet und in den nächsten Vororten Meidling, Fünfhaus, Sechshaus wieder neuer und so fort, bis der Fluß den Donaucanal erreicht. So wächst die Verschlechterung des Wienwassers mit der Länge des Weges, den es von Purkersdorf zurücklegt und mit der Zahl der Bewohner und Fabriken, die ihm die Abgänge ihres Haushaltes und ihrer Gewerbe zugemittelt haben. Innerhalb Wien's führt der Wienfluß nicht mehr ein Flußwasser, sondern eine, wie schon erwähnt, vollständig verdorbene Flüssigkeit, die einen ebenso großen Gehalt an Verunreinigungen aufweist, wie der schlechteste Inhalt der Kanäle.

Analysen des Wienwassers.

Diese geschilderte Beschaffenheit findet in den Analysen von fünf Wasserproben, welche am 15. Juni l. J. an fünf verschiedenen Stellen aus der Wien geschöpft wurden, ihren Ausdruck, wobei zu bemerken ist, daß monatelang bis zu diesem Tage der Wasserstand des Wienflußes ein außerordentlich niedriger war.

Die erste Wasserprobe wurde in Purkersdorf in der Nähe des Bahnhofes dem Wienfluß entnommen, die zweite in Weidlingau, die dritte unterhalb Hütteldorf, die vierte in Penzing (unter der Brücke), die fünfte vor der Radetzkybrücke.

A. Physikalische und mikroskopische Untersuchung.

Die ersten drei Wasserproben waren klar und farblos, vollkommen durchsichtig, frei von jedem unangenehmen Geruch und Geschmack. Beim längeren Stehen setzten sie in der Flasche ein geringes, flockiges, grüngelbes Sediment ab. Der Bodensatz bestand aus Lehm- und Sandtheilchen, weiter aus einem Geflecht feiner Holz- und Wurzelfasern, dann aus einigen Algen, von denen Diatomaceen am meisten vertreten waren.

Das Penzinger Wasser zeigte ein Ekel erregendes Aussehen, eine gelbe Farbe, einen fauligen Geruch und setzte beim längeren Stehen einen theils schwarzen, schlammartigen, theils pulverigen Bodensatz ab. Der Bodensatz bestand aus Sandkörnern, Trümmern von kohlensaurem Kalk, Resten von Pflanzenzellen, Pflanzenspiralen, Pflanzen- und Thierhaaren, Baumwoll- und Leinenfasern, Detritus von Stengeln, Blättern, Holz, Stroh. Außerdem fanden sich sehr viele Conferven und Algen der verschiedensten Form und aus der Klasse der Infusorien sehr zahlreiche Monaden, Amöben, Paramäcien, Oxytrichinen, Anguillula, von Bacterien: Spirillen, Micrococcen und Bacillen.

Die größte Verunreinigung zeigt das Wienbett vor der Radetzkybrücke. Man findet hier eine schwarze, jauchige Lacke, deren Verdunstung die beiden Ufer verpestet. Massenhaft bildet sich fortwährend schwarzer Schlamm, der in Fäulniß übergeht und an vielen Stellen große Blasen entwickelt, bei deren Aufsteigen Schlamm an die Oberfläche gelangt.

Das Gas einer solchen Blase besteht hauptsächlich aus Sumpfgas, Kohlensäure und aus geringen Mengen von Schwefelwasserstoff und anderen Gasen.

Sowohl im Wasser als im Schlamm finden sich bei der mikroskopischen Untersuchung alle jene Bestandtheile und Organismen wieder, welche das Penzingwasser im Bodensatze enthält, jedoch in weit größerer Menge als in Penzing.

Besonders zahlreich sind die Bacterien, unter denen viele Spirillen, Stäbchen mit Micrococcen vorkommen. Einige Bacillen und die meisten Spirillen bewegen sich lebhaft, die letzteren drehen sich mit erstaunlicher Schnelligkeit um ihren schraubenförmigen Körper. Ebenso ist die Algenvegetation eine sehr reiche und zeigt die verschiedensten Formen.

B. Chemische Untersuchung.

Die chemische Untersuchung der fünf Wasserproben liefert folgende Ergebnisse:

	Purkersdorf	Weidlingau	Hütteldorf	Penzing	Roderhbrücke
		in 100,000 Theilen Wasser sind enthalten			
Kalk	0·80	8·51	9·24	10·49	10·8
Magnesia	0·98	0·88	1·08	1·92	1·81
Alkalien	1·95	1·69	1·93	2·35	2·52
Eisenoxidul . . .	—	—	—	0·03	0·05
Kieselerde	0·70	0·64	0·68	0·45	0·50
Chlor	1·42	1·52	1·62	2·40	2·87
Schwefelsäure . . .	3·33	2·34	4·10	4·32	4·98
Ammoniak	Spur	Spur	0·08	1·75	1·83
Feste Bestandtheile .	29·98	26·36	30·23	55·50	62·00
Glührückstand . .	25·92	22·02	24·35	32·50	33·50
Organische Bestandtheile . .	4·07	4·34	5·88	23·00	29·3
Unorganische Bestandtheile .	25·92	22·02	24·35	32·50	33·5

Berechnete Salze:

	Purkersdorf	Weidlingau	Hütteldorf	Penzing	Roderhbrücke
Cl Na (Kochsalz) . . .	2·35	2·54	2·68	4·77	4·63
Na₂ SO₄ (Glaubersalz) .	2·27	1·14	1·97	1·03	1·81
Ca SO₄ (Gyps) . . .	3·73	2·89	5·10	6·36	5·39
Ca CO₃ (Kohlens. Kalk) .	14·80	13·01	12·74	14·07	15·40
Mg CO₃ (Kohlens. Magnesia) .	2·06	1·79	1·18	4·03	3·80
Si O₃ (Kieselsäure)	0·70	0·64	0·68	0·48	0·50
NH₃ (Ammoniak)	Spur	Spur	0·08	1·75	1·85
Organisches	4·07	4·34	5·88	23·00	29·5

Außer diesen fünf Analysen liegt eine von Professor E. Ludwig ausgeführte Untersuchung des Wienwassers vor, welches am 3. Februar 1880 nächst Tullnerbach geschöpft wurde und auch Grave's Broschüre enthält Angaben über die Beschaffenheit und Zusammensetzung des Wienflußwassers in Purkersdorf, Schönbrunn, Landstraßenbrücke, welche am 19. Dezember 1858 und 23. Februar 1859 der Wien entnommen wurden.

Die Analyse Prof. Ludwig's hat folgende Resultate geliefert.

In 100.000 Theilen Wasser sind enthalten:

Kali	0·325
Natron	0·695
Kalk	12·430
Magnesia . . .	1·730
Eisenoxidul . . .	Spuren
Kieselsäure . . .	0·687
Schwefelsäure . .	3·587
Chlor . . .	1·373
Ammoniak . . .	10·006
Organische Substanzen	0·790
Summe der festen Bestandtheile . . .	31·686

Aus Grave's Broschüre:

	Härte		Bestandtheile			Ammoniak in
	Gesammte,	Percent.	Gesammte,	anorganische,	organische	1000000 Theilen
Purkersdorf: 19. Dezember 1858	10·25	5·20	30·56	27·91	2·65	1·78
Purkersdorf: 23. Februar 1859	11·80	—	17·39	—	—	—
Schönbrunn: 19. Dezember 1858	—	—	—	—	—	9·92
Schönbrunn: 23. Februar 1859	—	—	43·00	33·20	9·80	12·92
Landstraßenbrücke: 19. Dezember 1859	—	—	—	·		35·27
Landstraßenbrücke: 23. Februar 1859	14·0	4·8	39	24	15	9·60

Aus allen diesen Analysen geht hervor, daß die Verunreinigung des Wienflußwassers erst bei Purkersdorf beginnt, von da aber mit dem weiteren Laufe sich fortwährend vermehrt und schließlich vor dem Auslaufen in den Donaukanal den denkbar höchsten Grad erreicht.

Während die mineralischen Stoffe nur geringe Differenzen zeigen, nehmen jene Stoffe, welche man als Judikatoren des Vorhandenseins fauliger und gährender Vorgänge ansieht (organische Substanzen, Chlor, Nitrate, Ammoniak), immer mehr zu und erreichen schon in Penzing eine Höhe, welche dem schlechtesten Inhalte der Kanäle gleicht.

Hochwasser.

Ein sehr hervorragender Uebelstand des Wienflusses sind die zeitweilig eintretenden Hochwässer. Vielfach war selbst unter Aerzten und Sanitätsbeamten die Ansicht verbreitet, daß die Fortschaffung der Jauche-Einlagerungen des Wienflusses durch die zeitweise eintretenden Hochwässer geschah, welche ihre Wirkung auch auf den vom Flußbette aus infiltrirten Uferboden ausüben und so nicht nur den Untergrund und die Oberfläche des Flußbettes von den fauligen Stoffen befreien, sondern auch durch die Uferböschungen in das anliegende Erdreich auf weite Entfernungen, selbst hier einen wohlthätigen Auslaugungsprozeß durchführen sollen.

Dem gegenüber ist hervorzuheben:

Ein Hochwasser wird gerade das Gegentheil von dem bewirken, was ihm oben zugeschrieben wurde. Ein Hochwasser wird die Jauche-Ein-

lagerungen des Flußbettes aufwirbeln, sie auf das Feinste vertheilen; geschwängert mit gelösten und suspendirten Fäulnißsubstanzen bringt dann das Wasser in den Boden, woselbst diese Theilchen theils mechanisch abgesetzt werden, theils in den Filterporen des Bodens zurückbleiben, theils aber vom Boden durch seine Flächenwirkung oder durch chemische Attraktion absorbirt werden, so daß nicht eine Auslaugung, sondern eine starke Verunreinigung die Folge eines solchen Hochwassers sein wird.

Bezüglich der Hochwässer ist weiter besonders hervorzuheben, daß von Hütteldorf an bis zu den Linien Wiens auf beiden Ufern eine wahrhaft erstaunliche Menge fester Abfallstoffe aller Art aufgestapelt ist. Es gibt sehr viele Uferstrecken, auf welchen die verschiedenartigsten Unrathsstoffe in Form von Haufen abgelagert sind, welche an zahlreichen Stellen dicht nebeneinander liegen.

Diese bestehen aus allen möglichen häuslichen und industriellen Abfällen: Stroh, Stallmist, Schutt, Kehricht, Dünger, Lohe, Farbstoffresten und dergleichen.

Der Anblick dieser mit Schmutzstoffen beladenen Ufer macht einen deprimirenden Eindruck. Wir müssen gestehen, dieser Zustand ist ein Hohn der öffentlichen Gesundheitspflege, denn man hat Alles gethan, was das Wasser, die Luft und den Boden verderben muß.

Wenn nun ein Hochwasser kommt, welches die Ufer überschwemmt, so werden alle diese aufgestapelten Unrathsstoffe theils aufgelöst, theils fortgeschwemmt und das Flußbett verschlammt.

Das Hochwasser kann demnach keineswegs das Flußbett der Wien reinigen, im Gegentheile, es ist bekannt, daß bei starken Hochwässern jedesmal ein starkes Verlagen des Flußlaufes in Folge der Fortschwemmung von Gerölle und Geschiebe, Unrathstoffen und Aufwühlung der Schotterbänke stattfindet.

Fast alljährlich wiederkehrende Ueberschwemmungen, welche immer neues Uferland mit sich fortreißen, die Flußsohle verschlammen und versanden, Leben und Eigenthum der Uferbewohner gefährden, nach ihrem Ablaufen den Fluß in dünnen Strahnen über das immer mehr sich verbreiternde Bett zurücklassen, dort Pfützen und Tümpel bilden, und bei endlicher Verdunstung einen penetranten Geruch entwickeln, sind Kalamitäten, denen zu steuern dem Betroffenen beim besten Willen und bei allem Aufwande an Mühe und Kosten auf die Dauer unmöglich sind. Nur gemeinsames Zusammenwirken der Großkommune Wien mit den Vororten und den Gemeinden des Wienthales läßt einen vollen Erfolg für die Assanirung des Wienflusses erwarten.

Assanirungsmaßregeln.

Es drängt sich demnach die Frage auf, durch welche Mittel dieser Erfolg zu erreichen ist.

Zu einer wirksamen und ausreichenden sanitären Abhilfe ist vor Allem nöthig, daß jede Einleitung von Jauche und Unrath, von häuslichen und schädlichen Fabriksabwässern in den Fluß und in die Bäche hintangehalten wird. Vom gesundheitlichen Standpunkte ist es zu verlangen, daß die am Wienflusse und seinen Nebenbächen liegenden Ortschaften verpflichtet werden, entweder wasserdichte Senkgruben und Jauchebehälter herzustellen und den Inhalt derselben als Dünger auf die Felder zu verwerthen, oder, was weit besser wäre, ein rationelles Abfuhrsystem mit Verwerthung der abgeführten Massen zu landwirthschaftlichen Zwecken einzuführen. Die Maßregeln müßten obligatorisch gemacht werden.

Was die Fabriksabwässer anbelangt, so müßten dieselben, sobald sie verunreinigende oder zersetzbare, faulige oder gefärbte giftige Stoffe enthalten, einer gründlichen Reinigung unterzogen werden. Diese Forderung ist umsomehr gerechtfertigt, da die Industriewässer in sehr vielen Fällen um Vieles gefährlicher sind, als die flüssigen häuslichen Abgänge, und gegen-

wärtig es viele treffliche Methoden gibt, welche die Fabriksabwässer so weit immer reinigen, daß ihr Ablassen in fließendes Wasser in der Regel gestattet werden kann. Selbstverständlich hängt es von der Größe und der Art der Fabrikation, überhaupt von der Beschaffenheit der Fabriksabwässer ab, welche Reinigungsanlagen in jedem konkreten Falle anzuwenden sind.

Es müssen demnach alle jene Fabriken, welche ihre in welcher Weise immer verunreinigten Fabriksabgänge in Flüsse und Bäche einleiten, strengstens verpflichtet werden, diese vor ihrem Ablassen einem solchen Reinigungsverfahren zu unterziehen, welches volle Garantie bietet, daß hierdurch das fließende Wasser frei von jeder merklichen Verschlechterung seiner ursprünglichen Beschaffenheit bleibt.

Eine gründliche Reinigung der Fabriksabwässer wird nur dann erreicht, wenn eine für den konkreten Fall geeignete Methode zur Anwendung kommt. Es ist an dieser Stelle nicht am Platze, alle jene Verfahren, welche zur Reinigung der Fabriksabwässer in Vorschlag kamen, zu besprechen, es können eben nur die Hauptprinzipien der gebräuchlichsten und wirksamsten Reinigungsmittel angedeutet werden.

Für viele Fabriken (Brauerei und Mälzerei, Gärbereien, Färbereien, Zuckerraffinerien, Stärke- und Spiritusfabriken u. s. w.) werden sogenannte Fällungsmittel angewendet. Eine sehr gebräuchliche und empfehlenswerthe Methode dieser Art besteht darin, daß man sämmtliche Abwässer der Fabrik durch Röhren oder durch cementirte Rinnen in Reservoire leitet, deren erstes mit Kalkhydrat, deren zweites mit Eisenvitriol und Eisenchloridlösungen beschickt sind.

In diesen Reservoiren ist ein Melangeur (Rührwerk) angebracht, dessen drehende Bewegung die Abwässer mit den angewendeten Chemikalien gleichmäßig vermengt und in innige Berührung bringt, wodurch ein starker Niederschlag entsteht, der die suspendirten Substanzen umhüllt und die gelösten Stoffe als unlösliche Kalk- und Eisenverbindungen enthält, während die darüber stehende Flüssigkeit bedeutend klarer und reiner geworden ist. Der Niederschlag ist ein guter Dünger. Diese bereits reiner gewordenen Abwässer werden noch durch sogenannte Irrweglammern und durch ein System von Filtern (Sand, Kies, Spodium) geleitet, wodurch sie von Unreinigkeiten so weit befreit werden, daß ihr Abfluß in fließendes Wasser in der Regel gestattet werden kann.

Ein anderes Mittel, um Flußverunreinigung durch Fabrikswasser zu verhüten, ist die Ableitung der Abgänge aller Fabriken einer Ortschaft durch einen gemeinsamen unterirdischen Schwemmkanal, dessen Inhalt vor seinem Ablassen in fließendes Gewässer durch Errichtung von Reservoiren einer Reinigung unterzogen wird. Das Bestreben dieser Methode ist besonders darauf gerichtet, die in dem Kanalwasser enthaltenen gesundheitsgefährlichen, aber für Düngzwecke verwerthbaren Stoffe in Poudret umzuwandeln. Zu diesem Zwecke dienen die Präcipitation unter Anwendung geeigneter Chemikalien (Süvern'sche Masse, Müller-Schür'sche Masse, Kalk und Magnesiensalze u. s. w.).

Obwohl manche dieser Verfahren gewisse Erfolge aufweisen, so ist es doch nicht in allen Fällen gelungen, die Kanalwasser so weit zu reinigen, daß man ihr Einlaufen in fließendes Wasser gestatten konnte.

Die chemische und mechanische Reinigung wird gegenwärtig immer mehr durch die sogenannte Berieselung verdrängt. Man leitet das Kanalwasser auf Felder, um auf diese Weise zu düngen. Zu diesem Zwecke werden breite Furchen in den Boden gezogen; das Kloakenwasser wird, nachdem es durch Präcipitation in Absinkbassins von den gröberen, in demselben suspendirten Bestandtheilen befreit wurde, in offene, oberhalb der Furchen verlaufende Rinnen geleitet und durch ab und zu angebrachte Schleußen zum langsamen Ueberfließen in diese Furchen veranlaßt. Das von den Rieselherden ablaufende Wasser wird in Drainröhren gesammelt und in Flüsse eingeleitet. Bei günstigen Bodenverhältnissen und bei einer guten technischen Ausführung hat sich dieses System der Berieselungsanlagen namentlich bei Fabriken am vortheilhaftesten bewährt. Die Mehrzahl der Hygieniker hält an der Ansicht fest, daß die Berieselung das einzige Verfahren ist, welches allen an die Beseitigung der Kanalflüssigkeit gestellten Anforderungen entspricht, indem sie das Kloakenwasser genügend reinigt und in landwirthschaftlicher Beziehung den größten Nutzen gewährt.

Die Aufstapelung von häuslichen und industriellen Abfallstoffen am Ufer der Wien ist ein großer Uebelstand, der dringend der Abhülfe

bedarf. Seit vielen Decennien hat man hier die verschiedensten Unrathsstoffe angehäuft und dadurch an beiden Ufern eine wirkliche Miststätte geschaffen. Abgesehen davon, daß dieser Zustand das ästhetische Gefühl im höchsten Grade verletzt, ist er besonders deshalb bedeutsam, weil er die öffentliche Gesundheit gefährdet. Durch Winde und Stürme werden viele Partikelchen dieser Unrathsstoffe in Staubform losgelöst und in der Luft verbreitet, wodurch fäulnißfähige Stoffe in die Atmosphäre gelangen, welche nach der gegenwärtigen Anschauung Krankheitskeime verschleppen können.

Weiter ist zu befürchten, daß diese am Ufer aufgehäuften Abfallstoffe bei Hochwasser ausgelaugt oder von demselben mitgerissen werden, wodurch das Verderbniß des Wassers und die Verschlammung des Flußbettes gefördert wird.

Es muß demnach vom gesundheitlichen Standpunkte auf's strengste gefordert werden, daß die Ufer des Wienflusses von allen daselbst liegenden Unrathsstoffen vollständig gesäubert und jede weitere Ablagerung von Abfällen aller Art daselbst verboten werde.

Wir haben bereits dargethan, daß die zeitweilig eintretenden Hochwässer an den sanitären Uebelständen des Wienflusses einen sehr hervorragenden Antheil haben. Es drängt sich daher die Frage auf, in welcher Weise die Gefahren, welche die Hochwässer verursachen, vermindert oder gänzlich beseitigt werden können.

Erwägt man, daß bei dem Wienflusse ein Hauptübelstand darin besteht, daß sein Wasserabfluß sehr konstanter und gleichmäßiger, sondern ein ungemein variabler ist, daß einerseits häufig Hochwässer den Fluß schwellen, andererseits Zeiten kommen, in denen, wie im Jahre 1802, der Fluß gänzlich austrocknet, so ergibt sich, daß es vortheilhaft ist, wenn durch Sammlung der Niederschläge des Wienflußgebietes in Reservoiren der regelmäßige Abfluß derselben erleichtert wird.

Bei Gebirgsflüssen, deren Charakter auch der Wienfluß zeigt, genügt es nicht, bloß die Flußufer zu versichern und die Richtungsverhältnisse zu verbessern, auch übermäßig große Profil-Querschnitte geben keine genügende Sicherheit; für gefahrlose Abfuhr solcher Hochfluthen bleibt unstreitig die Anlage von Reservoirs und Stau-Anlagen das beste Mittel. Diesem Zwecke entsprechen die Thalsperren, wie die Erfahrung fehlt, in der erfolgreichsten Weise. Sie dienen zur Aufstapelung des bei größeren Niederschlägen sonst rasch abstließenden Hochwassers, zur Ansammlung und Zurückhaltung des mit diesem fortgerissenen Schotters und Gerölles und damit zur Reinhaltung des Flußbettes und zur Erzielung eines konstanten Flußgerinnes.

Das Prinzip, welches diesen Reservoiren zu Grunde liegt, sucht auf dem Wege einer geregelten Wirthschaft Wasser zu sparen, dasjenige Wasser, welches überflüssig abgeht, aufzufangen, dem Ueberfluß zur Regenzeit für die Zeiten der Trockenheit aufzubewahren und so einen gesicherten und gleichmäßigen Wasserbezug und Wasserlauf zu erreichen. Der Wasserstand in den Bächen und in den Zuläufen der Wien und in dem Wienflusse selbst würde dadurch geregelt und die Konstanz einer gewissen Strömung auch zur Zeit der großen Trockenheit gesichert.

Es kann, wie aus diesen Ausführungen hervorgeht, keinem Zweifel unterliegen, daß die projektirte Anlage der Reservoire zur Beseitigung der mißlichen Zustände am Wienflusse wesentlich beitragen werde. Weiters ist zu erwarten, daß der Gesundheitszustand der Ortschaften, welche an den Ufern der Wien liegen, insbesondere die Großkommune Wien hiedurch gewinnen werde, weil jede Wasservermehrung die Reinlichkeit fördert.

Beschaffenheit des Reservoirwassers.

Im innigsten Zusammenhange mit der Errichtung von Reservoiren steht die Frage, zu welchem Zwecke das in den Reservoiren angesammelte Wasser verwendet werden solle. In dieser Beziehung ist hauptsächlich zu erörtern, ob das Wasser bloß als Nutzwasser oder als Trink- und Nutzwasser dienen soll.

Die Mehrzahl der Hygieniker und auch die Wiener Wasserversorgungs-Kommission war im Jahre 1864 von der Anschauung durchdrungen, daß auch das Nutzwasser einschließlich des Industriewassers die gleiche Beschaffenheit und Reinheit haben muß, welche man vom einem Trinkwasser fordert. Für viele Industrien, z. B. für die Brauerei, Mälzerei, Zuckerraffinerie, Sodawasserfabriken, größere Bäckereien u. s. w. muß das Wasser von derselben Reinheit wie das Trinkwasser sein. Auch für die Speisung der Dampfkessel, zum Waschen, Baden, zum Reinigen der Eßgeräthe, überhaupt zu den mannigfaltigsten häuslichen und gewerblichen Zwecken braucht man gutes, weiches Wasser.

Es ist demnach weder zweckmäßig noch auch ökonomisch vortheilhaft zwei Leitungen, eine für Nutzwasser, eine für Trinkwasser, anzulegen, da das Publikum bei solchen Doppelleitungen nicht selten das minder gute Wasser auch zum Trinken benützt.

Es ist deshalb von Wichtigkeit zu erörtern, ob das (zukünftige) Reservoir-Wasser zu allen Zwecken der städtischen Wasserversorgung verwendet werden könne.

Diese Frage wird nach zwei Richtungen in Betracht gezogen werden. Vorerst muß klargestellt werden, welche Beschaffenheit das in den Reservoiren aufzufangende Wasser haben werde und zweitens ist zu erwägen, welchen Einfluß die Reservoire und die Leitungswege auf das angesammelte Wasser ausüben dürften, wodurch zugleich ersichtlich wird, welche Beschaffenheit jenes Wasser hat, welches unmittelbar zum Konsum gelangt.

Die Beurtheilung eines Wassers auf seine Qualität kann von zwei verschiedenen Grundlagen ausgehen. Die eine Grundlage bildet die Kenntniß der Provenienz des Wassers, die andere die Kenntniß der chemischen Zusammensetzung des Wassers. Die Provenienz des Wassers steht mit der chemischen Zusammensetzung desselben in inniger Beziehung und erstere verhält sich zur zweiten wie die Ursache zur Wirkung.

Was zunächst die Provenienz des Wassers anbelangt, so kommt dabei ein uns bereits bekannter Umstand in Betracht. Wir haben gesehen, daß der Wienfluß in seinem oberen Theil ein ganz reines und klares Wasser führt und erst in Purkersdorf eine merkliche Verunreinigung erfährt, die sich mit dem weiteren Lauf immer mehr steigert. Will man mit Sicherheit darauf rechnen, in den Reservoiren ein reines Gebirgs- und Niederschlagswasser zu gewinnen, welches als Trink- und Nutzwasser zu allen Zwecken der städtischen Wasserversorgung verwendet werden kann, dann können die Reservoire im Hauptgerinne nur oberhalb Purkersdorf oder in den Seitenthälern des Wienflusses angelegt werden. Das Wasser des Wienflusses darf nur in den oberen, seinem Ursprunge näher gelegenen Strecken aufgefangen werden. Dort säumt das Flußbett im Sandsteine des Wiener Tertiär-Beckens, und sind die Zuflüsse zum Wienflusse theils als Quellen-, theils als Bach- und Grundwasser zu betrachten, welche sich durch die Sandschichten durchfiltrirt haben. Es unterliegt keinem Zweifel, daß in Beziehung auf Temperatur und Beschaffenheit das Wasser aus Gebirgsbächen und Gebirgsquellen zu den besten Trinkwässern gehört.

Die Qualität der Gebirgswässer erfährt erst in dem Falle eine Beeinträchtigung, wenn diese fließenden Gewässer stark bewohnte Ortschaften durchziehen, deren häuslicher Unrath ihnen zugeführt wird. Im vorliegenden Falle bleibt die Mehrzahl der Zuflüsse von diesen Verunreinigungen verschont und nur die Orte Mauerbach, Preßbaum und Gablitz werden von diesen Wässern durchflossen. Es ist nicht zu verkennen, daß dieser Umstand mancherlei Bedenken wachruft, insbesondere ob etwa die Qualität des Wassers dadurch Einbuße erfahre. Es muß demnach dieser Umstand näher erörtert werden.

Die Erfahrung lehrt, daß bei einem günstigen Verhältnisse zwischen Wassermasse und Bevölkerungsdichtigkeit die Verunreinigung des Wassers so gering sei, daß sie weder für die Sinne noch für die chemische und mikroskopische Untersuchung bemerkbar wird. In Gablitz und Preßbaum ist dies wirklich der Fall. Die Mengen der Hausabwässer ist in diesen von wenigen Einwohnern bewohnten Ortschaften im Vergleich zur Menge des Bachwassers eine sehr geringe, fast verschwindende. Weniger günstig sind die Verhältnisse in Mauerbach, dessen Einwohnerzahl 1200 beträgt.

Sowohl aus dem Versorgungshaus als auch aus den Häusern der dort Ansäßigen gelangen alle häuslichen Unrathstoffe in den Mauerbach. Es ist deshalb eine Reservoiranlage zu Zwecken der Versorgung mit Trink- und Nutzwasser unterhalb Mauerbach nicht anzurathen, so lange nicht die dortigen sanitären Uebelstände gründlich beseitigt sind.

Ein wirksamer ausreichender Schutz gegen jede Beeinträchtigung der Qualität des Wassers in den Reservoiren setzt voraus, daß jede Einleitung von Jauche und Unrath aus der unmittelbar oberhalb der Reservoire liegenden Ortschaften in die Fluß- und Bachbette hintangehalten wird und in den betreffenden Orten und Häusern die nothwendigen Senkgruben und Jauchebehälter hergestellt und in Betrieb erhalten werden.

Weiters werden in den Reservoiren die Niederschlagswässer des Wienerwaldes gesammelt. An vielen Orten ist die Bevölkerung auf Regenwasser auch zum Trinken ausschließlich angewiesen, so in Palästina, Venedig, Gibralter, Malta, überhaupt im südlichen Europa, aber auch in gewissen Gegenden Frankreichs, Englands und insbesondere Hollands, wo das Regenwasser überaus sorgsam gesammelt wird. Im Orient und auch in Konstantinopel befinden sich gewaltige Cisternen, um Regenwasser aufzunehmen, die noch von den alten Griechen und Römern mit großem Luxus ausgeführet wurden.

Es ist bekannt, daß Regenwasser nicht unter allen Umständen als ein reines, gutes, tadelloses Wasser anzusehen ist. Es ist begreiflich, daß die Beschaffenheit des Regenwassers, die Art und Größe seines Gehaltes an fremden Bestandtheilen verschieden sein muß, je nach den Luftschichten, durch welche der Regen fällt und nach den Flächen, auf denen er gesammelt wird. Eine Stadt, welche dicht bevölkert und industriereich, eine ungeheure Menge von extrementiellem Staub und ebensolchen Effluvien, von Rauchpartikelchen und den Produkten animalischen pflanzlichen Lebens in die Atmosphäre sendet, erhält allerdings beim ersten Regenfall ein Meteorwasser, das die Verunreinigungen ihres Luftkreises erhält, während Regenwasser, das auf den Ocean oder auf unbewohnte Gefilde fällt, einen hohen Grad von Reinheit zeigt.

Unter allen Verhältnissen besitzen aber die späteren Antheile eines ausgiebigen Regens oder Schnees, welche durch schon gewaschene und gereinigte Luftmassen gefallen sind, eine nahezu chemisch reine Beschaffenheit.

Es bedarf keines ausführlichen Beweises, um darzuthun, daß jener Theil des Wienerwaldes, der als Niederschlagsgebiet für die zu verwerthenden Wasser projektirt ist, im Allgemeinen sehr günstige Verhältnisse aufweist, daß der Luftkreis über dem Wienerwald zu den reinsten in der ganzen weiten Umgebung Wiens, weiß jeder, der seine Lage, Ausdehnung und sehr geringe Bevölkerungszahl kennt.

Die zahlreichen Erfahrungen, die man über Sammelreservoirs bisher gemacht hat, lauten günstig. Frankland, der die meisten Hochlandwasserleitungen Englands auf das Genaueste kennt, hat das Hochlandwasser unter die nicht verunreinigten Wässer, unter Quell- und Tiefbrunnenwaſſer eingereiht. Man erſieht das aus folgender Tabelle, welche die Mittelzahlen aus 589 Frankländiſchen Analyſen von Waſſer aus Quellen, Hochlandwaſſerleitungen und Tiefbrunnen enthalten. (Sander, Handb. der öffentl. Geſund- heitspflege, S. 243.) Sie bezeichnen Millionſtel oder Milligramm im Liter.

	Feſte Beſtandtheile.	Organiſcher Kohlenſtoff.	Organiſcher Stickſtoff.	Stickſtoff als Ammoniak.	Chlor.	Geſammhärte.
Regenwaſſer . . .	29.5	0.7	0.15	0.29	0.22	0.3
Tiefbrunnenwaſſer	435.8	0.61	0.18	0.12	51.1	25.0
Hochlandwaſſer .	96.7	3.22	0.32	0.02	11.3	5.4
Quellen . . .	282.8	0.56	0.13	0.01	24.9	18.5

Dieſe Tabelle zeigt, daß das Hochlandwaſſer zu den chemiſch reinſten gezählt werden muß. Ein reines Waſſer iſt aber auch ein geſundes Waſſer.

Die River-Pollution Kommiſſion theilt die verſchiedenen Waſſerarten rückſichtlich ihrer geſund- heitlichen Bedeutung folgendermaßen ein:

Geſund: 1. Quellenwaſſer, ſehr wohl ſchmeckend, 2. Tiefbrunnenwaſſer, wohl ſchmeckend, 3. Oberflächenwaſſer von nicht bebautem Lande, wohlſchmeckend.

Verdächtig: 4. Ciſternenwaſſer, hinrei- chend wohlſchmeckend, 5. Oberflächenwaſſer von bebautem Lande, wohlſchmeckend.

Gefährlich: 6. Flußwaſſer, in welches Unrathskanäle münden, wohlſchmeckend, 7. Seicht- brunnenwaſſer (Flachbrunnen) wohlſchmeckend.

Zur Beurtheilung der chemiſchen und phy- ſikaliſchen Beſchaffenheit des Wienwaſſers liegen die bereits oben mitgetheilten analytiſchen Be- helfe vor. Aus dieſen haben wir erſehen, daß das Waſſer des Wienfluſſes in ſeiner oberen Strecke rein und geſund iſt, und daß es erſt in Purkersdorf eine merkliche Verunreinigung erfährt. Es wurde demnach vom hygieniſchen Standpunkte gefordert, daß die projektirten Re- ſervoire im Hauptgerinne nur oberhalb Purkers- dorf angelegen ſind.

Es handelt ſich demnach im Nachfolgenden bloß um jenes Waſſer, welches oberhalb Purkers- dorf, in der dem Urſprung näheren Strecke fließt. Darüber gibt die bereits mitgetheilte Analyſe des Herrn Prof. Ludwig über das bei Tullnerbach geſchöpfte Waſſer Aufſchluß.

Um nun die Ergebniſſe dieſer Analyſen für die vorliegende Angelegenheit praktiſch zu verwerthen, muß zuerſt die Frage behandelt werden, welche Forderungen an ein tabelloſes Trinkwaſſer, das auch allen anderen Zwecken der ſtädt. Waſſer- verſorgung dienen ſoll, vom geſundheitlichen Stand- punkte zu ſtellen ſind.

Die Wiener Waſſerverſorgungs-Kommiſſion faßte im Jahre 1864 die Schlußfolgerungen ihrer Arbeiten in folgenden Anforderungen an ein „geſundes Waſſer" zuſammen.

Dieſe Theſen ſind auch heute noch giltig.

1. Ein in allen Beziehungen tadelloſes Waſſer muß klar, hell und geruchlos ſein.

2. Es ſoll nur wenig feſte Beſtandtheile und durchaus keine organiſirten Stoffe enthalten.

3. Die alkaliſchen Erden in Summe dürfen höchſtens 18 Theilen Kalk in 100,000 Theilen Waſſer entſprechen. (18 Härtegrade.)

4. Die für ſich im Waſſer löslichen Körper dürfen nur einen kleinen Bruchtheil der geſammten Waſſermenge betragen, beſonders dürfen keine größeren Mengen von Nitraten und Sulfaten vorkommen.

5. Die Temperatur darf zu verſchiedenen Jahreszeiten nur innerhalb geringer Grade ſchwanken.

Ad 1. Daß das Waſſer bei Tullnerbach ſomit auch in den Seitenbächen klar, farblos, hell iſt, wurde bereits wiederholt erwähnt.

Ad 2 und 3. Was die Härte des unter- ſuchten Waſſers anbelangt, ſo entſpricht dieſelbe im vollſten Maße den Anforderungen, welche man an ein tadelloſes Trink- und Nutzwaſſer ſtellt; ſie beträgt 14.8 Grade. Das Waſſer wird ſich deshalb für die Hauswirthſchaft und für die Induſtrie vorzüglich eignen und entſpricht in dieſer Beziehung auch als Trinkwaſſer den geſundheitlichen Grundſätzen. Das Gleiche gilt von der Geſammtmenge der feſten Beſtandtheile, welche 31 Theile in 100,000 Theilen Waſſer betragen.

Ad 4. Die Menge von Salpeterſäure und chemiſch auffindbarer organiſcher Subſtanz iſt eine ſo geringe, daß ſie weit unter jenem Werthe zurückbleibt, welcher als Grenze für ein geſundes · Trink- und Nutzwaſſer allgemein angenommen

7

ift. Der Chlorgehalt des untersuchten Wassers erreicht gerade den Grenzwerth für ein in Bezug auf Chlor noch zulässiges Wasser, die minimale Menge des Ammoniak ist ohne alle Bedeutung, sie erklärt sich aus der Provenienz des Wassers als Niederschlagwasser, welches bekanntlich stets eine kleine Menge Ammoniak der Luft aufnimmt.

Ad. 5. Es ist unmöglich, heute schon genau zu berechnen, wie Sommer und Winter auf die Temperatur des in den Reservoiren angesammelten Wassers einwirken werden, ob größere oder kleinere Reservoire in dieser Beziehung gleichmäßig oder verschieden verhalten werden und von welcher Bedeutung Ablauf und Zulauf sein könne. Man kann demnach heute mit Sicherheit nicht entsprechen, welche Temperatur das Wasser der projektirten Leitung haben wird, doch läßt sich diese Frage schon gegenwärtig vom theoretischen Standpunkte diskutiren.

Hiebei wird es sich hauptsächlich um zwei Fragen handeln, nämlich um die Temperatur, welche das Wasser in den Sammelbassins haben dürfte, und dann um den Einfluß, welchen die Rohrleitung auf die Temperatur des aus dem Bassin abgeleiteten Wassers ausübt, wodurch sich ergeben wird, welche Temperatur das zum Konsum gelangende Wasser haben werde.

Es läßt sich vom Standpunkte der Ueberlegung deduciren, daß die Temperaturverhältnisse des Wassers in den Sammelreservoiren höchst wahrscheinlich weit günstiger sich gestalten dürfte, als jene eines Flußwassers. Bei einem Flusse zeigt bekanntlich das Wasser in verschiedener Tiefe eine ziemlich gleiche Temperatur; im Sommer eine hohe oft (22 Grad C.), im Winter eine sehr niedrige (4 Grad); es ist dies leicht erklärlich, weil die ununterbrochene Strömung die Wassertheilchen fortwährend vermischt und damit auch die Temperatur des Wassers gleich vertheilt.

Andererseits ist gewiß, daß Teichwasser, Seewasser, Meerwasser, überhaupt stehendes Wasser, in verschiedener Tiefe verschiedene Temperatur anfweist. Es fehlt nicht an Angaben, welche diese Abnahme, und zwar eine rasche Abnahme der Temperatur mit der Tiefe unzweifelhaft beweisen. Die Temperatur des Wassers erreicht in einer gewissen Tiefe stets jenen Grad, welcher der größten Dichte des Wassers entspricht. So beträgt z. B. nach den Erhebungen von Schlagintweit im Chiemsee, der nicht von Gletscherwasser gespeist

wird, die Temperatur des Wassers in einer Tiefe von 80 Meter 5·7° C. und im Starnbergersee in der Tiefe von 113 Meter 3.3° C. Während die Oberfläche des Meeres in den Aequatorialgegenden eine mittlere Wärme von 28° C. hat, findet sich in einer Tiefe von 1300 Meter nur mehr eine Temperatur von 16° und in 1900 Meter Tiefe nur mehr eine Temperatur von 4° C. Immer lagert sich das kältere, weil schwerere Wasser unten, das warme, leichtere findet sich oben.

Ferner ist durch zahlreiche Forschungen erwiesen, daß die Bodenluft in einer Tiefe von 25 Meter von den jährlichen Schwankungen der Atmosphärentemperatur nicht mehr beeinflußt wird und konstant das durchschnittliche Jahresmittel zeigt, und daß sie in einer Tiefe von 9 Meter nur mehr Schwankungen von 1° C. gegen dieses Mittel aufweist. In Folge der Verdunstung des Wassers an seiner Oberfläche, namentlich wenn selbe von den Strahlen der Sonne beschienen wird, wird der nächstunteren Wasserfläche eine bedeutende Menge von Wärme entzogen, wodurch eine Verdichtung des Wassers eintritt und dasselbe, weil spezifisch schwerer geworden, zu Boden sinkt, so daß beim Wasser auch aus diesem Grunde mit wachsender Tiefe die Temperaturabnahme immer größer wird.

Es ist demnach anzunehmen, daß bei 10 bis 12 Meter tiefen Reservoiren die Temperatur des aus der Tiefe der Reservoire ablaufenden Wassers kaum bedeutend von der mittleren Jahrestemperatur abweichen und daher kühl sein werde.

Diese Anschauung unterliegt keinem Zweifel, und wird das Wasser durch die Leitung an die Orte seines Verbrauches ebenfalls noch eine Temperatur besitzen, die seine Eignung als Trinkwasser nicht beeinträchtigt.

Es kann zwar seine Wasserleitung das Wasser mit derselben Temperatur in den Häusern zum Ausfließen bringen, die es am Orte der Entnahme hat; aber je gleichmäßiger der Zufluß durch die Leitung stattfindet, je kürzer der Leitungsweg ist, je mehr geschützt alle Theile der Leitungsanlagen vor Temperatureinflüssen der Atmosphäre sind, um so geringer ist die Differenz der Temperatur des Wassers beim Anfang und am Ende der Leitung.

Erfahrungen, die bei gut angelegten Wasserleitungen und auch bei der Kaiser Franz Josef-

Hochquellenleitung, deren langer Weg 14 Meilen beträgt, gemacht wurden, lehren, daß die Wassertemperatur in den Auslaufbrunnen von der Temperatur des Reservoirwassers nur um ½ bis 1 Grad Celsius abweicht, wenn der Zufluß ein ununterbrochener und der Wasserverbrauch ein großer ist. Nur kleine Wasserleitungen erweisen sich in dieser Beziehung wenig günstig, da die Erwärmung um so größer ausfällt, je geringer die in einem Rohre vereinigte Wassermenge ist.

Es ist demnach anzunehmen, daß im vorliegenden Falle die Temperatur des Wassers am Orte seines Verbrauches nicht wesentlich von der Temperatur desselben am Orte seiner Sammlung differiren wird.

So weit man demnach aus der vorliegenden Analyse auf die Beschaffenheit des zukünftigen Reservoirwassers schließen kann, so wird dasselbe bezüglich seiner Härte, der Temperatur, der Menge der festen Bestandtheile allen Anforderungen an ein brauchbares Trink- und Nutzwasser entsprechen. Ferner ist das Wasser frei von allen jenen Substanzen, welche als Verunreinigungen des Wassers angesehen werden.

Selbstverständlich wird das Reservoirwasser durch das nach Regengüssen aufgesammelte Meteorwasser entsprechend verdünnt werden, wodurch der Gehalt des Gesammtwassers eine Minderung der festen Bestandtheile und der Härte erfahren muß, die nach der Menge des zugeströmten Regenwassers zu verschiedenen Zeiten eine sehr verschiedene sein wird.

Es muß noch die Frage erörtert werden, ob die Brauchbarkeit des Wassers durch die Einfangung und Einmagazinirung desselben in offenen, durch Erddämme abgeschlossenen Reservoiren, wie sie bei Hochlandwasserleitungen üblich sind, beeinträchtigt werde oder gar verloren gehen kann.

Sehr häufig wird von verschiedenen Seiten befürchtet, daß in offenen Reservoiren durch Luftbewegung, Winde und aufgewirbelte Staubwolken pflanzliche Abfälle und thierische Zersetzungsstoffe zugetragen werden, wodurch eine ständige Verunreinigung des Wassers stattfinde. Auch werde das Wasser, längere Zeit im Reservoire stagnirend, Zersetzungen aller Art eingehen und bei Hochwasser trübe werden. Weiter wird angeführt, daß in diesen Reservoiren mit jedem neuen Zufluß neue Schlammschichten sich bilden werden, die in Bezug auf ihren Inhalt mit dem Schlamm der Sümpfe wohl sehr wetteifern dürften. Die Wände, aus grünem Rasen und lebendiger Erde bestehend, werden bei niedrigem Wasserstande Zersetzungsprodukte bilden, welche sich dem Wasser bei hohem Wasserstande mittheilen werden. Das Reservoirwasser werde dennoch gesundheitswidrig, abgestanden, verschlammt sein.

Dem entgegen muß hervorgehoben werden, daß eine Stagnation des Wassers in den Reservoiren gar nicht stattfindet, denn diese Basins enthalten nur Wasser, welches durch mehrere Abflüsse und Zuflüsse in beständiger Bewegung sich befindet und daher sich fortwährend mit anderem Wasser vermischt, sich also immer wieder erneuert.

Bekanntlich haben viele Landseen, auch der bei München gelegene Starnbergersee so verschwindend kleine Zu- und Abflüsse, daß die vollständige Erneuerung ihrer Gesammtwassermenge erst im Laufe von mehreren Jahren vor sich geht. Doch haben diese Seen kein abgestandenes, sondern frisches Wasser. So wenig Teiche und Gebirgsseen ihr Wasser verändern, so wenig braucht man sich zu fürchten, daß die Aufspeicherung von großen Wassermassen in Reservoiren dasselbe ungenießbar machen werde. Die Verunreinigung durch Luftstaub und durch Winde kann unmöglich von großer Bedeutung sein und ist überhaupt ein Umstand, der alle unbedeckten Wasserflächen trifft.

Im Gegentheil, Luft und Licht befördern die Oxydation und Zerstörung der organischen Substanzen; der Wind erhöht diese Wirkung, indem er Wellen bildet und das Wasser reiner und lufthaltiger macht.

Der Vorwurf, daß bei Hochwässern das Wasser in den Reservoiren und in der Leitung trüb sein werde*), trifft die Hochlandwasserleitung nicht allein, sondern gilt auch in Beziehung auf die meisten übrigen Wasserversorgungsanlagen. Sowohl das Flußwasser, als auch das Brunnenwasser wird nach starkem und lange anhaltendem Regen trüb. Aber auch viele Quellen, welche sonst das klarste, reinste Wasser führen, liefern nach Gewitterregen oder Wolkenbrüchen sehr oft ein milchig getrübtes Wasser. Dieses Verhalten zeigen viele Quellen des böhmisch-mährischen Gebirges.

Besser als jeder Quellenfang, jeder Brunnen, jeder Fluß, bietet gerade das Reservoir der Hochlandwasserleitung Gelegenheit, trübe einströ

*) Kann durch Leitung des Flußgerinnes um das Reservoir theilweise vermieden werden.

mendes Hochwasser rasch zu klaren. Bei der Größe und Tiefe des Reservoirs werden in kurzer Zeit nach dem Regenguß die Trübungen sich absetzen und früher als in Brunnen und Flüssen wird in den Reservoiren das Wasser klar werden. Fraulland, der die meisten Hochlandwasserleitungen gesehen hat, sagt Folgendes: „Eine Verschlechterung des Wassers durch Ansammlung großer Massen in Reservoiren hat sich nicht gezeigt, im Gegentheile hat die Erfahrung gelehrt, daß dadurch das Wasser geklärt wird, indem etwa darin enthaltene Unreinigkeiten sich niederschlagen, während die Tiefe des Wassers die Vegetation hindert."

Die immer wiederkehrende Erzählung, daß das Wasser in den Reservoiren gesundheitswidrig, schmutzig, verschlammt sein werde, ist ein Märchen.

In England wurden viele Hunderte von solchen Reservoiren angelegt und bewahrten sich vollkommen. Die günstigen Verhältnisse des Wienerwaldes lassen den besten Erfolg erwarten.

Durch zahlreiche Erfahrungen und durch statistische Daten ist bewiesen, daß jede rationell angelegte Wasserversorgungsanlage, welche gesundes und reichliches Wasser bietet, die Sterblichkeit in hohem Grade herabsetzt. Es ist daher auch von dem in den Reservoiren aufgesammelten Wasser des oberen Wienthales gleicher Erfolg zu erwarten.

Diese Ueberzeugung stützt sich auf die Erfahrungsthatsachen, daß das Sterblichkeitsverhältniß jener Städte Englands, deren Wasserversorgung mit Sammelwasser in offenen Reservoirs erfolgte, ein günstigeres und bedeutend geringeres wurde, was aus der nachstehenden Tabelle hervorgeht.

Stadt	Bevölkerung	Jahr der Erbauung	Sterblichkeit vor Erbauung	Sterblichkeit nach Erbauung
Abordare	34.000	1859	26·	18·8
Aberdeen	100.000	1866	26·3	23·2
Ashton under Lyne	102.000	1836	24·3	23·8
Bocuß	40.000	1855	22·	17·
Barrow in Furneß	40.000	1866	18·	17·
Bath	54.000	1864	23·	20·
Belfast	225.000	1841	—	24·
Blackpol	40.000	1861	18·	16·57
Bradford	191.000	1854	25·	18·32
Buxton	20.000	1872	17·13	10·32
Cardiff	100.000	1850	30·	17·52
Dundee	156.000	1845	27·40	21 23
Dierham	150.000	1866	23·	20·
Glasgow	750.000	1860	22·5	20·
Gloucester	38.000	1855	24·	19 6
Hudderfield	102.000	1845	23·1	22·45
Leicester	130.000	1853	27·	19·
Macclesfield	36.000	1850	31·	23·2
Manchester	1,000.000	1851	33·	24·7
Merthyr Tydvil	51.000	1860	30·	22·
Plymouth	75.000	1585	—	22·
Preston	90.000	1832	28·24	27·34
Salfort	18.000	—	25·	24·9
Whitehaven	21.000	1849	25·	23·
Sheffield	300.000	—	27·	21·2

Wenn demnach diese Reservoiranlagen im Wienthal zu Stande kommen, so erwachsen der Gemeinde Wien, den Vororten und vielen Landgemeinden des Wienthales Vortheile, die nicht gering hochgeschätzt werden können.

Von der Ausnützung reichlicher Wassermengen hängt die Reinigung und damit die Gesundheit unserer Städte ab. Kommt es für den Gebrauch des Wassers zum Trinken wesentlich auf die Reinheit an, so ist für die mechanische Fortschaffung des Schmutzes die genügende Menge von gleich großer Bedeutung. Nur wenn es möglich ist, Straßen, Closets, Kanäle ꝛc. genügend rein zu erhalten, und jedem Einzelnen Wasser in so bequemer und reicher Menge zu bieten, daß die Reinigung von Körper und Wohnung eine gründliche wird, nur dann ist eine gründliche Besserung der sanitären Verhältnisse in den genannten Gemeinden zu erwarten.

Es ist keine Uebertreibung, wenn man sagt: „Das Wasser ist der Lebenssaft der Städte!“

Referent:

Dr. Josef Nowak,
k. k. Professor
und Mitglied des n. ö. Sanitätsrathes.

6. Beitrag zur Geschichte des Wienflusses.

a. Wien-Regulirung. *)

Das Wienthal dürfte schon den Römern als Sommeraufenthalt bekannt gewesen sein, wenigstens deutet das Vorhandensein einer Verbindungsstraße zwischen Wien und der römischen Ansiedlung St. Pölten darauf hin, obwohl die Urkunden des 9., 10. und 11. Jahrhunderts von den seinerzeit im Wienthale bestandenen Orten nichts erwähnen. So viel ist jedoch sicher, daß das Wasser des Wienflusses bereits im 13. Jahrhundert zum Betriebe von Mühlwerken verwendet wurde, daß aber kein ausgesprochenes Rinnsal bestand, indem der Fluß in viele Arme getheilt, auf dem Terrain der heutigen Wieden und Margarethen mehrere Weyher bildete. Es war darum auch das landschaftliche Bild des Wienflusses in der nächsten Umgebung der Stadt ein ganz anderes. Zudem waren die sanften Gehänge der Landstraße, Wieden, Matzleinsdorf und Mariahilf dicht mit Weingärten besetzt.

Die erheblichsten hydrotechnischen Aenderungen, welche das Flußbett der Wien erfuhr, datiren erst aus dem vorigen Jahrhundert, und zwar aus jener Zeit, in welcher die Linienwälle errichtet wurden und das Wasser sich nicht mehr ungehindert ausbreiten konnte, sondern gezwungen war, das Défilé bei der Schönbrunnerlinie zu passiren. Zahlreiche

Aufstauungen waren die Folgen dieser Maßnahme, wozu sich noch die bestehenden Mühlwehre gesellten, die den raschen Abfluß der Hochfluthen hinderten. (Aus dieser Ursache wurden auch im Jahre 1856 von der Kommune 3 solche Wasserrechte um den Betrag von 100.000 fl. eingelöst, die Wehre kassirt und die Mühlgräben verschüttet.)

Der erste Impuls zu einer ausgedehnteren Regulirung der Wien ging bereits vor 100 Jahren von dem Architekten Beyer aus, welcher mancherlei Projekte zur Verschönerung des Wienflusses ausarbeitete. Der Magistrats-Sanitatis-Bock hatte nämlich das Wohnen am Wienflusse für schädlich erklärt und die Häufigkeit der epidemischen Krankheiten den Ausdünstungen des Wassers zugeschrieben; eine nachhaltige Besserung dieser Verhältnisse — sagte er — sei nur durch die Erhaltung eines konstanten Wasserquantums im Flußgerinne erreichbar, wobei als selbstverständlich vorausgesetzt war, daß die Wienufer nicht mehr zur Ablagerung von Kehricht und dergleichen Unrath benützt werden dürften. (Was heute noch geschieht.)

Beyer proponirte die Anlage von 11 Teichen und 3 Reservoiren in Hietzing, Meidling und Schönbrunn mit einem Fassungsraume von zusammen 15 Mill. Km. Beyer begegnete jedoch im Oberst Brequin, welcher gleichfalls Reservoire und Thalsperren beantragte, einen heftigen Gegner und Konkurrenten, und die natürliche Folge dieser Rivalität war, daß weder das eine noch das andere Projekt zur Ausführung gelangte.

*) Diese geschichtlichen Daten sind zumeist der von den Ingenieuren Franz Zwinger und Heinrich Grave verfaßten Schrift: "Geschichte und Verhältnisse des Wienflusses" entnommen.

Das Hauptaugenmerk beider Projektanten war der Vermehrung des Wassers durch Aufspeicherung zugewendet, allein es erhoben sich gegen die Anlage von Reservoirs mannigfache Bedenken. Die Gegner dieser Regulirungsmethode behaupteten sogar (1782), daß der üble Geruch der Wien zwar unangenehm, aber keineswegs gesundheitswidrig sei, und machten geltend, wie in Spanien und anderen heißen Ländern solcher Geruch dazu diene, die Luft vor Fäulniß zu schützen.

Alles, was zur Gesundung der bestehenden Zustände geschah, bestand in der Erbauung einer Mörtelmauer im Wiengerinne bei Purkersdorf, deren Herstellung mit Hofkanzlei dekret vom Jahre 1785 angeordnet wurde; die anderweitigen, seitens der Regierung ausgeführten Bauten hatten nur den Zweck, das Wienbett zu begrenzen. Herrn Beyer wurde bedeutet, er möge sich, da die Anlage von Teichen doch in erster Linie den Müllern zugute käme, mit diesen wegen den Kosten (50.000 fl.) in's Einvernehmen setzen.

Da jedoch die Eingaben der Stadtphysiker immer nachdrücklicher auf die sanitären Gefahren hinwiesen, wurden nach 2jährigen Verhandlungen im Jahre 1814 mittelst allerhöchster Entschließung die Pläne für die Regulirung der Wienufer mit dem Zusatze genehmigt, daß die Verschönerung und Erhaltung der öffentlichen Gesundheitszustände der Obrigkeit obliege, d. h. die mit 73.000 fl. veranschlagten Baukosten wurden dem Magistrate aufgebürdet.*) Nach 3 Jahren waren wohl die Regulirungsarbeiten von der Schönbrunnerlinie bis zur Stubenthorbrücke vollendet, allein sie hatten nicht 73.000, sondern 248.000 fl. gekostet.

Im Jahre 1820 begann eine Art Regulirung außer den Linien Wiens bis zur Weidlinger Brücke, durch Aufpflanzung der Schotterbänke, wodurch eine Begrenzung des Flußlaufes erzielt werden sollte, dessen Sohlenbreite mit 15 Klafter (28·5 M.) oktroirt wurde. Die Kosten hiefür waren mit 50.000 fl. beziffert und sollten auf 5 Jahre vertheilt werden. Als bereits 40.000 fl. verbaut

waren, fanden die Gemeinden die Kosten unerschwinglich, es entstanden Differenzen über die Art der Beitragsleistung, so daß die weitere Arbeit mit Hofkanzleidekret vom 15. März 1822 unterblieb.

Das unter der Stubenbrücke befindliche Wehr war in Folge der früher erwähnten Regulirungsarbeiten (1814) mit Schleußen versehen worden, da aber das Ziehen der Schützen wegen der neueröffneten Fußwege unmöglich geworden, so wurden 1828 diese Vorrichtungen ganz aufgelassen. Die Pflasterung der Ufer begann im Jahre 1825. In den Jahren 1830 und 1831 wurde der sogenannte Cholerakanal, sowie eine neue Ausmündung in den Donaukanal hergestellt. Aus dem Jahre 1818 stammen mehrere Regulirungsarbeiten im Stadtrayon, welche durch brodlose Arbeiter hergestellt wurden. Im Jahre 1867 übergiengen die innerhalb der Einfriedungen am Wiener gelegenen Gründe in das Eigenthum der Stadt. Seit dieser Zeit ist der Zustand der Ufer innerhalb der Linie ein geregelter, nicht aber außerhalb derselben. Es bildeten sich daselbst ganz sonderbare Verhältnisse heraus; denn obzwar die Regulirungsarbeiten seinerzeit nicht durchgeführt wurden, hatten die Anrainer doch die Kosten für die partiellen Herstellungen zu tragen. Aus diesem Grunde suchten die Dominien des Besitzes nun jeden Preis los zu werden, ja sie verschenkten sogar den Ufergrund mit der Verpflichtung, den Uferschutz herzustellen und zu erhalten, weshalb auch die Eigenthumsverhältnisse ungemein verwickelte wurden. Theilweise sind Behörden, ehemalige Dominien, Gemeinden oder Private im grundbücherlichen Besitz des Flußbettes und der Ufer, theilweise besitzen die Genannten nur das Sandregale, das Wasserbenützungsrecht und dergleichen Komplikationen mehr.

Diese Umstände als bekannt vorausgesetzt, wird das Vorkommen von Eigenmächtigkeiten, sei es, daß es sich um Uferschutzbauten, um die Herstellung von Stegen, um die Errichtung von Badehütten u. dgl. handelt, nicht mehr überraschen. Die Anrainer schützten eben ihren Grund nach Gutdünken mit: Weidenpflanzungen, Quaimauern, hölzernen oder gepflasterten Böschungen verschiedener Neigung; die meisten veranlaßten gar

*) Mit Rücksicht auf die städtischen Finanzen durfte in Folge dieser Entschließung von nun an der Magistrat die Einnahme des sogenannten Holzgroschens einfließen.

nichts, so daß das Flußbett bald dahin bald dorthin gedrängt wurde. Es fehlte, mit einem Worte, an einem einheitlichen Regulirungsplane. Zwar bildeten die Zerstörungen des 1851er Hochwassers einen Anstoß zur Anfertigung eines Regulirungsplanes von Wien bis Mariabrunn, allein derselbe kam wegen der in Aussicht stehenden Erbauung der Kaiserin Elisabethbrücke nicht zur sofortigen Ausführung. Als aber die Bahnverwaltung behufs Durchführung einer weiter greifenden Regulirung von den Gemeinden Beiträge verlangte, waren dieselben dazu nicht zu bewegen, weßhalb die Bahnunternehmung ihre Objekte schützte, wie sie es für gut fand, den weiteren Flußlauf jedoch unberührt ließ.

Im Jahre 1868 wendeten, da es sich um Parzellirungen, die Anlage von Uferstraßen u. dgl. Routen handelte, die Herren Wellenheim, Grave u. A. dem Regulirungsunternehmen ihre Aufmerksamkeit zu, ohne jedoch einen erheblichen Erfolg zu erzielen; das Wienbett blieb sammt dem seitlichen Gelände nach wie vor in sehr desolatem Zustande.

Vor zwei Jahren erhielt der n. ö. Landesausschuß vom Landtage den Auftrag, ein Regulirungs-Projekt für die Wien ausarbeiten zu lassen. Dieses Projekt ist unseres Wissens noch nicht vorgelegt worden.

Es erübrigt uns noch einiger besonders beachtenswerther Hoch- und Niederwässer zu gedenken.

b. Hochwässer und Kleinwässer der Wien.

Das älteste bekannte Hochwasser datirt aus dem Jahre 1295, wobei das Bürgerspital nächst dem Kärntnerthor unter Wasser stand.

Eine weitere Hochfluth fand im Jahre 1405 statt, wobei die Vorstadt Wieden überschwemmt wurde.

Im Jahre 1670 ereignete sich, nachdem es zwei Tage und eine Nacht unaufhörlich geregnet, am 4. Juli zwischen 11 und 12 Uhr Mitternachts eine Ueberschwemmung, wobei die am Wienflusse liegenden Vorstädte hart mitgenommen wurden.

Am 5. Juni 1741 ging über Wien und Umgebung ein so intensiver Wolkenbruch nieder, daß die Purkersdorfer Klause bestürmt, der Schönbrunnergarten verwüstet und die Bärenmühle zertrümmert wurde.

Außer diesem Hochwasser gedenken die Urkunden des vorigen Jahrhunderts noch vier bedeutender Ueberschwemmungen und zwar im Mai 1777, im Jänner und Februar 1783 und am 9. August 1785. Das Hochwasser vom Jahre 1785 gilt als das bedeutendste aus früherer Zeit und galt bis zum Jahre 1851 als das größte. Bei einem 1½stündigen Wolkenbruche fiel eine derartige Wassermasse zur Erde, daß die Mauerbacher Teichdämme, welche eine Fläche von 1·7 Hektaren (3 Joch) einnahmen, durchgerissen wurden.

Im Jahre 1805 war ein Frühjahrs- und ein Herbsthochwasser.

Die 1815 im Juli und 1816 im Oktober wahrgenommenen Ueberschwemmungen brachten wegen der inzwischen durchgeführten Regulirungsarbeiten keinen wesentlichen Schaden; dagegen setzte das Hochwasser im August 1819 die Magdalenenstraße, Wienstraße, Mollardgasse und Grüngasse unter Wasser. Der Wasserstand soll dabei höher gewesen sein als im Jahre 1785, die per Sekunde abgeflossene Wassermenge wird mit 340 Kubik-Meter angegeben.

Im September des Jahres 1821 fand eine Hochfluth statt, wodurch abermals Margarethen und der Magdalenengrund bis zum Theater an der Wien überschwemmt wurde.

Die in den Jahren 1828, 1839, 1840 und 1847 notirten Wasserkalamitäten hatten keinen großen Schaden verursacht.

Das größte Hochwasser dieses Jahrhunderts ereignete sich am 18. Mai 1851; es zerstörte nicht nur mehrere Brücken über die Wien, sondern richtete auch sonst ganz immensen Schaden an. Nach den in Schönbrunn befindlichen Wasserstandsmarken soll das 1785er noch um 60 Cm. höher gewesen sein. Eine strenge Vergleichung zwischen Wasserständen und abgeflossenen Wassermengen ist jedoch an dieser Stelle schon deßhalb nicht zulässig, weil das Flußgerinne vom Jahre 1785 bis 1851 und vom Jahre 1851 bis heute derartige Ver-

änderungen erlitten hat, daß für die Rechnung jeder Anhaltspunkt fehlt.

Alle Beobachtungen und Messungen
sprechen vielmehr dafür, daß seit dem 51er
Hochwasser die Flußsohle eine sehr wesentliche
Vertiefung erfuhr, die neueren Hochwässer
somit rücksichtlich ihrer absoluten Erhebung
gegen die älteren bedeutend zurückbleiben.

Die am 2. Mai 1867 eingetretenen
Hochfluthen haben die Uferbefestigungen in
der Nähe der Pilgrambrücke darum stark mitgenommen, weil die Beseitigung der Mühl-
wehren solche Sohlenvertiefungen zur Folge
hatten, daß die Uferwerke den Stützpunkt
verloren. Man erkannte darin die Nothwen-
digkeit der Errichtung neuer Sohlenschwellen
(zweier gemauerter und einer hölzernen).

Das Hochwasser am 18. August 1872
war eine Folge anhaltender Regengüsse und
zweier im Waldgebiete niedergegangenen Wolkenbrüche. Es war 30 Cm. höher als das
Mai-Hochwasser des Jahres 1881.

Im Jahre 1878 am 9. August entlud
sich über Preßbaum ein Wolkenbruch, welcher
im oberen Flußlaufe große Verheerungen an-
richtete. Seitdem hatte jedes folgende Jahr
sein Hochwasser, 1879 (am 4. Mai), 1880
(am 13. August), 1881 (im März und
Mai), 1882 (29. Juli). Da der Verlauf
dieser beiden letzteren an einem bei der Leopoldsbrücke errichteten Pegel genau beobachtet werden
konnte, so ist denselben in dem Kapitel über
die Abflußverhältnisse des Wiengebietes die
besondere Beachtung zugewendet worden.

Von den aufgezählten 29 Hochwässern
fielen:

6 auf den Monat Mai
5 „ „ „ August
4 „ „ „ Juli (abneb. 1882iger.)
3 „ „ „ September
2 „ „ „ Juni
2 „ „ „ Jänner

und je eines auf die Monate Februar, März
und Oktober. Ohne Hochwasser blieben die
Monate April, November und Dezember.

In diesem Jahrhundert ereigneten sich
20 Wasserkatastrophen und zwar 30% derselben im Mai, 25% im August und 15%
im Juli. Es ist somit der Monat Mai der
Hochwasserbildung am günstigsten.

Von bedeutenden Kleinwässern geben die
Jahre von 1798 bis 1802 Zeugniß, obwohl
darüber keine ziffermäßigen Aufzeichnungen
existiren, sondern nur die Thatsache angeführt
wird, daß die Müller in jedem der genannten
Jahren 8 Monate „feiern" mußten.

Die ersten faktischen Messungen zur Kon-
statirung der wirklichen durchschnittlichen geringsten Abflußmenge wurden im September
1861 vorgenommen und zwar zu einer Zeit,
welcher fünf fast regenlose Monate voraus-
gegangen waren.

Diese Messung geschah zwischen Mariabrunn und Purkersdorf im Flusse selbst, also
in einer Strecke, wo nicht alle Wienwässer
beisammen sind. Die binnen 24 Stunden
über einen 0.158 Meter breiten Wehrein-
schnitt geflossene Wassermenge berechnete
Formel $Q = x \sqrt{2\,g\,h}$ mit 59.030 Eimer,
3340 Kubikmeter.

Im Herbst des Jahres 1879 wurden
unterhalb der Einmündung des Mauerbaches
in die Wien vom Ober-Ingenieur Mihatsch
Messungen vorgenommen und zu diesem
Zwecke ein 3 Meter breites Ueberfallwasser
im Flußbette hergestellt.

Die Resultate waren folgende:

Der Durchschnitt aus 16 Tagen im
September 173.250 Eimer, 9800 Kbm.;

der Durchschnitt aus 26 Tagen im Oktober
277.573 Eimer, 15.708 Kbm.;

der Durchschnitt aus 30 Tagen im November 263.025 Eimer, 14.884 Kbm.;

der Durchschnitt aus 21 Tagen im Dezember 339.605 Eimer, 19.218 Kbm.;

sonach der Durchschnitt aus 93 Tagen
268.940 Eimer 15.219 Kbm.

Seitens der Expertise wurde die Messung
der Minimalwasserquantitäten an einer Fluß-
stelle beantragt, welche die meiste Gewähr
für das Beisammensein des ganzen derzeit
noch im Recipienten abfließenden Wassers
bietet und zwar ist dies die gemauerte Sohlen-
schwelle oberhalb der Pilgrambrücke.[*) Eine
Reihe von Beobachtungen, welche in den
Monaten Mai, Juni und Juli d. J. vor-

---

*) Die im Wiengebiete bereits bestehenden Quellen-
wasserleitungen entziehen dem Bachgerinne schon zur Zeit
verhältnißmäßig bedeutende Wassermengen, so daß die
Minimalwasserquantität durch die Messung im Flusse
streng genommen nicht konstatirt werden kann.

genommen wurden, ergab im Verlaufe von 24 Stunden wegen der vielfachen Retentionen, die das Wasser durch die industriellen Werke, Badeanstalten 2c. erfährt, verschiedene Wassermengen, die zwischen 1.5—2.2 Eimer per Secunde schwanken. Mehrere Durchschnittsrechnungen haben kein Tagesminimum ergeben, das unter 9000 Kat. gesunken wäre.

C. Das Hochwasser am 28. bis 29. Juli 1882.

Am 28. Juli wurde Wien und seine Umgebung von intensiven Regengüssen heimgesucht, welche während 24 Stunden anhielten und im Wiengebiete eine fast gleiche Stärke zeigten.

Es notirten hiebei:

Vorbrunn	172 Mm.
Haberdorf	195 „
Mariabrunn	140 „
Klausen—Leopoldsdorf	144 „
Kierling	126 „
Kalksburg	125 „
Mödling	102 „
Wien (Hohe Warte)	101 „
Sonach im Mittel	138 Mm.

Aus dem Effekte, den die abfließenden Wässer des Stein- und Heinbaches, so wie des Mauerbaches im Allgemeinen hervorriefen, geht hervor, daß die Beobachtungsstation Haberdorf dem Regenmaximum am nächsten gewesen, und daß die zwischen den Quellen des Halterbaches und jenen des Gablitzbaches gelegenen Bergkämme hievon am intensivsten getroffen worden. Bei diesem Anlasse hätte eine in Mauerbach funktionirende ombrometrische Station die sichersten Aufschlüsse zu geben vermocht.*)

Da das zumeist aus den rechtseitigen Nebenbächen dem Hauptbette mit großer Vehemenz zufließende Regenwasser eine nicht unbedeutende Hochwasserwelle hervorrief, so haben die beiden Stadtbauamtsbeamten, nämlich der Herr Oberingenieur Berger und der Ingenieur Wilhelm dem Verlaufe derselben die eifrigste Sorgfalt zugewendet, an 3 Wasserstandspegeln halbstündige Ablesungen vorgenommen und sowohl bei

*) Siehe Kapitel 4: „Die Regen und Abflußverhältnisse im Wiengebiete."

zunehmendem als bei abnehmendem Wasserstande Messungen über die Oberflächengeschwindigkeit durchgeführt.

Auf Basis dieser (rücksichtlich der Lückenlosigkeit) bisher einzig vorhandenen Aufnahme konnte in Tf. VIII ein Grafikon konstruirt werden, welches den Zusammenhang zwischen Regen und Abflußmenge bildlich zum Ausdruck bringt. Diese neuere Aufnahme zeichnet sich gegenüber jener auf Taf. V des 1881er Hochwassers dadurch aus, als dabei die in jeder Stunde auf das ganze Wassersammelgebiet gefallene Regenquantität berechnet und dem darauffolgenden Abflusse gegenübergestellt werden konnte.

An der Basis des Diagramms erscheinen die stündlichen Regenhöhen in wahrem Maßstab in dunkelblauen Riemenstreifen aufgetragen und versinnlichen die auf lichtblauem Grunde verzeichneten Ordinaten die in der Zeiteinheit von einer Stunde auf das Wiengebiet niedergefallenen Regenmengen, wogegen auf dem grauen Grunde der Verlauf des Hochwassers ersichtlich ist. Man entnimmt daraus den Eintritt der Regenkulmination zwischen 2 und 3 Uhr am 28. Nachmittags und der Kulmination der Fluthwelle um 3 Uhr Früh am 29. Juli.

Die Regelkurve erscheint durch die beiden Erhöhungen der Regenkurve aus dem Grunde unbeeinflußt, weil die westlichen, das sind die vom Unterlauf des Flusses am weitesten entfernten Quellendistrikte vom Niederschlage zuerst getroffen und die Regenwolken mit einer Geschwindigkeit von 60 Kilometer per Stunde in nordwestlicher Richtung vorgeschoben wurden. Wie sehr die Regenintensität gegen das Marchfeld zu abnahm, ist durch die Daten der Stationen Hirschstetten (63 Millimeter) und Thavonhof (51 Millimeter) erwiesen.

Die außerordentliche Erhebung des Wasserspiegels und die kurze Andauer der Hochfluthwelle ist durch das plötzliche Oeffnen der Schützen des Reservoirs in Mauerbach hervorgerufen worden, da diese, nach den eingeholten Erkundigungen, gegen Mitternacht zwischen dem 28. und 29. erfolgte. Es war somit ganz unvermittelt ein durch 16 Stunden angesammeltes Regenwasserquantum dem Gerinne überantwortet worden.

6*

Der Vergleich zwischen Niederschlags- und Abflußquantität gestaltete sich bei dieser Niederschlagserscheinung wie folgt:

Regenmenge . . . . 29,692.000 Kubm.
Abflußmenge . . . 9,430.000 Kubm.

Differenz . 20,262.000 Kubm.

das heißt, es wurden circa 68% des gesammten Niederschlages in den Blättern der Bäume, im Graslande und dem Erdboden zurückgehalten oder fielen der Verdunstung anheim.

Durch dieses Resultat ist schon ein weit sicherer Anhaltspunkt für spätere Berechnungen gegeben und werden fortgesetzte Regen- und Abflußbeobachtungen dazu beitragen, die Kenntniß der Hydrologie des Wienthales zu erweitern.

Referent:

Jos. Riedel,
Ingenieur.

7. Anlage von Reservoirs und Thalsperren.

Thalsperren werden gewöhnlich auch Reservoirs genannt. Im engeren Sinne des Wortes bedeuten jedoch Thalsperren mit Dämmen abgeschlossene Thäler oder Thalmulden, während Reservoirs auch durch Aushub des gewachsenen Bodens oder durch künstliche Herstellung eigener Kammern (z. B. unsere Hochquellen-Reservoirs) ausgeführt werden können.

Im vorliegenden Falle haben wir es nur mit Thalsperren zu thun.

Wir besitzen urkundlich in Oesterreich Reservoirs (Teiche genannt) seit dem 12. und 13. Jahrhundert. In Böhmen allein befinden sich gegen 8000 Teiche mit einem Flächeninhalt von 7·26 Quadratmeilen. Einer der größten ist der Rosenberger Teich, der einen Flächenraum von 1253 Joch umfaßt und 19 Millionen Kubikm. Wasser magazinirt. Die Basis des Dammes beträgt 76 M., seine Höhe 15 Meter. Der Soëter Teichdamm hat eine Höhe von 10—20 Meter. Bei Schemnitz wurden zur Aufspeicherung des Betriebwassers 16 Reservoirs mit einem Fassungsraum von 7 Mill. Kubikm. ausgeführt und hat der oberhalb der Stadt Schemnitz liegende Reichenauer-Teich eine Dammhöhe von 21 Meter und eine Kapazität von 1 Mill. Kubikm. Eine ähnliche Wasserwirthschaft findet sich bei Pribram. Unter den dortigen vier Teichen hat der Pilkateich einen Fassungsraum von 1·5 Mill. Kubikm. und eine Dammhöhe von 16 M. Selbst im Wienthale befinden sich ähnliche Anlagen, die in der Monographie 6 besprochen sind.

Trotz alledem ist die Verwendbarkeit und der Nutzen von Reservoir-Anlagen nur im engern Kreise richtiger erkannt, und ist es begreiflich, daß man über dieselben mitunter ein ganz ungerechtes Urtheil hören muß.

Frankreich hat heute vorwiegend zur Speisung seiner Kanäle Reservoirs mit einer Kapazität von sage 265,350.800 Kub.-M. angelegt, Reservoirs, wie jenes von Furens mit 7,000.000 Kub.-M. Fassungsraum und 50M. Stauung, von Settous mit 22,000.000 Kub Meter Fassungsraum und 20M. Stauung, von Montaubry mit 5,000.000 Kub.-M Fassungsraum und 17·8 M. Stauung, von Aix mit 2,500.000 Kub.-M. Fassungsraum und 36·5 M. Stauung ꝛc.

Amerika hat ebenfalls für gleiche Zwecke eine große Anzahl Reservoirs erbaut und wird die Scheitelstrecke des Erie- und Chenango-Kanals ausschließlich durch Reservoirs versorgt.

In Indien (Soonkesula-Thalsperre, 61 M. Stauhöhe) und China ist nur dort eine hochentwickelte Bodenkultur zu finden, wo ein ausgedehntes Bewässerungssystem vorhanden ist, und erst vor Kurzem wurde von einem unserer Kollegen in Brasilien in einem Vortrag erwähnt, daß auch die dortige Regierung das System der Reservoirs acceptirt hat, um für die regenlose Zeit ausgedehnte Distrikte aus Reservoirs zu bewässern.

Ueber englische und schottische Anlagen erschien erst vor Kurzem in der ärztlichen Vereinszeitung, VI. Jahrgang, der vom Ingenieur W. Rippl in der österr. Gesellschaft für Gesundheitspflege am 26. April 1882 gehaltene Vortrag, den wir mit seiner Einwilligung in einer Beilage zu diesem Berichte wörtlich zum Abdruck gebracht haben, weil in der That über den Bau und die Anlage der dortigen Reservoirs nichts Gediegeneres zu sagen in der Lage sind, und sein Bericht aus unmittelbarem Studium an Ort und Stelle hervorgegangen ist.

Vom Standpunkte des Technikers kann also dort, wo die geologische Formation es zuläßt, gegen die Herstellung von Reservoirs kein einziger triftiger Grund ausgesprochen werden. Man wird im klüftigen Gebirge, im Rutschterrain, in Böden, wo keine wasserundurchlässige Sohle für die Fundirung gefunden wird, kein Reservoir anlegen, denn der absolut dichte und widerstandsfähige Abschluß des Teichbodens gegen das Vorderland ist die Grundbedingung einer guten Reservoirkonstruktion.

Daß Dammbrüche vorgekommen sind, die auch mit großen Katastrophen verbunden waren, ist doch kein Grund gegen die Anlage von Reservoirs, denn diese Fälle sind bei den Tausenden solcher Anlagen nur so selten, daß sie mit den Katastrophen auf Eisenbahnen, Schiffen, in Bergwerken gar nicht in Parallele gestellt werden können, und immer sind es ungenügende Erhebungen des Baugrundes oder unsachgemäße Bauausführungen gewesen, die die Ursache des Verbruchs waren.

Sollte den Engländern und Franzosen, die Reservoirs trotzdem weiter bauen, das Leben weniger werth sein?

Die Aufsammlung des Wassers in Reservoirs ist im Allgemeinen das beste System für alle Wasserversorgungen großer Städte, denn wo ist man in der glücklichen Lage, den Quellenreichthum zu finden, der in jeder Jahreszeit die nöthige Quantität abgibt. — Die Differenz der Quellenergiebigkeit wechselt selbst unter günstigen meteorologischen Verhältnissen bis zu einem Ausfall von 75 bis 80 Prozent des größten Abflußes und ist viel zu sehr von dem Wechsel der Niederschläge abhängig.

Die offenen Reservoirs von entsprechendem Inhalt haben den bisher vielfach verkannten Vortheil, daß durch Luft und Licht ein chemischer Reinigungsprozeß von organischen Bestandtheilen eintritt, daß ungelöste Bestandtheile rasch zu Boden sinken und daß selbst stark verunreinigte Wässer sich zu guten Trink und Nutzwässern abklären. Städte, die aus Flüssen ihr Wasser beziehen, haben hier ein Mittel der einfachsten, billigsten und sichersten Reinigung.

Ueber den Einfluß von Licht und Luft, auf die Qualität solcher in Reservoirs gesammelten Wässer gibt übrigens der spezielle Bericht so genügende Aufschlüsse, daß wir hier den Gegenstand nicht weiter zu berühren brauchen.

Daß es unserem Kanalisirungssystem vor allem an genügendem Spülwasser mangelt, hat man nunmehr bereits erkannt, und geben solche Stauanlagen ein geeignetes Mittel, sich das genügende Wasser ohne große Kosten zu schaffen.

Man hat überhaupt der Verwendung des Wassers zu kulturellen und industriellen Zwecken bis dato viel zu wenig Aufmerksamkeit zugewendet. Man suchte sich meist nur vor den Schäden durch das Wasser zu bewahren, jene Kräfte, die es in seinem Gefällen birgt, und den Nutzen, den es schaffen kann, sind nur in ganz unvollkommener Weise oder gar nicht ausgebeutet worden.

Wir erinnern an das Reservoir von Furens, das sowohl zum Zwecke der Wasserversorgung der Stadt St. Etienne, wie zur Abgabe von Triebwasser an ca. 100 Industrienwerke, endlich zum Rückhalt der Hochwässer erbaut wurde, und dessen Kosten durch die Zinsungen heute bereits amortisirt sind, so daß man schon, mit Rücksicht auf den günstigen finanziellen Erfolg, an den Bau eines zweiten Reservoirs schreitet; ferner an das Reservoir von St. Chamond, das ebenfalls zur Abgabe von Trink und Nutzwasser und zum Betriebe industrieller Werke erbaut wurde; an die Ausnützung der Wasserleitung in Zürich, wo man den hohen Druck zum Betriebe von kleinen Motoren verwendet und die ausgedehnte Ausnützung der dem Rhein abgewonnenen Wasserkraft in Schaffhausen.

In Wien, wo tausende kleiner Industrieller ein Gewerbe betreiben, wo sie mit Vortheil $\frac{1}{4}$, $\frac{1}{2}$ bis 1 Pferdekraft zum mechanischen Betriebe verwenden könnten, wie zum Betriebe von Nähmaschinen, Schleifereien, Drechslereien, Schlosser und Tischlerwerkstätten rc. wäre es ein enormer Vortheil, wenn diese Gewerbetreibenden sich durch Zuhilfenahme eines Schmidt'schen Wassermotors eine billige, gefahrlose, stets verfügbare Betriebskraft schaffen könnten.

In Zürich fährt ein Handwagen mit einem Motor und einer Zirkularsäge von Haus zu Haus; der Schlauch wird an einen

Wasserwechsel geschraubt und ein Mann besorgt dann die Verkleinerung des Brennholzes in der kürzesten Zeit.

Die Stadt Nürnberg nützt die Wasserkraft der Pegnitz dadurch aus, daß sie eigene Fabrikgebäude errichtete, durch deren Räume Transmissionen laufen und können Gewerbetreibende dort auf beliebige Zeit Arbeitsraum und Triebskraft in Miethe nehmen.

Andere Wasserrechtsbesitzer, wie P. G. Lauriebel in Nürnberg, sind dort dem Beispiele gefolgt. Letzterer verpachtet ½ Pferdekraft per Jahr mit 510 Mark, ¼ Pferdekraft per Jahr mit 300 Mark und 1 Quadrat-Meter Benützungsraum für 3 Mark.

Je billiger die Betriebskraft, desto größer ist die Konkurrenzfähigkeit unserer Gewerbetreibenden. Hier liegt der Vortheil, daß der kleine Arbeiter sein Intellektuell besser ausnützen könnte, denn er kann mit einer Maschine arbeiten, ohne großes Anlagskapital aufzuwenden, mitten im Hause, in seiner Stube.

Dieses Betriebswasser kommt wieder der Spülung unserer Kanäle zugute, es erfüllt also den doppelten Zweck.

Unsere Färber, Wäscher und großen Wasserkonsumenten, endlich die Fabrikanten, die das Wasser zur Speisung der Dampfkessel benützen, werden Wasser beziehen und bezahlen.

Man frage daher ja nicht, ob man in Wien und Vororten auch die Abnehmer für Wasser findet. Gerade aber das Wasser zu industriellen Zwecken ist das bestgezahlte.

Schon das Ausmaß von 0·6 Eimer Wasser per Kopf der Bevölkerung innerhalb der Verzehrungssteuerlinie ist zu klein. Für die Vororte mit ihrer ungleich größern Industrie, ihren Fabriken, Bahnhöfen ꝛc. ist das doppelte Ausmaß nicht zu groß. Man mag sich nur berechnen, wie viel Wasser Wien sammt den Vororten bedarf und in Zukunft bedürfen wird, um sagen zu können, es hat genug Wasser.

Daß man die Kapazität der Reservoirs anders rechnen und zwar um so viel größer annehmen muß, als man Wasser zu besonderen Zwecken magaziniren will, ist wohl selbstverständlich.

Referent:

J. Arthur Oelwein.
Ingenieur und Bauinspektor.

II. Theil.

Topographie und Hydrographie des Wienthales, — Methoden der Regulirung, — Einwölbung der Wien, — Verwendung des Wienwassers als Trink- und Nutzwasser, zu industriellen, landwirth- schaftlichen und sonstigen Zwecken, — Projekt der Wienthal- Wasserleitung.

---

1. Topographie und Hydrographie des Wienfluß-Gebietes.

Das Gesammt-Niederschlagsgebiet der Wien bis zur Mündung in den Donaukanal beträgt rund 224·2 ▢ Klm.

Das Niederschlagsgebiet der Wien bis an die Grenze des westlichen Stadtgebietes beträgt rund 215·7 ▢ Klm.

In ihrem Laufe von Westen nach Osten theilt die Wien dies Gebiet in zwei Theile, von denen der nördliche ca. 1½mal so groß ist als der südliche. Die Wien enthält daher bei gleichmäßig vertheiltem Niederschlag von den nördlichen Zuflüssen ca. ½mal mehr Wasser als von den südlichen Zu- flüssen.

Das Gesammtgebiet zerfällt der Kultur nach in drei Gruppen.

Die erste Gruppe umfaßt den dicht bebauten und bevölkerten Stadttheil mit den Vororten Fünfhaus, Rudolfsheim, Sechs- haus, Gaudenzdorf, Meidling, Hietzing und Penzing mit ca. 25 ▢ Klm. Fläche.

In dem dicht bebauten Theile sind Straßen und Plätze zum größten Theile gepflastert oder chaussirt, der Untergrund kanalisirt und nur ein geringer Bruchtheil dieser Fläche entfällt auf Garten- und unbe- bauten öden Grund.

Die Niederschläge werden daher in diesem Gebiete zum geringsten Theile vom Boden aufgesogen. Stunden-Niederschläge von 2 bis 3 Mm. Höhe werden selbst bei vorher gegangener Trockenheit schon mit 40 bis 50 %, solche von 4 bis 5 Mm. mit 60 bis 70 % und höhere Niederschläge mit 80 bis 90 % ihres Volums abfließen. Länger andauernde Niederschläge werden mit noch höherem Perzentsatz und nahezu in der gleichen Zeit des Niederschlages, also in dem Maximum der Zeit, ablaufen.

In den Vororten Hietzing, Penzing, Meidling und Gaudenzdorf sind Straßen und Plätze ebenfalls gepflastert oder chaussirt und die Kanalisirung größtentheils durch- geführt.

Die Garten- und unbebauten Flächen betragen jedoch mehr als 50 % der Ge- sammtfläche, die Niederschläge werden daher in diesem Gebiete nicht so rapid und mit einem geringeren Perzentsatz abfließen.

Als vor ca. 50 Jahren das System der Kanalisirung allerorts im Weichbilde der Stadt beschlossen wurde, erbaute man, um die Fäkalstoffe, Abfallwässer ꝛc. nicht ins Gerinne der Wien leiten zu müssen, entlang der beiden Ufer die sogenannten Cholera-kanäle.

Der am linken Ufer der Wien erbaute Cholerakanal beginnt am Ende der Planken-gasse bei der Kreuzung mit der Hollergasse, jener am rechten Ufer an der Kreuzung der Maria Theresien- und Schönbrunnergasse, unmittelbar beim Schlosse Schönbrunn. Die Cholerakanäle wurden daher über das Weich-bild der Stadt bis in die Vororte ausge-dehnt.

Der linksseitige Kanal mündet in den Donaukanal oberhalb der Ausmündung der Wien, der rechtsseitige in der Nähe des Dampfschifffahrtsgebäudes unter den Weiß-gärbern.

Das anfängliche lichte Profil beträgt nur 0·8 M. Breite und 1·2 M. Höhe, also nur die Dimensionen eines kaum schlüpfbaren Kanals.

Das Niederschlagsgebiet dieser Cholera-kanäle beträgt

am linken Ufer 3·9 ☐Km.

„ rechten „ 13·4 „

Theilweise käme noch ein Theil des Niederschlagsgebietes des Ottakringer Baches (zusammen 0·8 ☐ Km.) hinzurechnen, der an der Elisabethbrücke einmündet, jedoch in die Kanäle der Ringstraße in der Nähe des Reichsrathsplatzes einen Ueberfall besitzt.

Die Durchflußprofile der beiden Kanal-stränge sind verschieden groß angelegt worden.

In der Nähe der Rudolfsbrücke beträgt das Durchflußprofil

des linksseitigen Kanals 2·54 ☐ M.

„ rechtsseitigen „ 2·30 „

In der Nähe der Stubenthor-Brücke des linksseitigen Kanals 3·54 ☐ M.

„ rechtsseitigen „ 4·15 „

Die Kanäle sind oben und unten ge-wölbt und mit lothrechten Widerlagern her-gestellt.

Die Sohle der Kanäle befindet sich an der Stadtgrenze 1·6 M. beim linksseitigen Kanal und 3·3 M. beim rechtsseitigen Kanal über der Sohle der Wien; eine direkte Ein-leitung des Wienwassers behufs Durchspülung derselben ist daher nur mittels eines Zuleitungs-

kanals aus einem höher gelegenen Wien-flußprofil möglich.

Das Gefälle beider Kanäle ist ein ver-schiedenes unter sich und von der Wienfluß-sohle. Erst in der Nähe der Elisabethbrücke geht die Sohle der Kanäle im gleichen Niveau nahezu parallel zur Sohle des Flusses.

Die Cholerakanäle sollen nicht nur die Fäkalstoffe, sondern auch die Abfall- und Niederschlagswässer aus dem betreffenden Nie-derschlagsgebiete ableiten. Sie wurden jedoch anfangs mit einem viel zu kleinen Quer-schnitt angelegt und war man daher oft gezwungen, Ueberfälle direkt in das Gerinne der Wien einzuschalten, so daß sich die bei größeren Niederschlägen überfüllten Kanäle in die Wien entlasten.

Dieses Ueberfallwasser ist naturgemäß nicht bloßes Regenwasser, sondern enthält auch die flüssigen und breiartig erweichten Bestandtheile der Hauskanäle beigemengt.

Bei länger andauerndem Regen ist das Ueberfließen dieser stark verwässerten Fäkal-stoffe in das Wienflußgerinne ohne sanitären Nachtheil, bei einem kurz andauernden, hohen Niederschlag, wo die Ueberfälle nur kurze Zeit überfluthen, das Wienflußgerinne aber nicht so hoch geschwellt wird, um diese infiltrirten Wassermengen sofort rasch abzuleiten, versickern dieselben in der schottrigen Sohle und können dann allerdings dort in sanitärer Beziehung ungünstig wirken.

Eine permanente Verunreinigung*) des Wienflusses tritt durch die vielen Wäschereien, Färbereien, Gärbereien und anderen Indu-strien im untern Theile der Wien, durch die Ablaufwässer der Gasanstalt in Gaudenz-dorf, durch den unterhalb der Stiegerbrücke ausmündenden Entlassungs-Kanal des Cholera-kanals, die vielen direkt in den Fluß ein-mündenden Hauskanäle und endlich durch das Hineinwerfen von Schutt und Abfällen ein. In der Strecke oberhalb des Schlachthauses und der Gasanstalt sieht man an mehreren Punkten solche Schuttkegel an der Böschung und den Futtermauern von ansehnlichem Umfange.

Die letzterwähnte Strecke des Wienflusses zwischen Gaudensdorf und Sechshaus bietet auch in seinen Ufern ein wahrhaft trost-

---

*) Siehe Monographie b des I. Theiles.

loses Bild.' Man sieht Stützmauern verschiedenster Form, unterbrochen durch ganz uniforme Erd-Böschungen, die oft kaum 2 M. über die Flußsohle reichen, ohne jeden Anschluß an letztere; Holzbaraken bis an die Ufer angebaut innerhalb der Inundation eines mittelmäßigen Hochwassers; sogar den Hof eines Hauses mit einem Hoftrakt, kaum 1 Meter über der Flußsohle, der nur durch eine Zwischenmauer vom Flusse getrennt ist. Zwischen diesem baulichen Rumpelwerk fließt heute am 13. Juli eine ekelerregende stinkende, verjauchte Pfütze.*)

Die zweite Gruppe umfaßt die weiter entlegenen Vororte St. Veit, Lainz, Speising, dann die Ortschaften an der Wien, wie: Hacking, Baumgarten, Hütteldorf, Weidlingau, Haderdorf, Purkersdorf, Preßbaum, Pfalgau, Neckawinkel und das in der Thalsohle der Wien gelegene Gebiet von Gärten, Wiesen und Aeckern bis an den Fuß des steilen ansteigenden Geländes in der Ausdehnung von circa 18 Quadratkilom.

Das Gefälle dieses Gebietes gegen den Fluß ist ein geringes, die vorbauten Flächen, die gepflasterten und chaussirten Straßen und Plätze bilden nur ein geringes Perzent der ganzen Fläche, die Niederschläge versiegen bei kurzer Dauer und geringerer Quantität fast gänzlich in dem Diluvialboden, selbst bei größeren und länger andauernden Niederschlägen steigt die abfließende Menge kaum über 40 Perzent des Niederschlagsquantums.

In den erstgenannten Ortschaften ist die Kanalisirung nur sporadisch eingeführt, und endet da immer mit der Mündung in die Wien. — Meist sind nur Senkgruben ausgeführt; die Ueberlauf- und Tagwässer fließen direkt oder durch die Straßengräben, oder durch besonders hergestellte Abläufe in die Wien.

Eine nennenswerthe Verunreinigung der Wien tritt erst von Purkersdorf abwärts ein — zuerst durch die Ausläufe der dicht an der Wien und Seitenbächen angesiedelten Häuser und Villen in Oberweidlingau, Weidlingau, dann durch die Ablaufswässer des Hütteldorfer Bräu-

*) Nach einem Hochwasser oder höheren Wasserstand, wenn das Gerinne vollständig durchgespült ist, fließt dort einige Zeit krystallisirtes Wasser im Bette, leider nur eine sehr kurze Zeit.

hauses und die in den Halterbach und die Wien abgeleiteten Hauskanäle aus den Ortschaften Hütteldorf, Hacking und St. Veit und die Farbwässer der Vossischen Fabrik bei St. Veit.

Von einer intensiveren Verunreinigung kann aber auch hier erst abwärts Weidlingau, gesprochen werden; die politische Behörde hat bisher oberhalb Hütteldorf noch immer die Gewinnung des Eises im Flußgerinne für das Bräuhaus auf Grund von sanitären Gutachtes jährlich bewilligt.

In die dritte Gruppe mit circa 181·2 Quadrat-Kilom. fällt das übrige, meist hügelige und selbst bergige Terrain des Quellengebiets und der seitlichen Zuflüsse der Wien.

Aus den Längenprofilen der Seitenbäche und den Höhen der Wasserscheiden über der Thalsohle ist zu ersehen, daß die Seitengebiete im Gerinne steil ansteigende Parabeln sind.

Die Niederschläge, die im Gebiete längs der Wasserscheiden niederfallen, müßten bei diesen Gefällen mit rapider Geschwindigkeit herabfließen, wären nicht gerade die obersten Gehänge oft bis zur Thalsohle herab dicht bewaldet, oder als Wiesen kultivirt. Ein rapider Abfluß des Wassers wird daher bedeutend ermäßigt und das Versickern in den Boden begünstigt. Diese Kultur hat noch den weiteren günstigen Einfluß, die Geschiebebildung zu mäßigen, so daß in der That eine solche meistentheils erst in dem unteren Laufe der Bäche zu beobachten ist, wo das Wasser über steinigen Untergrund fließt, oder die Ufer unterwäscht und zum Einbruche bringt.

Der Abfluß der Niederschläge von 2—5 Mm. per Stunde ist daher kaum fühlbar im Gerinne, selbst wenn der Regen 24 Stunden andauert, erst länger andauernde Regen, oder höhere Niederschläge schwellen die Wasserstände, die dann rasch abfließen.

Wenn man aus der Analogie mit anderen Flüssen und Gerinnen einen Schluß ziehen will, so kann man behaupten, daß bei den vorhandenen Flußprofilen selbst Landregen von 8 Tagen Dauer mit einem gleichmäßig vertheilten Tages-Niederschlag von 25 Mm. die vorhandenen Flußprofile kaum auf die Hälfte ihrer Kapazität anfüllen; daß solche Tagesniederschläge von selbst bis 100 Mm. das Flußgerinne, wenn es einigermaßen

9*

regulirt wäre, noch nirgends überfüllen,*) und nur Gewitterregen und Wolkenbrüche Veranlassung zu Ueberschwemmungen geben können.

Aus dem Gesagten erhellt, daß eine Abholzung dieses Gebietes, eine Verwandlung der Wiesen und Wälder in Ackerböden jedenfalls dieses heute günstig zu nennende Regime nachtheilig beeinflussen müßte.

Die geologische Formation und die Kultur-Verhältnisse sind in einem besonderen Kapitel behandelt.

Das Gesagte bezog sich auf die Verhältnisse des Gebietes. Wir müssen nunmehr den Wienfluß speziell besprechen.

2. Topographie und Hydrographie des Wienflusses. (Taf. IX u. X.)

Als Ursprung der Wien kann die östliche Abdachung zwischen dem Käferleithenberg, drei Bergen, Tachsbauberg, Kaiserbrunnberg, Reschelberg und dem kleinen Stiefel gelten. Dort entspringen in der Pfalzau der vordere und hintere Pfalzauer-Bach, im Türenwienthal die dürre Wien, von Reckawinkel ein Gerinne ohne Namen, zwischen Reschelberg und dem Korriegel das Pelzergrabenwasser.

Der Pfalzauer-Bach entspringt am höchsten, circa 620 M., die anderen Zuflüsse in der Höhe zwischen 420–510 M. über dem

*) Siehe Hochwasser vom 28. und 29. Juli 1862, Post Nr. 9, Tabelle auf pag. 79, das bei 104 Mm. Tages Niederschlag (Zöbling) das Flußprofil in Wien kaum zur Hälfte enfüllte.

Triester Pegel. Der Pfalzauer-Bach hat somit auch das relativ größte anfängliche Gefälle.

Die dürre Wien, der Pelzergraben und der von Reckawinkel kommende Graben vereinigen sich nach kurzem Laufe von circa 2 Kilom. Bei Pfalzau mündet der Pfalzauer-Bach ein. Von da an hat die Wien bereits ein Gerinne von circa 5—6 M. Sohlenbreite mit einem Durchflußquerschnitt von circa 14 Quadratmeter.

Am linken Ufer münden dann in die Wien außer vielen kleinen meist trockenen Gräben: der Weidlingbach (4380 M. lang), Tullnerbach (5200 M.), große (3040 M.) und kleine Steinbach (1800 M.), die Gablitz (9600 M.), der Mauerbach (13200 M.), Halterbach (6800 M.), Rosenbach (2280 M.), und Amasbach*) (3960 M.).

Am rechten Ufer: Der Breutenbach (4000 M.), der Thon- oder Taubach (3200 M.), Pannzenbach (4040 M.), das Rothwasser (5680 M.), der Grünauerbach (2670 M.) und der Lainzer-Bach (8600 M.).

Das Gesammtgefälle der Wien (vom Ursprunge des Pfalzauerbaches an) bis zur Mündung in den Donaukanal beträgt rund 468 M. bei einer Gesammtlänge von 34·18 Kilom.

In dieser Strecke vertheilen sich die Durchschnittsgefälle, wie solche eben nur aus den Schichtenkarten des geographischen Institutes herausgezogen werden konnten, auf die einzelnen Strecken, wie folgt:

*) Auch Ameisenbach.

In der Strecke der Wien	Länge in Metern	Durchschnitts-Gefälle
Pfalzauer-Bach	2·000	0·0500
"	1·000	0·0500
" "	1·000	0·0360
" "	1·000	0·0230
Zusammenfluß der Dürrewien .	1·170	0·0170
Zufluß des Weidlingbaches	·990	0·0140
" Wolfsgrabens	2·160	0·0120
" Thonbaches	2·190	0·0083
Bei der Purkersdorfer-Wehre .	1·810	0·0058
" " Weidlingauer-Wehre .	6·040	0·0050
" " Eisenbahnbrücke ..	4·820	0·0046
" " Stadtgrenze	4·170	0·0043
bis zur Mündung	5·030	0·0033
	34·180	. . .

Genauere Daten könnten nur auf Grund eines Detail-Nivellements, das bei der Ausarbeitung eines Regulirungsprojektes ohnehin erfolgen muß, gegeben werden. Die auf diese Werthe in der Folge berechneten Resultate wären dann entsprechend zu rektifiziren.

3. Flußprofile.

Als charakteristische Flußprofile der Wien citiren wir:

1. Unterhalb des Zusammenflusses des Pfalzauer Baches, des Pelzergraben- und Reckawinkelgraben-Wassers oberhalb Preßbaum in einer regulären Strecke des Gerinnes.

Sohlenweite . . . 5·5 M.
Höchste Fluthhöhe 1·8 „
Wasserquerschnitt: 14·2 □M.

2. Durchflußprofil der Wienbrücke beim Teutschwald, erbaut im Jahre 1880, nach dem Hochwasser im gleichen Jahre dort der höchste Wasserstand verzeichnet.

Breite zwischen den Widerlagern 13·6 M.
Fluthhöhe . . . . 3·7 „
Wasserquerschnitt 50·3 □M.

Im Jahre 1880 reichte der Wasserstand bis an die Unterkante der Konstruktion.

3. Bei der Wienbrücke der Penzing-Hetzendorfer Bahn das behördlich festgestellte Wienflußprofil.

Sohlenbreite . . . . 26·55 M.
Wasserspiegelbreite . 36·03 „
Bei Fluthhöhe von . 3·63 „
Wasserquerschnitt 113·58 □M.

4. Normalprofil in der Wien innerhalb des Weichbildes der Stadt nächst der Rudolfsbrücke, vom Stadtbauamte aufgestellt, mit dem Wasserstand des Hochwassers im Jahre 1851:

Sohlenbreite 20·40 M.
Fluthhöhe . 4·70 „
Wasserquerschnitt 115·34 □M.

4. Geschiebebildung.*)

Wie bereits bemerkt wurde, ist die Geschiebebildung sowohl in den Neben- wie in oberen Wienflußgebiet-Zuflüssen, wie auch

*) Siehe Monografie 2 des I. Theiles.

in der Wien selbst bis zur Einmündung des Paunzenbaches nur eine geringe. Die Bewaldung und die dichte Rasendecke schützen den steinigen Untergrund vor der Verwitterung; bloßgelegte Stellen kommen nur selten vor und in den Steinbrüchen ist es zu beobachten, daß der zähe thonige Sandstein nicht zerbröckelt und Schutthalden bildet, wie z. B. die Kalksteine der Jura- und Kreideformation, die durch die Witterungseinflüsse abwittern, dann bei Gewitterregen ins Gerinne gerissen und herabgeschwemmt werden.

Die Sandsteine des Wienthales verwittern an der Oberfläche; die sich bildende schlammige Schichte wird vom Regen abgewaschen, die losgetrennten Geschiebe runden und verkleinern sich sehr rasch; selbst Fröste üben bei der großen Elasticität des Steines nicht die zerstörende Wirkung, wie bei harten Gesteinsorten.

Im Mittellaufe sind es der Wolfsgrabenbach, Paunzenbach und der Rothwassergraben, die bereits Geschiebemengen, wenn auch nicht in nennenswerther Menge, zubringen. Der Weidlingbach und die beiden Steinbäche bringen nur wenig Geschiebe, die Gablitz fast gar keines, oder nur aus ihrem untersten Laufe. Viel Geschiebe bringen dagegen der Mauerbach und der Halterbach.

Der erstere, der Mauerbach, ist hierin einem Wildbach gleich zu halten. Bereits von Mauerbach herab (6 Kilom.) fließt er in mehr weniger tief eingeschnittenem Gerinne, hat stellenweise eine große Inundation, wo er bei kleineren Hochwässern große Geschiebemengen ablagert, um sie bei größeren Hochwässern der Wien zuzuführen.

Selbst seine Nebenbäche, wie der Stein-, Heimbach und der Rasbach führen Geschiebe aus den Gräben zu.

Der Mauerbach fließt in einem tief eingeschnittenen Gerinne, stellenweise durch Geschiebeablagerungen früherer Zeit. Vielfach wurden bereits Schwellen eingebaut, um das Geschiebe zurückzuhalten, oder dessen starkes Gefälle zu brechen.

Sowohl im Mauerbach wie im Halterbach läßt sich durch solche Schwellen das Geschiebe mit geringen Kosten zurückhalten und empfehlen wir die Herstellung für alle Fälle der Wienflußregulirung.

In der Wien treten größere Geschiebe-mengen erst unterhalb Preßbaum auf. Sie bestehen meistens noch aus eckigen kopf- und faustgroßen Steinen, denen man noch die Lagerflächen ansieht. Bis Purkersdorf fließt der Fluß im thonigen Untergrund zwischen Wiesen und stammen die dortigen Geschiebe größtentheils aus dem Wolfsgrabenbache und den Uferabbrüchen.

Die Strecke der Wien bei Purkersdorf von der Deutschwaldbrücke bis zur Keller-wiese ist dagegen eine der bösesten Strecken für Geschiebebildung.

Einestheils bringt der im eng eingeschnittenen Bette fließende Baunzenbach, dann der von der Rudolfshöhe kommende Graben größere Geschiebemengen mit, vornehmlich aber fließt die Wien selbst über steil einfallende lammartig vorstehende Sandsteinbänke, die das Wasser abbröckelt; endlich befindet sich dort am rechten Ufer eine Vergabenrutschung, die fortwährend Schuttmateriale dem Flusse liefert.

Bei jeder Art der Regulirung des Fluß-gerinnes muß dort die Rutschpartie durch Herstellung einer Stützmauer gegen stete Unterwaschung durch den Fluß gesichert werden.

Die von oben herab geführten Geschiebe haben dort bereits Faustgröße, sind schon abgerundet und leicht beweglich.

Von Purkersdorf bis zur Weidlingauer Wehre ist wenig neue Geschiebebildung.

Von da ab bringt der Mauerbach und Halterbach große Geschiebemengen zu. Die vom obern Theile der Wien mitgeführten Geschiebe sind bereits bedeutend verkleinert, vollends abgerundet, leicht beweglich, lagern sich in Anhäufungen an den convexen Ufern ab und bilden weitausgedehnte Schotterbänke.

Zwischen Hütteldorf und der Eisenbahn-brücke bei Unter-St. Veit ist das Flußbett gänzlich verwahrlost, Flußerweiterungen wechseln mit Flußhaltungen. Nach und nach hat sich dort die Inundationsgrenze des Bettes erweitert, das Flußbett dagegen stellenweise so erhöht, daß die Ufer nur 1½–2 Meter über die Sohle reichen. Die Schotterabla-gerungen reichen oft 1½–3 Meter auf den festen Untergrund.

In dieser verwilderten Partie lagert sich auch der meiste Theil des herabgeführten Geschiebes ab.

In Folge dieses Zustandes verändert sich dort die Flußrinne bei jedem Hochwasser, serpentinirt, erweitert durch fortwährenden Uferbruch das Flußbett. Siehe 1880 den großen Einbruch bei Baumgarten.

Begünstigt wird diese fortgesetzte Verwil-derung durch die ganz regellose Schotter-gewinnung im Flußbette, die regelmäßig in jedem Winter sich wiederholende Herstellung von Dämmen für die Stauung und Eis-gewinnung im Gerinne und endlich durch die gänzliche Apathie der Aurainer und größeren Grundbesitzer, die absolut nichts für die Regulirung des Flusses thun wollen, da es nicht des Geldes lohnt, den scheinbar dort noch werthlosen Grund zu schützen, und ihn solcherart lieber preisgeben.

Tritt einmal ein reißendes Hochwasser ein, so findet es dort die ausgedehnteste Schotterablagerung, und führt aus diesem Schotter-Recipienten die allerdings schon stark verkleinerten Geschiebe dem untern Theile des Flußgerinnes und dem Donaukanale zu.

Man darf sich jedoch trotzdem diese Geschiebe-mengen nicht als so gewaltige Massen wie bei einem Wildbach im Hochgebirge vorstellen. Dieselben werden in den Donaukanal geführt, von diesem jedoch bei seinem geringen Gefälle nur in geringem Perzentsatz fortgeführt. Die Baggerungen, die zeitweile daher vorgenommen werden müssen, um diese Ablagerungen aus dem Kanal zu entfernen, werden jedoch nur einmal alle 2 Jahre erforderlich, ein Be-weis, daß diese Mengen nicht so übergroß sein können.

Durch eine Regulirung des Flußufers in dieser Partie, Verengung des Flußgerinnes und Befestigung der Ufer wird das heutige Inundationsgebiet beschränkt, und diese Kala-mität größtentheils auch beseitigt werden.

Von der Stadtgrenze abwärts bis zur Mündung in den Donaukanal hat die Wien bereits durchwegs mehr weniger gut regulirte und verschiedene Ufer. Die Sohle befindet sich seit der Beseitigung der Schwelle unter der Eisen-bahnbrücke in fortwährendem Ausgleiche des Gefälles. Neue Geschiebe entstehen hier nicht mehr.

5. Allgemeine Charakteristik des Wienflusses.

Die Wien führt gewöhnlich nur wenig Wasser, bei Regengüssen und Wolkenbrüchen schwillt sie rasch an und wird zum reißenden und verheerenden Strome. Die Wien hat zwar periodisch wiederkehrende Hochwässer, aber keine solchen mit anhaltend hohem Wasserstande wie die Flüsse des Tieflandes; ihre Fluthen fallen ebenso rasch als sie ansteigen; sie führt bei Hochwässern Geschiebe mit. Die Quellen, die den Fluß speisen, sind sogenannte Hungerquellen, die bei großer Trockenheit größtentheils versiegen. Die Gefälle der Zuflüsse sind von den Wasserscheiden herab sehr steil, das Gefälle des Flusses verflacht sich rasch beim Austritt aus dem gebirgigen Theile des Niederschlagsgebietes. Alle diese Eigenschaften charakterisiren die Wien als einen Gebirgsfluß im eminenten Sinne, der bei jeder allfälligen Regulirung seines Gerinnes oder seiner Wasserstände als solcher behandelt werden muß.

6. Methoden der Regulirung.

Handelt es sich bloß um eine alleinige Regulirung des Wienflusses, und um ein sprechende Ermittlung eines Durchflußprofils in den einzelnen Strecken des Flußufers, damit bei Eintritt der größten Hochwässer die Wassermassen im Gerinne ablaufen können, ohne die Ufer zu überfluthen, so ist die erste Prämisse: die Kenntniß der Maximal-Abflußmenge in den einzelnen Theilstrecken des Flusses.

Bei Annahme einer mit Rücksicht auf die Bodenbeschaffenheit und die bereits vorhandenen Flußprofile in den regelmäßigen Strecken gewählten Fluthhöhe läßt sich nach Maßgabe des Gefälles die mittlere Geschwindigkeit, und dann auch das Querprofil des Gerinnes für die einzelnen Flußstrecken mit genügender Genauigkeit berechnen.

Hat man solcherart die Durchflußprofile einmal bestimmt, so ist es keine besonders schwierige Aufgabe mehr, mit Rücksicht auf die bestehenden Brücken, die bereits verbauten Ufer, den daran befindlichen Voluptuarbesitz die Richtungslinie des zu regulirenden Flusses und dessen Ufer zu ermitteln und schließlich auch die Typen für die Versicherung der Ufer selbst festzustellen.

Hat man dagegen die Absicht, eine Regulirung des Abflusses der Hochwässer durch Zuhilfenahme von Reservoirs und Thalsperren vorzunehmen, so hat man es auch in der Hand, das für die Abfuhr der Hochwässer erforderliche Flußprofil der Wien innerhalb gewisser Grenzen beliebig zu verringern.

Beide Methoden dieser Regulirung werden in den nächsten Kapiteln besonders erörtert werden.

7. Ermittlung der Durchflußprofile für eine Regulirung der Wien zu Zwecken der Abfuhr der Hochwässer.

Wir haben es unternommen, wenigstens annähernd solche Durchflußprofile festzustellen, — annähernd deshalb, da uns ein genaues Längenprofil der Wien außerhalb der Stadtgrenze nicht vorlag, wir daher auch nur die Gefälle aus Schichtenplänen gezogen in Rechnung nehmen konnten.

Wir besitzen sowohl in den früher genannten fünf Flußprofilen, ferner an den Durchflußprofilen der innerhalb der Linien Wiens seit Jahrzehnten bestehenden Wien brücken, endlich in der vom Stadtbauamte unmittelbar nach der Katastrophe vom 18. Mai 1851 gemachten geodätischen und hydrographischen Aufnahme des Flußlaufes genügende Anhaltspunkte, um wenigstens für die in den letzten 50 Jahren bekannten größten Hochwässer die Grundlagen zur Berechnung der genügend großen Durchflußprofile in den einzelnen Flußstrecken aufstellen zu können.

Unter den vielen Wienbrücken nennen wir vor allen:

1. Die Stubenthorbrücke, 1397 bis 1404 erbaut, früher mit 8, jetzt mit 7 gewölbten Oeffnungen. Das frühere lichte Durchflußprofil betrug 241 □ M., das jetzige 210 □ M. Sie besteht also 478 Jahre und hat somit den Hochwässern eine sehr geraume Zeit als Durchfluß gedient. An der-

selben ist die Höhe des Hochwassers vom Jahre 1851 eingemessen.

2. Die Rudolfsbrücke, im Jahre 1819 als Kettenbrücke erbaut, wurde im Jahre 1828 in ihrem heutigen Zustande dem Verkehre übergeben. Lichtes Durchflußprofile 196 $\square$.M., mit einer Kote des Hochwassers vom Jahre 1851.

3. Der Schikanedersteg, im Jahre 1828 erbaut, hat einen lichten Durchflußraum von 164 $\square$.M., mit einer Kote des Hochwassers vom Jahre 1851.

Von neueren Objekten:

4. Die Radetzkybrücke, im Jahre 1855 im jetzigen Zustande neu hergestellt, mit einem lichten Durchflußprofil von 206 $\square$.M.

5. Schwarzenbergbrücke, im Jahre 1865 dem Verkehre übergeben. Lichter Durchflußraum unter derselben 180 $\square$.M.

6. Die Elisabethbrücke, im Jahre 1854 erbaut, hat einen lichten Durchflußraum von 283 $\square$.M.

7. Die Leopoldsbrücke, früher Theatersteg, im Jahre 1860 umgebaut, hat einen lichten Durchflußraum von 125 $\square$.M.

8. Pilgrambrücke, früher Stärkmachersteg, im Jahre 1867 umgebaut, hat ein lichtes Durchflußprofil von 145 $\square$.M.

9. Die Revillebrücke, im Jahre 1854 eröffnet, hat ein lichtes Durchflußprofil von 184 $\square$.M.

10. Die heutige Schlachthausbrücke, im Jahre 1873 erbaut, hat ein lichtes Durchflußprofil von 203 $\square$.M.

8. Grundlagen der Berechnung der Maximal-Abflußmenge im Wienflusse.

Wir können mit vollster Beruhigung den Hochwasserstand vom 18. Mai 1851 als denjenigen annehmen, bei dem die größte Abflußmenge per Sekunde in der Wien abgeronnen ist, denn selbst bei der seit 478 Jahren bestehenden Stubenthorbrücke, durch die also alle Hochwässer eines halben Säculums abflossen, erreichte das damalige Hochwasser eine Höhe über den Kämpfern, die kaum mehr hätte überschritten werden können, ohne daß das Objekt zerstört worden wäre.

Die Aufnahmen des Wienprofiles vor und nach diesem Hochwasser haben wir im Stadtbauamte vorgefunden, und zeigten uns diese namentlich, daß dieses Hochwasser eine außergewöhnliche Vertiefung der altbestandenen Flußsohle herbeiführte, welcher Umstand uns auch die Erklärung gab, daß die in der Monographie G des I. Theiles geschilderten Ueberschwemmungs-Katastrophen früherer Jahre deshalb so große Verwüstungen anrichten konnten, weil das Flußbett der Wien damals nicht so stark eingeschnitten war und die Ufer daher um so leichter auch bei geringerer Abflußmenge per Sekunde überschwemmt werden konnten.

Wir wählten speziell die Strecke zwischen dem Theater*) und Schikanedersteg als die geradeste und damals schon bestregulirte zur weiteren Berechnung und fanden dort die Wasser-Durchflußprofile **nach dem Hochwasser** bei der höchsten Kulmination des Wasserstandes:

1. Bei der Schikanederbrücke mit . . . . $120._1 \square^m.$
2. beim Theatersteg . . . . $125._2 \square^m.$

verzeichnet.

Das mittlere Hochwasser-Durchflußprofil war somit in dieser Strecke:

$$\frac{120._1 + 125._2}{2} = 122._2 \square^m.$$

Allerdings konnte nicht entnommen werden, ob dieses Durchflußprofil thatsächlich bei der Kulmination des Hochwasserstandes bereits vorhanden war, oder ob nicht, was anzunehmen ist, erst nachträglich die volle Vertiefung der Flußsohle eingetreten ist.

Leider geben die wenigen als verläßlich anzunehmenden Hochwassermarken kein ebenso genügend richtiges Resultat für das Hochwassergefälle in dieser Strecke. Nach den Original-Aufnahmen wäre es 0.₀₀₀₀ gewesen, mußte jedoch nach Angaben in weiterem Längenprofile bestritten werden.

Vollkommen verläßliche Angaben für die damalige Ueberfallshöhe am Gaudenzdorfer Wehr, das das Hochwasser überdauerte, sind nach Angabe des Stadtbauamtes nicht vorhanden, sonst hätten wir durch Berechnung

*) Jetzige Leopoldsbrücke.

der Max.-Abflußmenge an diesem Wehr eine sichere Kontrole für die ermittelte Abflußmenge in dem Wienflußprofile zwischen den genannten Stegen finden können.

Nachdem jedoch nach Angabe des Stadtbauamtes seit dem Jahre 1851 einigermaßen einflußnehmende Veränderungen in der Flußsohle in dieser Strecke nicht mehr eintraten und die seitherigen Regulirungsarbeiten sich nur auf eine bloße Planirung der Sohle im Quer- und Längenprofil beschränkten, so konnten wir die auf Grund der erhobenen Hochwasserstände im Jahre 1881 berechneten Gefälle für die Strecke zwischen Theater- und Schikanedersteg zur Berechnung der Max.-Durchflußmenge im Jahre 1851 verwenden.

Die folgende Berechnung der Max.-Durchflußmenge ist also mit Zugrundelegung des ganzen Durchflußprofiles in der Kulmination des Hochwasserstandes vom Jahre 1851 und des aus dem Hochwasser des Jahres 1881 erhobenen lokalen Gefälles vorgenommen worden und glauben wir darin eine genügende Sicherheit zu finden, indem wir das volle Durchflußprofil, aufgenommen nach dem Hochwasser, in Rechnung gezogen haben, während es während der Kulmination des Hochwasserstandes nur kleiner, aber nie größer gewesen sein konnte.

9. Berechnung der größten Abflußmenge im Wienfluß-Gerinne zwischen dem Theatersteg und der Schikanederbrücke.

Wir benützen für die Berechnung die Formel von Ganguillet-Kutter:

$$v = \frac{23 + \frac{0.00155}{J} + \frac{1}{n}}{1 + \left(23 + \frac{0.00155}{J}\right)\frac{n}{\sqrt{R}}} \cdot \sqrt{R J}$$

Setzt man den ganzen Koeffizienten = c

so ist: $v = c \cdot \sqrt{R J}$

$$R = \frac{122.7}{37.5} = 3.2763$$

$$J = 0.00300$$

$$n = 0.025, \quad \frac{1}{n} = 40$$

(Für Flüsse und Bäche mit kleinen Geschieben:)

und c = 47.9 *)

$$v = 47.9 \sqrt{3.2763 \cdot 0.003}$$

$$v = 4.75 \text{ M.}$$

Abflußmenge $M = F. \; v = 4.75 \times 122.7$

$$= 583 \text{ Kub.-M.**)}$$

Es sind somit 583 Kubik-M. per Sekunde im Wienflußgerinne zur Zeit der Kulmination des Hochwassers im Jahre 1851 zwischen dem Theater- und Schikanedersteg (in der Fortsetzung der Theatergasse IV. Bezirk) abgeflossen.

Wollen wir jedoch die volle Abflußmenge aus dem zugehörigen Niederschlagsgebiete kennen, so kommt noch die durch die Choleralanäle gleichzeitig abgeführte Wassermenge zuzuschlagen, die bei vollaugefülltem Profil (4.84 □.M.) in der Nähe der Rudolfsbrücke rund 12.0 Kubik.-M., bei der Stubenthorbrücke (7.69 □.M.) 15.8 Kubik-M. beträgt.

Wir werden also in dem genannten Profil in der Nähe der Leopoldsbrücke mit einer Maximalabflußmenge per Sekunde von 595 Cm. zu rechnen haben.

---

*) In der ganzen Wienflußstrecke innerhalb des Stadtgebietes variirt c zwischen 47.8 und 48.2, kann also bei gemeinsamer Rechnung der Quantität (bei Hochwässern) in den einzelnen Flußprofilen mit rund 48.0 in Rechnung genommen werden.

**) Bemerkung. Das Stadtbauamt hat bei seinen bisherigen Quantitätsberechnungen stets mit dem Koeffizienten c = 0.030, der für Flüsse und Bäche mit erdigen Ufern, größeren Geschieben und Wasserpflanzen gilt, gerechnet. Mit diesem Koeffizienten ergäbe die Rechnung im vorgenannten Flußprofil bei der Kulmination des Wasserstandes vom 18. Mai 1851 eine neue Max.-Abflußmenge per Sekunde von 497 Kub.-M.

Da jedoch beim Hochwasser vom 18. Mai 1851 die Böschungen der Wien bereits gepflastert waren, so erachten wir es für richtiger, für das geschlossene langfristig tief eingeschnittene Profil, in dem nur mehr kleines Geschiebe fortbewegt wird, den Koeffizienten n = 0.025 aufzunehmen.

Wenn man übrigens reziprok den gleichen Koeffizienten auch für die Berechnung der offenen Durchflußprofile in den Wien anwendet, so kommt man auch bei obiger Annahme auf die fast gleichen Durchfluß-Querschnitte, wie wir sie auf pag. 76 ermittelten.

Einen maßgebenden Einfluß übt unsere Annahme daher nur für die Berechnung der Kunstprofile für die Einwölbung, weil dann je nach der Rauigkeit des Mauerwerkes der Koeffizient n zwischen 0.017 und 0.010 variirt. Wir haben n = 0.017 in Rechnung gesetzt.

10

Diesem Flußprofil entspricht ein Niederschlagsgebiet von:

a) Außerhalb des Stadt-
   gebietes . . . . . 215·7 □Kilometer
b) Stadtgebiet . . . 3·1 „

Gesammtniederschlags-
gebiet . . . . . 218·8 □Kilometer
während das Nieder-
schlagsgebiet an der Stu-
benthorbrücke . . . . 223·0 □Kilometer
beträgt.

Dividirt man die per Sekunde abgeflossene
Maximal-Wassermenge durch die Fläche des
zugehörigen Niederschlagsgebietes, so erhält
man: 595.000 Cm. : 218,800.000 □Meter

$$= 0,00272 \text{ Mm.}$$

als Abflußschichte, die durchschnittlich
per Sekunde, über das ganze Gebiet
gleichmäßig vertheilt, im Flußgerinne
an der Leopoldsbrücke abgeflossen ist.

Diese Wasserschichte gibt einen durchschnittlichen Stundenabfluß von
9,792 Mm.

Könnte man die Annahme machen, daß
eine gleichmäßig auf das ganze Niederschlagsgebiet vertheilte Wasserschichte zum Ablauf
kommt, daß also konsequenter Weise auch ein
über die ganze Fläche vertheilter, dem lokalen
Gefälle und der Ablaufgeschwindigkeit entsprechender, dieser Wasserschichte analoger Niederschlag erfolgt, so könnte man obige Höhe
der Wasserschichte der Berechnung der einzelnen
Durchflußprofile in den zugehörigen Strecken
der Wien zu Grunde legen, und bedürfte es
nur der Kenntniß des betreffenden Niederschlagsgebietes und des Gefälles in jener
Theilstrecke, um bei Annahme der den lokalen
Verhältnissen entsprechenden Muthhöhe das zugehörige Durchflußprofil zu berechnen.

Schon die Regenkarte für die Niederschläge für die Periode vom 11.—15. Mai
1881 (Taf. VI.) zeigt, daß die Höhe des
Niederschlags sehr ungleich im Gesammt-
gebiete vertheilt ist, und daß diese Niederschlagshöhen damals von 150 bis 220 Mm.
variirten.

An dem Durchschnitts-Niederschlag dieser
Periode per 200 Mm. partizipirten nämlich:

1 % des Gesammtgebietes mit	75 %	
2 „	„	„	80 „
3 „	„	„	85 „
7 „	„	„	90 „
19 „	„	„	95 „
27 „	„	„	100 „
22 „	„	„	105 „
18 „	„	„	110 „

(vom mittleren Niederschlag)

Die Erfahrung zeigt ferner im Allgemeinen immer dasselbe Bild, daß Gewitterregen und Wolkenbrüche mit ihrer größten
Intensität nur einzelne Theile des ganzen
Niederschlagsgebietes treffen.

Wir sehen dies bei dem Hochwasser vom
13. August 1880, das damals den höchstbekanntesten Wasserstand seit 50 Jahren im
obern Flußgebiete ergab, während das Fluß
gerinne im untern Wienthalgebiete die Wassermassen ohne Ueberfluthung des Gerinnes
abführte, weil der Wolkenbruch im oberen
Niederschlagsgebiete niederging; — wir sehen
dies bei dem Hochwasser vom Jahre 1881,
wo wieder im abwärts gelegenen Flußgerinne
ein Hochwasser abfloß, während im oberen
Laufe der Fluß nur mäßig angeschwollen
war, weil der Wolkenbruch nur in der mittleren und nördlich gelegenen Zone, vorwiegend
im Thiergarten-, Mauerbach- und Hallerbach-
gebiete niederging. Der Mauerbach hatte
damals den höchstbekanntesten Wasserstand.

Selbst bei langandauernden Landregen
sind es immer erst in einem Theile des Gebietes hinzutretende Wolkenbrüche, die die
Ueberschwemmung veranlassen.

Will man also die Durchflußprofile für
die höchsten voraussichtlichen Wasserstände
in den einzelnen Flußstrecken rechnen, so
genügt nicht die bloße Kenntniß der Maximal-
Abflußschichte an der Wurzel des Niederschlagsgebietes, weil diese nur einen Durchschnitts-
werth des größten Abflusses aus dem ganzen
Gebiete repräsentirt, man muß wenigstens
annähernd auch das Maximum der Abflußschichte kennen, die in jener Zone, wo der
größte Niederschlag erfolgte, zum Ablauf kam.

Wir besitzen jedoch über das das Hoch-
wasser vom 18. Mai 1851 veranlassenden
Niederschlag weder eine Regenkarte mit der
Einzeichnung der Niederschlagsdichte in den
verschiedenen Zonen des Gebietes, noch den
Umfang dieser Zonen, um proportional des

Verhältniß des Maximums der Ablaufschichte an der Wurzel, die direkt berechnet
wurde, zu dem Maximum der Ablaufschichte
in der Zone des größten Niederschlags zur
selben Zeit festzustellen zu können.

Selbst die Regenkarte der Niederschläge
vom 11.—15. Mai 1881 gibt uns keinen
genügenden Anhaltspunkt auch nur für ein
annäherndes Calcul, denn sie umfaßt eine
fünftägige Periode, während das Verhältniß
der beiden Maxima nur aus Beobachtungen
jener Niederschläge abgeleitet werden könnte,
die unmittelbar die Ueberschwemmung ver-
ursachten, die also in einer viel kürzeren
Zeitfrist (etwa $1\frac{1}{2}$—2 Stunden) der Kulmination des gemessenen Hochwasserstandes
vorangingen.

Seitdem die meteorologische Reichsanstalt
die Beobachtungen der Niederschläge mit einem
Registrir-Ombrometer in Intervallen von 10
zu 10 Minuten macht (seit 1880), wird
sich dieses Verhältniß mit der Zeit wenigstens im Allgemeinen ziemlich genau feststellen
lassen, heute mußten wir uns, da nur die
Facsimiles von Gewitterregen der letzten
2 Jahre vorlagen, mit einer solchen Annahme
begnügen, die mindestens die volle Gewähr
für einen genügend hohen Zuschlag gibt.

Wir nahmen an, daß das direkt ermittelte Maximum der Abflußschichte an der
Wurzel des Niederschlagsgebietes in jener
Zone, wo in der gleichen Zeitperiode der
größte Niederschlag erfolgte, noch um 40%
überschritten wird.

Die Maximal-Abflußschichte an
der Leopoldsbrücke wurde durch Rechnung
ermittelt mit per Sekunde . 0.5272 Mm.

Das Maximum der
Abflußschichte für einen Theil
des Niederschlaggebietes wäre
dann (40% höher) . . . 0.0381 Mm.
oder per Stunde . . . . 13.716 „

Theilt man nun das ganze Niederschlagsgebiet, in augenommen: 6 gleiche Zonen, und
verlegt, den ungünstigsten Fall vorausgesetzt,
die Zone des dichtesten Niederschlags, somit
des größten Abflusses in das oberste Gebiet,
so entfällt, während man die Abflußschichte
für die zwischen liegenden Zonen innerhalb
der beiden Maxima interpolirt, für jede
dieser Zonen à 37.37 Quadrat-Kil., eine
in Rechnung zu ziehende Abflußschichte
in Millimetern von:

Zonen	pr. Stunde	pr. Sekunde
I. Zone . . .	13.716	0.00381
II. „ . . .	12.960	0.00360
III. „ . . .	12.164	0.00334
IV. „ . . .	11.376	0.00316
V. „ . . .	10.584	0.00294
VI. „ . . .	9.792	0.00272

Die Korrektur, daß in der VI. Zone,
in die das Stadtgebiet fällt, naturgemäß bei
einem größten Niederschlag ein noch höheres
Perzent abfließt, als in den anderen Zonen,
wo keine so dichte Verbauung und keine
gepflasterten Straßen vorkommen, daher in
den anderen Gebieten eine entsprechende
Herabminderung der ermittelten Abflußmenge
auf Kosten der VI. Zone vorgenommen
werden sollte, haben wir vernachlässigt.

Ermittlung der Durchfluß-Profile im Wienflusse.

Profil-Nr.	In der Flußstrecke	Bei Kilomet. vom Ursprung ab	Bei einem Gefälle von	Nieder- schlags- Gebiet in □Kilom. per Secunde	Abfluß- schichte in Millimeter per Secunde	Abfluß- menge per Secunde in Cub.-M.	Durchfluß-Profil			
							bei einer Fluth- höhe in Meter	Mittlere Ge- schwin- digkeit in Meter per Sec.	einge- theiltes Cur- profil in □Met.	der Fluth
	A. Außerhalb des Stadtgebietes:									
I	Am Zusammenfluß mit der Dürrnwien	6·2	0·0170	24·0	0·00381	91	1·8	6·04	15·1	5·7
II	Unterhalb der Mündung des Inzerbaches	11·1	0·0083	65·0	0·00366	23	2·4	5·53	43·1	14·5
III	„ „ „ Panzenbaches	15·0	0·0055	105·4	0·00342	361	3·0	5·22	69·0	18·5
IV	„ „ „ Gablitzbaches	20·2	0·0050	154·7	0·00316	489	3·2	5·27	92·8	24·2
V	„ „ „ Halterbaches	23·0	0·0048	181·1	0·00294	532	3·3	5·30	100·4	25·5
VI	„ „ „ rainzerbaches	28·0	0·0043	211·7	0·00276	584	3·3	5·10	114·7	29·5
	B. Innerhalb des Stadtgebietes.									
VII	Zwischen Linie und der Neville-Brücke	29·15 29·87	0·0033	216·1	0·00272	588	3·5⁴)	4·62	127·3	31·1
VIII	„ Neville- und Pilgram-Brücke	29·87 30·53	0·0063	218·1	0·00272	593	4·0	5·04	117·6	23·4
IX	„ Pilgram*) und Rudolfs-Brücke	30·53 31·21	0·0049	219·5	0·00272	597	4·40²)	5·90	101·2	16·5
X	„ Rudolfs- und Schikaneder-Brücke	31·21 31·83	0·0032	220·6	0·00272	600	4·70	5·00	120·0	18·5
XI	„ Schikaneder- und Schwarzenberg- Brücke	31·83 32·59	0·0032	222·1	0·00272	604	4·70³)	5·01	120·6	18·4
XII	„ Schwarzenberg- und Stubenthor- Brücke	32·59 33·52	0·0028	223·8	0·00272	608	4·70⁴)	4·74	128·3	20·5
XIII	„ Stubenthor- und Radetzky-Brücke	33·52 34·08	0·0027	224·0	0·00272	608	4·70⁵)	4·67	130·4	26·7

*) Ohne Rücksicht auf die Stauschwelle.

¹) Das Straßen-Niveau der einen Seite befindet sich an der Gemeindegrenze nur 2·80 Meter über Flußsohle, auf der andern Seite 3·2 Meter. Da beiderseits Stützmauern sind, kann, da die Strecke nur kurz ist, die Straße erhöht, allenfalls ein Parapett erbaut werden. Bei der Verbindungsbahn-Brücke liegt das Straßen-Niveau bereits 3·7 über Sohle. — Das Profil an der Hetzendorfer Verbindungsbahn-Brücke ist bedenklich nur 3·63 Meter Höhe frei.

²) In einer kurzen Strecke zwischen Mölkergasse und Magdalenenkirche ist das rechte Ufer nur 3·90 Meter über Sohle, ferner 70 Meter vor der Rudolfsbrücke nur 3·60 Meter. — Magdalenenbrücke: Unterkante 4·58 Meter über 0 Wasser.

³) Schwarzenbergbrücke: Kämpferhöhe nur 1·70 und Bogenscheitel 6·60 Meter über 0 Wasser.

⁴) Tegetthofbrücke: Kämpferhöhe 3·76 Meter und Bogenscheitel 6·62 Meter über 0 Wasser. — Karolinenbrücke: Widerlager 3·69 Meter über 0 Wasser. — Stubenthorbrücke: Kämpferhöhe 2·76 Meter, Bogenscheitel 6·71 Meter über 0 Wasser.

⁵) Radetzkybrücke: Kämpferhöhe 4·80 Meter, Bogenscheitel 6·40 Meter über 0 Wasser.

Bemerkungen zur Tabelle.

Für die außerhalb des Stadtgebietes gelegenen Flußprofile I bis inkl. VI konnten nur generell die Gefälle ermittelt, und ebenso die Fluthhöhe nur approximativ angenommen werden.

Für die innerhalb des Stadtgebietes gelegenen Flußprofile VII bis inkl. XIII wurde das Gefälle aus der Fluthhöhe des Hochwassers vom Jahre 1881 ermittelt, entspricht also ziemlich genau auch einem höheren Wasserstand. Die Fluthhöhen wurden mit möglichster Rücksicht auf die vorhandenen Durchflußprofile, bestehenden Brücken und Uferhöhen bestimmt.

In der Strecke zwischen der Pilgram- und Rudolfsbrücke wurde ein vermitteltes Gefälle ohne Rücksicht auf die dortige Schwelle angenommen; sollte die dortige Wehre eines Tages fallen, so wird sich das Gefälle ausgleichen und wird dann das neue Gefälle bei Bestimmung der Durchflußprofile zu substituiren sein.

Während also die Werthe für die Flußprofile I und VI nur annähernd richtig sind und bei genauer Ermittlung der Detailgefälle von Fall zu Fall korrigirt werden müssen, sind die Resultate für die Flußprofile VII bis inkl. XIII, abgesehen von einer Gefälls-Ausgleichung, als entsprechende zu bezeichnen.

Allerdings liegt es in der Hand des Ingenieurs, bei Ausarbeitung eines Regulirungsprojektes andere Voraussetzungen zu machen, z. B. andere Stauhöhen, eine bestimmte Sohlenbreite oder Uferentfernung anzunehmen und werden sich dann allenfalls die Durchflußprofile vermindern oder vergrößern; allein wir glauben, daß mit Rücksicht auf den Bestand der Brücken die gegenwärtig angenommenen Bedingungen kaum viel geändert werden können.

In Kolonne 10 sind bei 1½ füßiger Böschung des Flußprofiles jene Sohlenbreiten angegeben, die den ermittelten Wasserprofil bei der genannten Fluthhöhe entsprechen.

Diese Ziffern für die Sohlenbreite und Fluthhöhe (Kolonne 10 und 7) führen zu dem Raisonnement, daß das heute bestehende Wienflußprofil von der Stadtgrenze bis zur Pilgrambrücke entschieden zu klein ist. Einer

Fluthhöhe von 3·5 M. zwischen der Linie und Revillebrücke, die bereits auf ca. 100 M. eine Erhöhung der Ufer verlangt, entspricht bei 1½ Böschung der Ufer eine Sohlenbreite von 31.1 M., während dort die Sohle nur 25·65, 29·2, 22·32 und 26·70 M. breit ist. Zwischen der Reville- und Pilgrambrücke erfordert die Sohle bei 4·0 M. Fluthhöhe im Flußprofil eine Breite von 23.4 M., während nur eine Sohle von 22·0, 19·3, 15·7, 21·35 und 22·5 M. vorhanden ist. Man wird daher in diesen Strecken zur Verbreiterung oder zur Anlage von Stützmauern schreiten müssen, welch letztere wohl schon heute theilweise vorhanden sind.

Von der Pilgrambrücke abwärts haben die Flußprofile genügende Sohlenbreite, in vielen Strecken sogar eine bedeutende Ueberbreite, wie zwischen der Schilaneder- und Schwarzenbergbrücke.

Vergleicht man die bestehenden Durchflußprofile der Brücken mit den Zahlen der Tabelle in Kolonne 9, so findet man, daß die Reinprechtsbrücke das berechnete Hochwasser nicht mehr durchläßt, die Magdalenenbrücke knapp das erforderliche Durchflußprofil hat, während alle anderen Brücken mehr weniger ausreichen, mehrere, wie die Elisabethbrücke, Zollamtsbrücke, sogar bedeutende Ueberbreiten haben.

Hiermit glauben wir dieses Kapitel schließen zu können und bemerken nur, daß für Bestimmung der Flußprofile in den Seitenbächen naturgemäß nicht die Maximalablaufschichte an der Wurzel des Gebietes, sondern die Maximalablaufschichte für einzelne Zonen des Gebietes in Rechnung gezogen werden muß, da jedes dieser Gebiete bei ihrer ungleich geringeren Ausdehnung leicht voll in die Zone der größten Dichte des Niederschlages fallen kann.

10. Vor- und Nachtheile dieser Art der Regulirung.

Als Vortheil gilt, daß diese Art der Regulirung die landläufige, der großen Masse verständliche ist, daher sachlich am wenigsten auf einen Widerstand stoßen wird. Die Durchführung kann auf mehrere Jahre vertheilt werden und bietet keine großen Schwierigkeiten, sobald die Geldmittel hiefür beschafft sind.

Mit der Kostenfrage selbst haben wir uns nicht beschäftigt, allein es mag gesagt sein, daß die Ausführungskosten hauptsächlich von der Bestimmung abhängen, ob man die Ufer gleich definitiv versichern, auf die volle Höhe bringen und das Hinterland in gleicher Flucht mit dem Uferrand reguliren will, — oder ob man sich in den stark verwilderten Partien mit der anfänglichen Herstellung von Buhnen, Streich- und Flechtwerken begnügen, die theilweise Verlandung dem Flusse überlassen und erst später an die definitive Herstellung der Ufer schreiten will.

Als Nachtheil gilt, daß die Differenz der Hochwasser und des Niederwassers, welch letzteres den größten Theil des Jahres vorherrscht, eine sehr große ist, denn die mittleren Hochwässer, mit nur 150 Kub.-M. per Sekunde Abfluß an der Leopoldsbrücke in Wien angenommen, betragen, da die Niederwässer bis auf 0.20 Kub.-M. per Sekunde und darunter sinken, schon das 750fache der letzteren.

Diese Niederwässer bilden in diesen breit angelegten Profilen einen kaum nennenswerthen Wasserlauf, die aus den Vororten und Ortschaften durch Haus- und sonstige Kanäle zugeführten Verunreinigungen bleiben größtentheils im Flusse liegen, und alle die gegenwärtig in Wien und den Vororten so arg empfundene Misere wird nicht behoben.

Das Flußbett in der Zeit lang anhaltender Dürre zeitweise durchzuschwemmen und dasselbe von den Verunreinigungen zu befreien, ist nicht möglich.

Zeitweilig eintretende höhere Wasserstände bringen zwar die Geschiebe in Bewegung, da sie jedoch in den für sie überbreiten Profilen nicht die genügende Kraft haben, diese Geschiebe durch die ganze Breite des Profils mit gleicher Gewalt vorwärts zu stoßen, so wird der größere Theil derselben

an den konvexen Ufern des Bettes liegen bleiben. In den geraden Strecken wird das Wasser serpentiniren und bald rechts, bald links das Materiale ablagern, während sich an den konkaven Ufern eine tiefe Wasserrinne einschneiden wird, Erscheinungen, die auch in größern Flüssen mit Ueberbreiten jederzeit eintreten.

Man wird daher fortwährend gezwungen sein, diese Ablagerungen zu beseitigen, um das Regulirungsprofil wieder herzustellen und hiedurch zu größeren Erhaltungsarbeiten veranlaßt sein, oder es beginnt die alte Verwilderung des Flußbettes wieder vom Neuen; stellenweise wird sich dann das Durchfluß profil wieder erhöhen, stellenweise bloß vereengen, und eines Tages wird ein Hochwasser mit dem Stande vom Jahre 1851 kommen und das für dasselbe vorgesehene Durchflußprofil nicht mehr vorfinden.

Für die Niederwässer oder höheren Wasserstände im Flußgerinne aber ein besonderes verengtes Gerinne ähnlich der historisch gewordenen Kunette im Wiener Weichbilde zu schaffen, ist in einem geschiebeführenden Flusse eine Sisyphusarbeit, denn man mag dieselbe bloß im Bette ausheben, oder sie mit Flechtwerk sichern, oder gar ausmauern, sie wird nach jedem größeren Wasserstande wieder verfüllt sein.

11. Regulirung der Wien durch gleichzeitige Regulirung des Abflusses ihrer Zuflüsse.

Um auch dem Laien eine Vorstellung von dem Einfluß, der Dauer und der Intensität derjenigen Niederschläge zu geben, die als die alleinige Ursache der Ueberschwemmungen zu betrachten sind, haben wir die folgende Tabelle aus den Aufschreibungen der meteorologischen Reichsanstalt publizirt, die allerdings nur Beobachtungen der Station Wien resp. Hohewarte enthält, die jedoch im Wienthale den gleichen Charakter haben.

Maximal-Stunden-Niederschläge in Wien vom Jahre 1853 bis Mitte 1882.

Post-Nr.	Datum	Niederschläge in der Zeit von — bis — Uhr in Millimetern 12–1	1–2	2–3	3–4	4–5	5–6	6–7	7–8	8–9	9–10	10–11	11–12	Tages-Niederschlag in Millim.	Maximal-Stunden-Niederschlag in Millim. directe Ableitung	berechnet	Cauer des größten Nieder-schlages in Minuten	Niederschlag berechnet auf das Gebiet von 215·8 □km in Stadt: während der Dauer des größten Niederschlages	während des ganzen Tages	Procente des Maximal-Niederschlages vom Tages-Niederschlage
1	10. Juni 1853	0·6	12·8	7·4	0·8	1·1	1·5	0·4	—	—	—	—	—	29·6	17·8	—	2	5,435.000	6,388.000	57%
2	23. Juni 1853	—	22·4	0·1	1·1	0·1	—	—	—	—	—	0·1	—	25·0	22·4	—	1	4,831.000	5,419.000	73%
3	19. Juli 1854 Vorm. Nachm.	2·5 21·3	5·6 7·1	0·2 0·3	0·1 0·1	0·1 0·3	0·8	0·1	—	—	—	—	—	38·7	21·3	—	2	6,125.000	8,351.000	73%
4	10. Juni 1855	—	18·5	1·5	1·3	1·4	0·3	—	—	—	—	—	—	23·0	18·5	—	2	4,963.000	4,983.000	87%
5	2.3. Mai 1860	in 1·88 Stunden 18·7mm	2·30									50·4	17·5	—	1·88	10,588.000	10,870.000	96%
6	17.18. Juli 1872	40·05mm										44·1	17·7	—	2·30	8,762.000	9,517.000	92%
7	13. August 1881	1·7 28·1						0·3	0·2	0·2	0·7	33·6	28·6	—	1·0	5,809.000	7,251.000	80%
8	Wolkenbruch 31. Mai 1882	27·5	0·2	2·2	0·2	0·2	0·8	31·9	27·5	—	1·0	5,955.000	6,884.000	86%
9	Hochwasser vom 29. 30. Juli 1882 Vorm. Nachm. Vorm.	6·7 16·5	5·7 4·5	10·5 4·	7·5 3·2	7·3 3·2	9·5 2·5	2·5 2·0	2·2	1·5 2·5	1·0 3·8	5·2 4·7	7·3	104·2	10·5	—	—	22,400.000	—	—

*) Von 2 Uhr Nachmittags am 2. Mai bis 2 Uhr Nachmittags am 3. Mai. In gleicher Zeit vom 1. zum 2. Mai Tages-Niederschlag = 4·6mm und vom 3. zum Mai = 7·6mm.
**) Von 6 Uhr Früh am 29. Juli bis 7 Uhr Früh am 30. Juli.

Post Nr. 1 bis inklusive 7 hatten Hoch-wasser zur Folge, Post-Nr. 8 war ein Wolkenbruch von nur 25 Minuten Dauer.

Post Nr. 9 war das letzte Hochwasser mit einem abnorm hohen Tages-Nieder-schlag, der jedoch ziemlich gleichmäßig vertheilt war, denn der Maximal-Stunden-Niederschlag betrug nur 10·5 Mm. Dieser Regen hatte somit mehr den Charakter eines Landregens (Hohewarte).

Man sieht, daß die die Ueberschwemmung veranlassenden Niederschläge immer nur Stunden angedauert haben.*)

Verfolgt man die Ziffern der Kolonnen 7, 8 und 9, so sieht man, daß vom Ge-sammt-Tagesniederschlag (Kolonne 8) 73 bis 96 Prozent in der kurzen Zeit der Dauer des intensivsten Niederschlags niedergefallen sind.

Aber selbst diese Niederschläge per Stunde oder in der Dauer des intensivsten Regens zeigen in kürzern Perioden eine große Ver-schiedenheit der Niederschlagsmenge.

Wir bringen lediglich zur Charakteristik dieser Niederschläge in Beilage XI, XII, XIII 3 Grafica mit Beobachtungen von 10 zu 10 Minuten, respektive 5 Minuten der Niederschläge vom 1. Juli 1881, des Wolken-bruchs vom 31. Mai 1882 und des Nieder-schlages vom 28. und 29. Juli d. J.

Ersteres zeigt nur einen Niederschlag von 5 Uhr 20 Minuten bis 12 Uhr Vor-mittags mit 39.2 Millimeter; die höchste Kulmination betrug nur 4.3 Millimeter in 10 Minuten. Dieser Regen hatte, weil er auf die Gesammtperiode vertheilt war, eine Ueber-füllung des Flußgerinnes nicht zur Folge.

Das Graficon des Niederschlags vom 31. Mai 1882 weist dagegen als Tages-Niederschlag nur 31.9 Millimeter, allein als Kulmination in 10 Minuten 15 Millimeter aus, und wäre eine Katastrophe eingetreten, wenn dieser Niederschlag länger angedauert oder während eines Landregens niedergegangen wäre, oder ein größeres Niederschlagsgebiet umfaßt hätte.

*) Bei ganz ungeregelten Verhältnissen, wie im Weichbilde außerhalb der Stadtgrenze, können allerdings schon geringere Wasserstände wie z. B. jene vom Jahre 1881 und Juli 1882 lokale Ueberschwemmungen verursachen.

Das Graficon des Niederschlages vom 28. und 29. Juli charakterisirt einen sehr starken Landregen — abnorm hohen Tages-Niederschlag bei gleichmäßig vertheilten Stun-den- und 10 Minuten-Niederschlag.**)

Greifen wir aus dieser Tabelle das Hoch-wasser vom 2. bis 3. Mai 1860 heraus, das einen Stundenniederschlag von 25·9 Mm. in dieser Station ergab, der 1·88 Stunden mit einem Gesammtniederschlag von 48·7 Mm. andauerte, und der auf das ganze Nieder-schlagsgebiet von 215·8 Quadrat-Kilom., in gleicher Dichte berechnet, ein Wasserquantum von 10,509.000 Kub.-M. ergeben hätte.

Der Tagesniederschlag betrug damals 50·4 Mm., und hätte, auf die ganze Nie-derschlagsfläche gerechnet, ein Wasserquantum von 10,876.000 Kub.-M. ergeben.

Es wären somit in der Zeit des größten Niederschlags, also in 1.88 Stunden 96% vom Tagesniederschlag niedergegangen.

Das Flußprofil an der Wurzel dieses Niederschlagsgebietes liegt an der Grenze des Stadtgebietes und wollen wir das Durch-flußprofil der Wien in unmittelbarer Nähe der Schlachthausbrücke (203 Quadrat-Meter lichtes Profil) in weitere Relation bringen.

Dieses Profil hat eine Sohlenbreite von 29·2 M., eine Tiefe vom angrenzenden Uferniveau bis zur Sohle von 3·7 M., und ist im Stande, ein Wasserquantum von 615 Kub.-M. per Sekunde bei vollem Bord durch-zuleiten.

Wäre nun der gesammte Niederschlag vom 2.—3. Mai, der in 1·88 Stunden mit 10,509.000 Kub.-M. niederging, mit circa 50 Perzent seines Volumens in 10 Stunden abgeflossen, so wären in einer

Stunde . . . . 525.450 Kub.-M.
und in einer Sekunde 146 „
im Flußgerinne durchgeronnen und hätte keine Ueberschwemmung hervorgerufen.

Wäre dasselbe Wasserquantum in drei Stunden abgeflossen, so wäre in
1 Stunde . . . .1,751.500 Kub.-M.
und in 1 Sekunde 486 „

**) Auf Taf. XIII fehlten die 10 Minuten-Nieder-schläge von Mitternacht bis 6 Uhr Früh, weil die Auf-nahmen noch nicht vorlagen.

im Flußgerinne durchgeronnen und hätte noch immer keine Ueberschwemmung hervorgerufen.

Wäre dasselbe Wasserquantum aber in dergleichen Zeit, als der Niederschlag gedauert hat, also in 1·88 Stunden abgeflossen, so wären:

in 1 Stunde . . 2,784.000 Kub.-M.
und in 1' Sekunde . 733 .

im Flußgerinne zum Abfluß gelangt und wäre dann bereits eine Ueberfluthung der Ufer größer als im Jahre 1851 eingetreten.

Es ist somit klar, daß die Raschheit des Abflusses eines Niederschlags von außerordentlichem Einflusse auf die Kulmination des Wasserstandes im Gerinne ist, und daß, um ein grelles Beispiel zu wählen, ein Niederschlag von 400.000 Kub.-M. von 5 Minuten Dauer in diesem Gebiete schon eine große Ueberschwemmung bereitet, wenn 50 Perzent desselben in den nächsten 5 Minuten zum Ablauf kommen, dieser selbe Niederschlag jedoch, wenn er in 10 Minuten abfließt, keinerlei Ueberschwemmung verursacht.

Nun fließen allerdings die Niederschläge eines so großen Gebietes, das so günstige Bewaldungsverhältnisse aufweist, nicht in der gleichen Zeit der Niederschlagsdauer ab; auch laufen, selbst die gleiche Dichte des Niederschlags im ganzen Gebiete vorausgesetzt, alle Niederschläge nicht gleichzeitig dem Flußbette zu, da das Gefälle der Zuflüsse, wie die Länge ihres Laufes sehr verschieden ist; andererseits ist aber auch der Niederschlag in der Periode eines Wolkenbruches oder Gewitterregens kein gleichmäßig vertheilter, wie dies aus dem Graficon des Niederschlags vom 1. Juli 1882 (Gewitterregen) zu ersehen ist, das aus Beobachtungen in Intervallen von 10 zu 10 Minuten zusammengestellt wurde.

In der Zeit von 3 Stunden, d. i. von 7—10 Uhr fiel ein Niederschlag pet 10 Minuten:

a) im Mittel von 3 Stunden 1·44 Mm.
b) im Mittel von 7—8 Uhr 2·05 Mm.
c) " " " 8—9 " 0·98 "
d) " " " 9—10 " 1·33 "
e) Die Kulmination betrug . . . . — 4·3 "
f) die nächst höheren Niederschläge . . 2·95, 3·2, 2·7 und 2·5 Mm.

Nicht die sub a, b, c, d genannten Niederschlagshöhen verursachen die Ueberschwemmung, sondern die sub e und f genannten höchsten Niederschläge, u. zw. eine um so größere Ueberschwemmung, je länger sie andauern, oder je dichter sie auf einander folgen.

Immer ist es nur ein außerordentlich höher, selbst über den mittleren Stundenniederschlag weit hinausragender, verhältnißmäßig nur kurze Zeit andauernder Niederschlag, der bei gleichen Gefällsverhältnissen um so rascher dem Gerinne zufließt, je höher die abrinnende Wasserschichte ist (daher ein vorangegangener oder gleichzeitiger Landregen dessen Effekt noch steigert) und der umso schneller im Gerinne abfließt, je höher er das Wasserprofil anschwellt.

Das Hochwasser vom Jahre 1880, das höchstbekannte im oberen Wienthalgebiete, wurde in Purkersdorf bei dem Bahndurchlaß zur Kellerwiese beobachtet.

Wie eine Riesenwelle kam die Fluth daher, der Kulminationspunkt der höchsten Fluth dauerte ca. 16 Minuten, dann fiel das Wasser innerhalb der nächsten 15 Minuten um 3 Dezimeter, um dann langsamer und zwar in ca. 2 Stunden um 1·5 M. zu fallen.

Dieses rasche Ansteigen, die kurze Dauer der Kulmination, das anfangs rasche, später etwas langsamere Abfallen zeigt die vollste Aehnlichkeit mit den Niederschlagskurven solcher Gewitterregen und Wolkenbrüche, nur fehlen leider, um ziffernmäßig alle diese Verhältnisse und insbesondere die Kulminationswerthe ausdrücken zu können, alle hierauf bezüglichen genauen Beobachtungen, als Niederschlagsmessungen in kürzeren Perioden als Stunden während eines solchen Niederschlages in einem dichten Netz von Beobachtungsstationen, wie gleichzeitig geführten Beobachtungen der Wasserstände an verschiedenen regelmäßigen und wenig veränderbaren Flußprofilen 2c. 2c.

So ist man auf wenige generelle Beobachtungen beschränkt und zu Deduktionen und Annahmen gezwungen, die stets das Resultat nur innerhalb sehr weit gezogener Grenzen als richtig gelten lassen können.

Wenn man, wie dies in der folgenden Zeichnung erläutert ist, in einem Niederschlagsgebiete in kurzen Zeitperioden, z. B. von 10 zu 10 Minuten sowohl die Niederschlagshöhen, als auch die Abflußmengen im Gerinne als Ordinaten und die Beobachtungs-

zeiten als Abscissen auftragen würde, so erhielte man zwei Kurven, eine für die Niederschläge (punktirte Linie), eine für die Abflußmengen (dickgezogene Linie), die zwar einander ähnlich wären, von denen jedoch die Abflußkurve je nach den größeren oder geringeren Gefällen und ungünstigeren und günstigeren kulturellen Verhältnissen mehr oder weniger steil verlaufen würde.

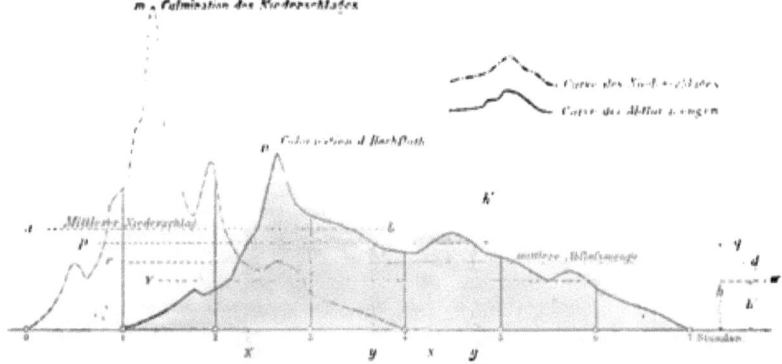

Linie a b zeigt die Höhe des mittleren Niederschlages, Linie c d die mittlere Abflußmenge in einer bestimmten Zeiteinheit.

Es erfolgte eine Ueberschwemmung an einem Punkte des Gerinnes.

An diesem Punkte des Gerinnes ergab die Messung oder Rechnung, daß das Flußprofil nur eine Wassermenge entsprechend der Höhe h im Graficon abzuleiten vermag, d. h. daß diejenigen Wassermengen, die unterhalb der Linie p q liegen, im Flußgerinne ohne Ueberschwemmung abfließen können, während höhere Wasserstände, die einer oberhalb der Linie p q liegenden Wassermenge entsprechen, im Flußgerinne keinen Platz mehr finden, daher die Ueberschwemmung verursachen.

Im vorliegenden Falle repräsentirt die dicht schraffirte Fläche über der Linie p q die gesammte Wassermenge, die über die Ufer getreten

ist, die Entfernung h¹, d. i. die Distanz von der Linie p q bis n (Kulmination der Hochfluth) drückt die Maximalwassermenge in einer Zeiteinheit aus, die dem höchsten Wasserstand entspricht und x y gibt die Dauer der Ueberschwemmung an.

Kann man nun dieses Wasserquantum, entsprechend der dicht schraffirten Linie, in Reservoirs oder Thalsperren so lange aufspeichern, bis die unterhalb der Linie p q liegenden Wassermengen im Gerinne abgeflossen sind und läßt man dann erst die magazinirten Wassermengen aus den Reservoirs und Thalsperren nach und nach ablaufen, bis dort der höchste Wasserstand wieder abgenommen hat, so hat man durch Regulirung des Abflusses die Ueberschwemmung verhütet, indem man sozusagen durch Magazinirung der Hochfluth die Ablaufkurven bis an die Linie der Kapazität des Flußprofils geköpft hat.

Aus dem Gesagten geht hervor, daß man es bei diesem System vollkommen in der Hand hat, das Durchflußprofil des Flußgerinnes innerhalb gewisser Grenzen auch zu reduziren.

Man stellt ein Durchflußprofil in vornherein auf, berechnet entsprechend den Gefällen die Wassermenge, die es dann abzuleiten vermag und trägt diese Abflußmenge als Ordinate h^2 in das Graficon ein. Die über dieser Linie v w liegende Fläche innerhalb der Abflußkurve gibt die Menge des zu magazinirenden Wassers.

Es ist aber klar, daß, je geringer das Durchflußprofil im Flußgerinne angenommen wird, desto geringer ist die Abflußmenge, die das Flußprofil in einer Zeiteinheit, ohne zu überschwemmen, ableiten kann, desto größer wird dann die zu magazinirende Wassermenge sein und desto größer wird die Kapazität der anzulegenden Reservoirs oder Thalsperren werden.

Flußprofil und Kapazität der Reservoirs stehen daher im umgekehrten Verhältniß zu einander.

Wie schon das Graficon zeigt, handelt es sich jedoch bei diesem System keineswegs um Anlagen riesigen Inhaltes, denn die zu magazinirende Wassermenge ist nur ein Bruchtheil der bei einem Hochwasser abfließenden Wassermenge.

Je größer die Zahl dieser Reservoirs ist, desto geringer wird bei entsprechender Vertheilung derselben die Kapazität der Einzelnen sein.

Da immer nur das abwärts liegende Gebiet vor Ueberschwemmung geschützt wird, so wird man die Reservoirs bis ins Quellengebiet der Zuflüsse ausdehnen.

Der wichtigste Vortheil dieser Art der Regulirung ist die Möglichkeit und Fähigkeit, das Profil der Wien bei gleich bleibender Fluthhöhe zu verengen.

Es werden dann auch die kleineren Wasserstände in einem konzentrirteren Flußprofil abfließen, wodurch die früher geschilderten Nachtheile der Geschiebeablagerung und Serpentinirung des Flußlaufes vermindert werden.

Die Abfälle, Verunreinigungen und Sinkstoffe werden in Folge der höheren Wasserschichte bei niederen Wasserständen rascher weggespült und der Flußlauf relativ ohne besondere Zufuhr aus den Reservoirs schon mehr Wasser führen.

Es wird Terrain an den Ufern des Flusses gewonnen werden können und der Wienfluß kann selbst innerhalb des Weichbildes der Stadt mit geringern Kosten ganz überwölbt werden, was wohl das Ideal eines jeden Wieners wäre.

Diese Vortheile sind so groß, daß man diese Methode der Regulirung wohl empfehlen muß. Die Grundlagen für die Berechnung zu schaffen, ist allerdings eine schwierigere Aufgabe, denn es mangeln eben die früher bereits gewünschten Beobachtungen in einer entsprechend langen Periode und vorwiegend über die Wasserverhältnisse des Hochwassers vom Jahre 1851, das uns stets als das höchste Hochwasser als Grundlage dienen muß.

12. Bestimmung der Kapazität der Reservoirs oder Thalsperren.

Wie wir bereits bemerkt haben, muß der Berechnung der Kapazität der Reservoirs die Feststellung der Durchflußprofile im Gerinne vorangehen.

Für die auf pag. 76 in der Tabelle „Ermittlung der Durchflußprofile im Wienflusse" berechneten Durchflußprofile in den Dimensionen der Kolonnen 7, 9 und 10 sind, da sie das voraussichtlich höchste Hochwasser abzuführen in der Lage sind, Reservoirs nicht erforderlich.

Wir benützen nun diese berechneten Querprofile als Grundlage des weiteren Calculs, da wir füglich die heute bestehenden Flußprofile, die einem regulirten Flußlaufe nicht entsprechen, nicht in Rechnung ziehen können.

Nehmen wir 2 Fälle in Rechnung:

1. daß die in der Tabelle für eine bloße Regulirung des Flußufers berechneten Flußprofile bei Beibehaltung der größten Fluthhöhe um 25% des Durchflußquerschnittes vermindert würden,

2. daß der Durchflußquerschnitt um 33.3% vermindert würde.

11*

84

Das Maximal-Abflußquantum per Secunde an der Leopoldsbrücke wurde ermittelt mit . . . . 595 Kub.-M. und ergab eine Maximal-Abflußschichte an der Wurzel des Niederschlaggebiets von 0.00272 Mm.

Da wir es jedoch bei Anlage der Reservoirs oder Thalsperren mit den einzelnen Zulaufgebieten zu thun haben, so müssen wir das für diese angenommene Maximal-Abfluß-quantum, also 40% Vermehrung der vorgenannten Maximal-Abflußschichte, in Rechnung nehmen, daher Maximal-Abfluß . . . . . . 833 Kub.-M. und Abflußschichte . . . 0.00381 Mm.

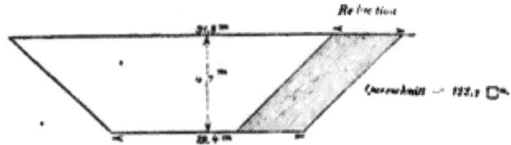

Reduction

Querschnitt = 122.5 ☐m

Soll nun der Querschnitt in der schraffirten Fläche parallel zur bestehenden Uferböschung um $\frac{1}{4}$, resp. $\frac{1}{3}$ des Querschnittes reduzirt werden, so werden auch die neuen Durchflußprofile bei gleicher Fluthhöhe nur circa $\frac{3}{4}$, resp. $\frac{2}{3}$ des oben gemeinten Wasserquantums ableiten können.*)

Die früher mit 583 Kub.M. berechnete Abflußfähigkeit des Flußprofils an der Leopoldsbrücke wird sich dann beim
$\frac{3}{4}$ Profil auf . . . . 437 Kub.-M.
$\frac{2}{3}$ „ „ . . . . 389 „
per Secunde reduziren.

Der verminderte Abfluß hat dann zur Folge, daß in den einzelnen Gebieten ebenfalls nur eine um $\frac{1}{4}$, $\frac{1}{3}$ Theil verminderte Maximal-Abflußschichte in den Gerinnen abfließen darf.

Diese Verminderung beträgt im gesammten Abflußgebiet mit der Wurzel an der Leopoldsbrücke:
$\frac{1}{4}$ 833 = ... 208 Kub.-M.
und resp. $\frac{1}{3}$ 883 = . 278 „

Nimmt man nun an, daß der höchste Wasserstand 3 volle Stunden anhielte, während derlei Kulminationen in der That nur 15—30 Minuten andauern, eine Annahme,

*) Die genauere Rechnung ist später durchgeführt, und ergibt eine geringere Leistungsfähigkeit.

die ebenfalls allen möglichen Eventualitäten volle Rücksicht trägt, so hätte jene Fluth, die im Flußprofile selbst keine Abfuhr mehr findet, eine Kubatur von
beim $\frac{3}{4}$ Profil: 208 × 10.800 Sekunden = 2,246.400 Kub.-M.
beim $\frac{2}{3}$ Profil: 278 × 10.800 Sekunden = 3,002.400 Kub.-M.

Dies wären rechnungsgemäß die Wassermengen, die in Reservoirs oder Thalsperren zu magaziniren wären, vorausgesetzt, daß man im gesammten Gebiete Reservoirs anzulegen, somit auch im ganzen Niederschlagsgebiete eine Regulirung der Abflußverhältnisse durchzuführen im Stande wäre.

Wir haben nun in der Uebersichtskarte des Wienthalgebietes (Taf. IX.) mit Rücksicht auf die Terrainverhältnisse, die Kosten der Grundeinlösung, die bereits dichtbevölkerten Gebiete, denjenigen Theil des Niederschlagsgebietes, in dem ohne große Kosten Reservoirs angelegt werden könnten, ausgeschieden und in die einzelnen Reservoirsgebiete zertheilt, und geben in der folgenden Tabelle die Flächen dieser Gebiete analog der Gliederung in der Uebersichtskarte (in der Karte Taf. IX. ist das den Reservoirs tributäre Gebiet in gelber Farbe, das Gebiet ohne Reservoirs in rother Farbe markirt.)

Verzeichniß der Niederschlags-Gebiete im Wienthale
mit Rücksicht auf die Anlage von Reservoirs.

Post-Nr.	Bezeichnung des Gebietes		Niederschlags-Gebiete		Fläche in Hektaren	
			Hauptthal	Nebenthäler	Einzeln	Zusammen
1	I.		Wasserscheide	—	—	201·5
2	II.		Pelzergraben	—	—	176·7
3	III.		Saugraben	—	—	86·7
4	IV.		·	—	—	102·3
5	V.	1	Weidlingbach	unterer Weidlingbach	177·5	
6		2	"	oberer Weidlingbach	295·3	472·8
7	VI.	1	Tullnerbach	unterer Tullnerbach	206·9	
8		2	"	mittlerer Tullnerbach	224·5	
9		3	"	Heinrichsgraben	134·3	
10		4	"	Buchgraben	106·1	
11		5	"	oberer Tullnerbach	120·1	
12		6	"		196·0	1089·9
13	VII.		großer Steinbach	—	—	262·0
14	VIII.		kleiner Steinbach	—	—	111·3
15	IX.	1	Gablitzbach	Wolfsgraben	87·5	
16		2	"	Hochrahm	159·0	
17		3	"	Buchgraben	121·1	
18		4	"	Hauersteiggraben	314·6	
19		5	"	Heberösbach	306·7	
20		6	"	Tobach	258·9	
21		7	"	oberer Gablitzbach	235·0	
22		8	"	Tagleoberg-Wiesen	188·1	
23		9	"	Allhang-Graben	110·4	
24		10	"	Brand- u. Barthögraben	227·1	
25		11	"	mittlerer Gablitzbach	208·6	
26		12	"	Rehgraben	95·4	2304·3
27	X.		Eichberggraben	—	—	100·7
28	XI.		Eichgraben	—	—	113·1
29	XII.	1	Mauerbach	unterer Mauerbach	242·1	
30		2	"	Buchberggräben	335·8	
31		3	"	mittlerer Mauerbach	370·9	
32		4	"	unterer Hirschgraben	321·7	
33		5	"	oberer Hirschgraben	284·5	
34		6	"	Großauthal	300·4	
35		7	"	Raustock-Graben	202·3	
36		8	"	Goldbrunn-Graben	152·9	
37		9	"	Retler-Graben	340·9	
				Fürtrag . .	·	4940·3

Post-Nr.	Bezeichnung des Gebietes		Niederschlags-Gebiete		Fläche in Hektaren	
			Hauptthal	Nebenthaler	Einzeln	Zusammen
				Uebertrag .	.	4940·3
38		10	Mauerbach	Steinbach	550·5	.
39		11	„	Hainbach	346·5	.
40		12	„	Rasbach	249·2	3737·7
41	XIII.	1	Halterbach	Moosgraben	255·4	
42		2	„	unterer Halterbach	250·1	.
43		3	„	oberer Halterbach	213·0	718·5
44	XIV.	.	Rosenbach	—	—	136·1
45	XV.		Amasbach	—	—	171·4
46	XVI.	1	Lainzer-Bach	oberer Lainzer-Bach	254·4	
47		2	„ „	Katzengraben	229·7	
48		3	„	Hörnlwaldbach	181·1	665·2
49	XVII.		Grünauer-Bach	—	..	342·0
50	XVIII.	1	Rothwasser-Graben	oberer Rothwassergraben	273·9	
51		2	„	Glasgraben	342·8	
52		3	„	unterer Rothwassergraben	293·4	910·1
53	XIX.	1	Paunzen-Graben	oberer Paunzen-Graben	393·2	
54		2	„	unterer Paunzen-Graben	274·7	667·9
55	XX.	.	Thonbach	—	—	252·6
56	XXI.	1	Wolfsgraben-Bach	Burzen- u. Bacheckgr.	308·6	
57		2	„	mittlerer Wolfsgraben	439·2	
58		3	„	oberer Wolfsgraben	305·9	
59		4	„	unterer Wolfsgraben	297·3	1531·0
60	XXII.	.	Breitenmais	—	—	363·4
61	XXIII.	1	Pfalzau-Bach	Fellingraben	291·2	
62		2	„	hinterer Pfalzau-Bach	447·2	
63		3	„	vorderer Pfalzau-Bach	353·5	
64		4	„	unterer Pfalzau-Bach	337·7	1429·6
65	XXIV.		Dürre Wien	—	—	342·9

				Summe . . .	.	16208·7
Restliches Wienthalgebiet bis an die Linien Wiens, in die Reservoirs nicht einbezogen					.	5359·7
Gesammt-Gebiet bis an die Stadtgrenze					Hektare	21568·4
				oder rund . . .	□ Kilometer	215·7
Hiezu das Stadtgebiet mit					„	8·5
			Gesammt-Gebiet des Wienthales . . .		□ Kilometer	224·2

Vom Gesammt-Niederschlagsgebiet des Wienflusses mit . . . 224.2 ☐Kilom. entfällt:

auf das den Reservoirs tributäre Gebiet . . . . . . 162.1 ☐Kilom.
auf das außerhalb liegende Gebiet:

a) Stadtgebiet . 8.5
b) übriges Land 53.6
. . 62.1 ☐Kilom.

zusammen . 224.2 ☐Kilom.

Es müssen daher die Flußprofile vorerst jene Maximal-Wassermenge abzuführen vermögen, die dem Niederschlagsgebiete von 62.1 Quadrat-Kilom. entspricht.

Wieder das Flußprofil an der Leopoldsbrücke in's Calcul gezogen, entspricht die Maximal-Abflußmenge per Sekunde einem Kubus von

$$62,100.000 \,☐M. \times 0.00272 = 169 \,Kub.-M.$$

für das übrige Gebiet verbliebe
$$218.8 - 62.1 = 156.7 \,☐Kilom.$$
$$156,700.000 \,☐M. \times 0.00272 = 426 \,K.-M.$$

daher Gesammtabflußmenge 595 Kub.-M. wovon 583 Kub.-M. im Flußprofil u. 12 Kub.-M. in den Cholera-Kanälen abfließen.

Bei gleicher Fluthhöhe dieselbe mittlere Geschwindigkeit (4.75 M. per Sekunde) angenommen, entfiele von der Durchflußfläche des Profils $\frac{169 \,Kub.-M.}{4.75 \,M.} = 35.6 \,☐M.$ als particielle Fläche für die Abfuhr der oben berechneten 169 Kub.-M. per Sekunde.

Von dem um 1/4, respective 1/3 der Fläche reduzirten Durchflußprofil per 92.0 ☐M.
respective 81.8 ☐M.
verbleiben dann zur Abfuhr der übrigen Wassermenge
beim 3/4 Profil . . . . . 56.4 ☐M.
„ 2/3 Profil . . . . . 46.2 ☐M.

Die Abfuhrfähigkeit dieser Profile beträgt dann, wieder dieselbe Fluthhöhe und analog die gleiche Geschwindigkeit vorausgesetzt,
beim 3/4 Profil $66.4 \times 4.75 = 268$ Kub.-M.
„ 2/3 „ $46.2 \times 4.75 = 219$ „

Die Summe der aus dem von Reservoirs occupirten Gebiete und dem offenen Gebiete abfließenden Wassermenge gebe dann zusammen
beim 3/4 Profil $268 + 169 = 437$ Kub.-M.
„ 2/3 „ $219 + 169 = 388$ „

Da die Abflußmenge aus dem den Reservoirs tributären Gebiete (162.1 Quadrat-Kilom.) an der Leopoldsbrücke
$$162,100.000 \,☐M. \times 0.00272 \,☐M.$$
$$= 441 \,Kub.-M.$$
beträgt, so berechnet sich die zu magazinirende Wassermenge mit
beim 3/4 Profil $441 - 268 = 173$ Kub.-M.
„ 2/3 „ $441 - 219 = 222$ „

und da man für das obere Gebiet einen 40perzentigen Zuschlag machen muß, mit
beim 3/4 Profil . . . . 242 Kub.-M.
beim 2/3 „ . . . . 311 „

Diese Ziffern wären richtig, wenn die früheren Annahme, daß bei einem um 1/4, respective 1/3 geringeren Durchflußprofil bei gleicher Fluthhöhe 3/4, respective 2/3 jener Wassermengen abfließen würde, die für das volle Profil berechnet wurden.

Die Rechnung ergibt jedoch im reduzirten Profil eine Verminderung der mittleren Geschwindigkeit, es ist daher die Leistungsfähigkeit der neuen Profile eine geringere.

Die mittlere Geschwindigkeit
beim 3/4 Profil beträgt . . 4.61 M.
„ 2/3 „ . . 4.50 M.

Die Leistungsfähigkeit der reduzirten Profile beträgt daher
beim 3/4 Profil $92.0 \,☐M. \times 4.61 \,M.$
$= 424$ Kubik M.) *)
beim 2/3 Profil $81.8 \,☐M. \times 4.50 \,M.$
$= 368$ Kubik M.

Zieht man die aus dem offenen Wienflußgebiete (62.1 ☐Kilom.) bei der Rudolfsbrücke abfließende Maximalabflußmenge per Sekunde mit 169 Kubik M. ab, so erhält

*) Wollte man die Leistungsfähigkeit mit 3/4 resp. 1/3 des Profils I als Grundlage der Rechnung annehmen, so erhielte das
Profil II einen Abflußquerschnitt von 84.2 ☐M,
„ III „ „ 84.6 „
da dann die mittlere Geschwindigkeit 4.41 M. resp. 4.63 M. wäre.

man als restliche Leistungsfähigkeit per Sekunde einen Abfluß von

beim $3/4$ Profil $424 — 169 = 255$ Kubik-M.
  „ $2/3$ „ $368 — 169 = 199$ „

und da aus dem den Reservoirs tributären Gebiete ($162 \cdot 1$ □-M.) bei der Leopolds-brücke per Sekunde 441 Kubik-M. abfließen würden, so müßten de facto in den Reservoirs magazinirt werden

beim $3/4$ Profil $441 - - 255 = 186$ Kubik-M.
  „ $2/3$ „ $441 — 199 = 242$ „

und für das obere Gebiet mit einem 40% Zuschlag

beim $3/4$ Profil $= 260$ Kubik-M.
  „ $2/3$ „ $= 339$ „

13. Vorläufige Bestimmung der Kapazität der Thalsperren.

Unter der früheren Annahme einer drei-stündigen gleichen Intensität des Nieder-schlages wären in Reservoirs oder Thal-sperren zu magaziniren

beim $3/4$ Profil 260×10.800 Sec.
  $= 2,808.000$ Kubik-M.
beim $2/3$ Profil 339×10.800 „
  $= 3,661.200$ Kubik-M.

Die beiden Schlußziffern repräsentiren die in der Fläche oberhalb der Linie v w und innerhalb der Abflußkurve ausgedrückte Wasser-menge (siehe Graficon Pag. 82).

Der richtige Effekt einer Regulirung der Abflüsse durch Magazinirung der genannten Wassermengen setzt jedoch voraus,

1. daß Wasser aus den Reservoirs nicht früher in das Flußgerinne abgelassen wird, bis nicht der das Flußprofil voll anfüllende Wasserstand gesunken ist;

2. daß dann nur so viel Wasser aus den Reservoirs in das Flußgerinne abgelassen wird, damit das Flußprofil nur bis zum vollen Durchflußprofil wieder angefüllt wird;

3. daß die Reservoirs beim Eintritte solcher Maxima leer sind.

Wie aus der Eintheilung der einzelnen Niederschlagsgebiete zu ersehen, ist das ganze Niederschlagsgebiet für $162 \cdot 1$ □-Kilom. bis

aus Quellengebiet in das System der Reservoirs einbezogen gedacht.

Es entfiele auf 1 □-Kilom. zu magazinirende Wassermenge
beim $3/4$ Profil 17.326 Kubik-M.
  „ $2/3$ „   22.586 „

Die Kapazität der einzelnen Reservoirs wäre dann bei einem Niederschlagsgebiet in Hektaren in Kubik-M.:

Niederschlags-Gebiet in Hektaren	bei $1/4$ Profil	bei $2/3$ Profil
100	17.330	22.580
150	25.990	33.880
200	34.650	45.170
250	43.320	56.470
300	51.980	67.760
350	60.640	79.050
400	69.300	90.340
450	77.970	101.640
500	86.630	112.930
550	95.290	124.220

Die Mehrzahl der projektirten Reservoirs hat ein Niederschlagsgebiet zwischen 200 bis 300 Hektaren, 1 Reservoir von über 400 Hektaren und nur 1 Reservoir von 550 Hektaren.

Die Reservoirs wären also nichts anderes als große Teiche mit 4 bis 7 M. Abschlußdamm bei einem Gefälle des Terrains von 1 : 15 in der Achse, wie im Querprofil.

Uebergehend zum eigentlichen Gegenstande schlagen wir vor, die Reservoirs nach folgenden Prinzipien auszuführen, um allen 3 genannten Bedingungen zu entsprechen.

14. System der Thalsperren als Regulatoren.

Man kennt das Niederschlagsgebiet eines jeden Reservoirs, kennt die Maximal-Abfluß-schichte, kann somit die Maximal-Abflußmenge beim größten Niederschlag rechnen.

Benützen wir für das weitere Calcul ein Beispiel, z. B. das Reservoir mit dem größten Niederschlagsgebiet von 530 Hekt. für den Steinbach, Post-Nr. 34 der Tabelle

Abflußmenge per Sekunde:
3,800.000 × 0.00272 = ... 21.0 Kubikmeter.

Wenn dieses ganze Quantum per Sekunde abfließen würde, und der Abfluß wäre relativ im ganzen Gebiete nahezu gleich stark*), so würde das Flußgerinne der Wien überfluthen, weil dessen Durchflußprofil nur für $\frac{3}{4}$ resp. $\frac{2}{3}$ des Maximal-Abflußquantums konstruirt wurde.

$\frac{3}{4}$ resp. $\frac{2}{3}$ dieses Maximal-Abflusses würde das Gerinne der Wien jedoch fassen.

Man lasse daher alles Wasser aus dem zugehörigen Niederschlagsgebiete in das Reservoir fließen, bemesse jedoch den Querschnitt des Abflusses (Umlauf- oder offenen Graben) derart, daß nur $\frac{3}{4}$ resp. $\frac{2}{3}$ dieses Maximal-Ablaufquantums aus dem Reservoir überhaupt abfließen kann, und es kann dann absolut keine Ueberfluthung des Gerinnes im Flußgerinne der Wien eintreten, selbst wenn aus allen Reservoirs diese Wassermengen, denen im Mittel eine Maximal-Abflußschichte an der Wurzel des Gebietes von $\frac{3}{4}$ resp. $\frac{2}{3}$ × 0.00272 Mm. entsprechen wird, dem Flußgerinne zufließen.

Dieses System hat den außerordentlichen Vortheil, daß der Abfluß aus den Reservoirs nicht durch Wärter geregelt zu werden braucht, es bedarf keiner telegraphischen Signale, keines Aufwandes von Scharfsinn und Beobachtung. Die Reservoirs reguliren sich den Abfluß im Gebiete selbst.

Der sichere Effekt ist unabhängig von menschlicher Fürsorge und geschriebenen Instruktionen.

Beispiel:
Der Abfluß bei dem Reservoir wird so eingerichtet, daß nur

beim $\frac{3}{4}$ Profil der Wien . . . . . 15.1 Kub.-M.
beim $\frac{1}{4}$ Profil der Wien . . . . . 14.0 „
abfließen können.

Das Reservoir wird nie abgesperrt, sein Abfluß bleibt stets mit dem genannten Quer-

*) Nur nahezu, weil mit Rücksicht auf größere partielle Niederschläge für die einzelnen Gebiete 40%, Zuschlag der ermittelten Abflußschichte an der Wurzel gemacht wurde.

schnitt offen. Diese Reservoirs haben daher nicht die Aufgabe, Wassermassen dauernd zu magaziniren, sie sind nur die Regulatoren des Abflusses.

Jedes Reservoir übt diesen Einfluß nur in dem ihm zugehörigen Niederschlagsgebiete. Wenn daher wie im Gablitz- und Mauerbachthale, im Halter- und Lainzerbachthale, im Rothwasser- und Kranzenthale, im Wolfsgraben-, Tullnerbach-, Pfalzauerbach- und Weidlingerthal Reservoirs übereinander im selben Gerinne angelegt werden müssen, so ist, wie in der folgenden Zeichnung ersichtlich, bei dem unterhalb gelegenen Reservoir B das Gerinne des Baches bei x y um das Reservoir (wie die Typen bei englischen Reservoirs) herumzuleiten, vor der Einmündung des Reservoirs ein kleines Wehr k einzubauen, um jenes Wasser, das entsprechend dem Abfluß aus dem obern Reservoir A im Gerinne f g h läuft, um das untere Reservoir B herum abzuleiten, dagegen das andere Wasser, das aus dem dem untern Reservoir B zugehörigen Niederschlagsgebiet zuläuft, ins Reservoir selbst einzuleiten. Dadurch trennt man die Wässer der jeweiligen Niederschlagsgebiete und führt sie ihren zugehörigen Reservoirs zur Regulirung des Abflusses zu.

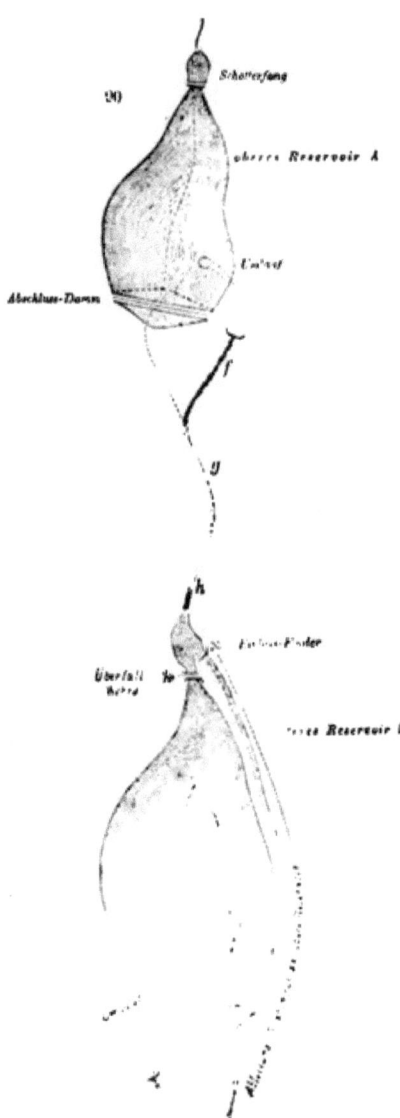

In praxi wird man die Reservoirs allerdings etwas größer anlegen, denn es erfordert die Erhaltung der Erddämme, daß wenigstens der Fuß derselben bis auf eine gewisse Höhe stets unter Wasser ist, damit sie nicht anstrocknen.

Es genügt, wenn im tiefsten Punkte des Reservoirs ein Wasserstand von 1½ bis 2 Meter stets verbleibt, dann durch die Capilarität bleibt denn auch der andere Theil des Dammkörpers feucht erhalten.

Bei einem Reservoir mit 1 : 15 Terrainneigung beträgt dies Quantum bei 2 M. Stauung am Damme gemessen, ca. 1000 Kubik M. und bei den beantragten 65 Reservoirs in Summa 65.000 Kubik M.

Die Ziffer zeigt bereits, wie gering der Verlust an der Kapazität des Reservoirs durch diese Reserve ist, denn die Kubatur des Reservoirs nimmt nicht proportionell mit der Dammhöhe zu.

Rechnet man selbst das Vierfache dieses Wasserquantums als ständige Reserve, so wäre die Kapazität aller Thalsperren aus diesem Anlasse um 260.000 Kubik-M. zu vermehren.

15. Definitive Ziffern für die Kapazität der Thalsperren und entsprechende Durchflußprofile.

Der Gesammtinhalt der Reservoirs wäre dann

beim 1. Profil rund 3,068.000 Kubik-M.
" 2. " 3,922.000

Das Durchflußprofil an der Leopoldsbrücke, das auf Pag. 73 zur Grundlage der Rechnung angenommen wurde, ist auf Taf. XIV unter Profil I (volles Profil) dargestellt.

Es hat einen
Wasserquerschnitt . . . von 122·7 M.
eine Sohlenbreite . . . " 20·4 M.
" Breite an der Oberfläche von 31·8

Die reduzirten Profile, ebenfalls in der Taf. XIV dargestellt, würden, bei Voraussetzung einer 1½ füssigen Böschung, erhalten:

³/₄ Profil II:

Wasserquerschnitt ..... 92·0 □ M.
Sohlenbreite ..... 12·52 M.
Wasserspiegelbreite ..... 26·62 „

²/₃ Profil III:

Wasserquerschnitt ..... 81·8 □ M.
Sohlenbreite ..... 10·35 M.
Wasserspiegelbreite ..... 24·45 „

Es ist selbstverständlich, daß bei steilerer Böschung und Verbreiterung der Sohle die Wasserspiegelbreite, die bei der Gewinnung des Grundes einzig in die Wagschale fällt, schmäler wird.

Nach der Berechnung auf Pag. 73 beträgt die Abfuhrfähigkeit dieser Profile per Sekunde in Kubik-M.
bei Profil I ..... 583 Kubik-M.
nach jener auf Pag. 87
bei Profil II ..... 424 „
„ „ III ..... 368 „

16. Kosten der Thalsperren.

Wir haben uns auch die Frage gestellt, mit welchen Kosten derlei Anlagen verbunden sind.

Ein Reservoir von 6 M. Stauhöhe bei einer Neigung des Bodens von 1:15, magazinirt ca. 72.000 Kubik-M.

Die Dämme aus Erde mit einem Puddle-kerne hergestellt, nach innen 3füssig, nach außen 2füssig profilirt, nach innen gepflastert, mit einem ca. 50 M. langen tunnellirten und ausgemauerten Umlauf,*) hölzerner Ueberfallwehre, die Grundeinlösung mit fl. 1.80 per □Klft. angenommen, betragen die Gesammtkosten ca. 23.000 fl.

Ein Kubik-Meter Wassermagazinirung kostet demnach bei diesen kleinen Reservoirs 32 kr.

Die Gesammtkosten für die Herstellung der Thalsperren wären dann, diesen Preis als Durchschnittspreis angenommen,
beim ³/₄ Profil 982.000 fl. ö. W.
„ ²/₃ „ 1,255.000 „

*) Statt des tunnellirten Umlaufes kann auch ein offener Abflußgraben angelegt werden, wodurch die Kosten noch reduzirt werden.

Der Einheitspreis sinkt mit der Vermehrung der Kapazität und wäre es Sache des Detailprojektes, zu erwägen, ob es nicht ökonomischer wäre, eine geringere Anzahl von Thalsperren mit einem größeren Niederschlagsgebiete zu proponiren. Wir unsererseits neigen uns der Ansicht zu, daß eine Reduktion der 65 projektirten Reservoirs auf ca. 40 Reservoirs im gleichen Gebiete zulässig ist.

17. Einwölbung der Wien innerhalb des Weichbildes der Stadt.

Die beiden besprochenen Regulirungsmethoden sichern die Stadt und das Wienflußgebiet vor den Gefahren der Ueberschwemmung.

Die Reduktion desjenigen Flußprofils, das man bei bloßer Regulirung der Flußrinne herstellen müßte und die durch Anwendung des Systems der Reservoirs ermöglicht wird, verbessert unläugbar die heutigen Flußverhältnisse, konzentrirt die Niederwässer, beschleunigt die Geschwindigkeit derselben und begünstigt die Durchspülung des Gerinnes.

Wenn jedoch nach wie vor nicht eine radikale Abhilfe geschaffen wird, um die stete Verunreinigung, die Zufuhr der Abfallwässer ec. vom Gerinne abzuhalten, so wird die Wien nach wie vor die alten Uebelstände aufweisen, wenn auch im verminderten Grade.

Allerdings ist es möglich, und wir wollen dies im späteren Kapitel besprechen, größere Mengen der Niederschläge zu magaziniren, um selbe beim Eintritt des niedersten Wasserstandes zur Speisung des Gerinnes und zeitweiser Durchspülung desselben zu verwenden; es ist ferner möglich, die Cholerakanäle so zu erweitern, daß auch die Tagwässer in denselben abfließen und die heutigen Ueberfälle in die Wien beseitigt werden können; es ist ferner möglich, die Cholerakanäle so tief zu legen, daß man bei niederem Wasserstande das wenige Wasser der Wien ganz in dieselben ableitet und das Bett selbst trocken legt, wiewohl wir zu dieser Art der Sanirung mit Rücksicht auf den durchlässigen Untergrund nie einrathen könnten.

Ein radikales Mittel, alle diese Uebelstände ohne Paliativmittel zu beseitigen, sehen wir nur in der Einwölbung der Wien, denn selbst bei einer Ableitung der Wien von Hacking oder St. Veit ab, die enorme Kosten erfordert, würde für das andere Niederschlags-gebiet stets noch ein Wienfluß mit all seiner Misère übrig bleiben, der allerdings ein viel kleineres Profil erhalten könnte.

Es ist selbstverständlich, daß die Einwöl-bung von keinem der beiden Systeme abhängig ist. Für beide Systeme haben wir das Durch-flußprofil für die Wienstrecke innerhalb der Stadt berechnet und müßte eben dieses Durch-flußprofil mit dem nöthigen freien Raum für die Circulation und das Entweichen der Luft bei Eintritt großer Wassermassen überwölbt werden.

Wir haben, um ein Bild dieser Anlage zu geben, in der Taf. XV mehrere Kunst-profile für die Einwölbung der Wien u. zw.: für das Durchflußprofil an der Leopoldsbrücke bei einem lokalen Gefälle von 0·003 entworfen, ohne deshalb eine bestimmte Type festzustellen, und geben hiezu die nöthige Aufklärung.

Kunstprofil IV. Kunstprofil für die volle Abfuhr der Maximal-Ab-flußmenge.
Wasserquerschnitt . . . 112·5 □M.*)
mittlere Geschwindigkeit
bei der Oeffnung à 10 M. . 5·46 M.
bei den Oeffnungen à 8·6 M. 5·23 M.
Abfuhrfähigkeit per Sekunde . 595 Kub.-M.

Kunstprofil V. Bei Regulirung des Abflusses analog dem offenen Profil II mit $^3/_4$ Profil
Wasserquerschnitt . . . 90·9 □M.*)
mittlere Geschwindigkeit
bei der Oeffnung à 10 M. 5·46 M.
bei den Oeffnungen à 6 M. 4·66 M.
Abfuhrfähigkeit per Sekunde . 457 Kub.-M.

Kunstprofil VI. Bei Regulirung des Abflusses analog dem offenen Profil III mit $^2/_4$ Profil
Wasserquerschnitt . . . 82·7 □M.*)
mittlere Geschwindigkeit
bei der Oeffnung à 10 M. 5·46 M.
bei den Oeffnungen à 5 M. 4·35 M.
Abfuhrfähigkeit per Sekunde . 405 Kub.-M.

*) Das Sohlengewölbe ist bis auf halbe Stichhöhe, als mit Schotter angefüllt, nicht in Rechnung gezogen.

Wir dachten uns, daß dann die Cholera-kanäle ganz beseitigt und die Unrathskanäle in die beiden Seitenöffnungen direkt einge-leitet werden.

Die Tonnengewölbe der Oeffnungen à 10 M. erhielten $^1/_?$ Stichbogen, die klei-neren Oeffnungen bei Profil V und VI erhielten die gleiche Stichhöhe.

Das Sohlengewölbe erhielte durchwegs einen Stich von 1·0 M. Höhe.

Die Höhe von der Sohle bis zum Straßen-Niveau beträgt bei dieser Type circa 8·6 M.

Zieht man nun die heute bestehenden Uferhöhen über der Flußsohle in Rechnung, so findet man, daß in einem großen Theile der Flußstrecke zwischen den Brücken diese Höhe bei den Ufern nicht vorhanden ist, und be-finden sich die Ufer unterhalb obiger Kote:

1. Zwischen Stubenthor und Karolinen-brücke auf 370 M. Länge . 1·3 M.
2. zwischen Tegetthoff- und Schwarzenbergbrücke stellenweise . . . . 2·0 M.
3. zwischen Schleineder-, Leopoldi- und Rudolfs-brücke größtentheils . 1$^1/_2$–3·0 M.*)
4. bei der Magdalenen-brücke . . . . . circa 2·0 M.
5. zwischen Pilgram und Nevillebrücke . . . 3·0 M.*)
6. und von der Vieh-triebbrücke bis zur Stadt-grenze gar . . . 4·0 M.*)

Stellenweise liegen die Straßenzüge höher als diese Uferhöhen, dort und namentlich in den sub 1, 2, 3 und 6 genannten Strecken kann man sich mit einer Erhöhung des Ufers helfen, obwohl immer noch eine Differenz von 1 M. übrig bliebe. — In der Strecke oberhalb der Pilgrambrücke müßte man jedoch zu dem radikalen Mittel einer ausgiebigeren Hebung greifen.

Herr Ingenieur Klunzinger, dem das Verdienst zuerkannt werden muß, die Idee der Einwölbung der Wien wieder aufgenommen

*) In diesen beiden Strecken müßten die Ufer bei jeder Art der Regulirung um 1, respektive 2 Meter ge-hoben werden; die Uferkanten liegen übrigens dort ohnehin unter dem Straßenniveau.

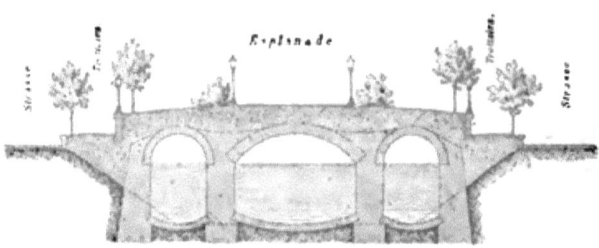

zu haben, schlägt vor, die Sohle so tief zu legen, daß nur stellenweise eine Aufholung des Terrains nothwendig wäre, und an der Stadtgrenze eine Ueberfallswehre einzubauen.

Er erhält dann ein Gefälle

auf 2·323 M. von . . . . 0·0040
„ 1·380 M. „ . . . . 0·0025
„ 1·000 „ „ . . . . 0·0020
auf 4·703 M. durchschnittlich 0·003137

Nach den uns vorliegenden Längenprofil beträgt die Länge der Wien innerhalb der Stadt . . . . 5034 M. die Höhendifferenz . . . . 16·60 M. das mittlere Gefälle ist daher . 0·0033 M.

Eine Senkung der Sohle um 2·5 M. an der Stadtgrenze würde das mittlere Gefälle auf . . . . 0·00282 vermindern, denn eine Senkung der Wienfluß-Sohle bei der Ausmündung in den Donau-Kanal wäre wohl nicht durchführbar.

In Folge dieser Verminderung des Gefälles wäre dann die mittlere Geschwindigkeit bei gleicher Konstruktionstype wie Kunstprofil IV um circa 8". geringer und müßten die Durchflußöffnungen um 6 bis 7 □·M. größer angelegt werden.

Die Mehrkosten der Herstellung wären allerdings keine so bedeutenden, wiewohl die Erdbewegung bei Tieferlegung der Sohle eine ungleich größere wäre, auch an den Bruch des Gefälles vor der Linie ein Ueberfallswehr solidester Konstruktion ausgeführt werden müßte.

Allein wir würden trotzdem nur im äußersten Falle zum Einbau einer Wehre und zu einer so einschneidenden Veränderung des gegenwärtigen mittleren Gefälles ein-rathen, wenn eben kein anderes Auskunfts-mittel mehr vorhanden wäre.

Als solches empfehlen wir, diese Partie des heutigen Wienflusses an diesen Punkten zu überhöhen und das heutige Durchschnittsgefälle nicht zu ändern.

Wir geben hier eine Skizze dieser Idee, wie die Ueberhöhung ungefähr in einer kurzen Strecke zwischen der Tegetthoff- und Schwarzen-bergbrücke aussehen würde, wenn man die angrenzenden Ufer nicht aufholen wollte, und überlassen es dem Projektanten, eventuell eine bessere Lösung vorzuschlagen.

Die heute bestehenden Brücken befinden sich meist bereits in diesem erhöhten Niveau angelegt, nur die zwischenliegenden Strecken müßten solcherart aufgeholt werden.

Bei der Breite des heutigen Flußbettes zwischen dem Schikanedersteg, der Leopolds-und Rudolfsbrücke von ca. 32 bis 36 M. zwischen den Uferkanten, hätte eine Ueber-höhung von 1 M. ohne Parapetabschluß nur eine beiderseitige Neigung des Terrains von ¹/₁₆—¹/₁₈ zur Folge.

Zwischen Parapets abgeschlossene Espla-naden mit Gartenanlagen, die stellenweise selbst 1¹/₂—2 M. höher liegen würden, als die neben hinziehenden Straßen, dürften unseres Erachtens keinen unschönen Anblick gewähren.

Uebrigens wäre es Sache des Detail-projektes, diese Niveauverhältnisse genauer zu studiren, die uns im Zusammenhange nicht vorliegen.

Das Materiale zur Anschüttung ist in Folge des Aushubs des Wienprofils für das

gemauerte Profil zur Genüge vorhanden und
findet da die Verwerthung.

Als Rückgewinn sind dann in Rechnung
zu ziehen sämmtliche heute bestehende Brücken
über die Wien.

Sollte man sich übrigens nicht entschließen
wollen, eine solche Ueberhöhung auszuführen,
so steht noch das allerdings theurere Aus-
kunftsmittel zur Verfügung, die Fluthhöhe
zu verringern und das Kunstprofil zu ver-
breitern.

18. Cholerakanäle.

Will man die Abfallwässer und auch
die Fäkalstoffe, die bei · plötzlichen großen
Niederschlägen durch die Ueberfälle in das
Wienflußgerinne geschwemmt werden, von der
Wien fernhalten, so muß man sich zu einer
Vergrößerung des Querschnittes und einem
Umbau der Cholerakanäle entschließen, oder
parallel noch einen Abflußkanal herstellen. Man
muß sich aus sanitären Gründen entschließen,
diese Kanäle zeitweise durchzuschwemmen, denn
trotz der Hochquellen-Wasserleitung genügen
heute die zufließenden Wassermengen nicht,
um die Fäkalstoffe rasch und energisch zur
Abfuhr zu bringen.

Ein Schwemmsystem, und dies soll jedes
Kanalsystem sein, bedarf weit größerer Wassermengen, als heute überhaupt vorhanden sind.

Wird die Wien eingewölbt, so wird das
Wiengewölbe selbst der Cholerakanal. Man kann

dann anstandslos in die seitlichen Wölbungen
alle Seitenkanäle einmünden, und erstere durch
die Wienwässer selbst durchschwemmen lassen.
Alle Anlagen und Einrichtungen, die man
zur Reinigung und Speisung der Wien zur
Zeit der Niederwässer trifft, kommen den
solcherart angeordneten Sammelkanälen zu
gute.

Es genügt die einfache Einrichtung einer
Schwelle vor der Mittelwölbung, um die
kleinern Wasserstände zuerst diesen Sammelkanälen zuzuleiten oder die Tieferlegung der
Sohle der beiden seitlichen Gerinne um 10
bis 15 Cm.

19. Magazinirung von Waffer zu industriellen, landwirthschaftlichen und sonstigen Zwecken.

Es unterliegt keiner Frage, daß man
nach Maßgabe der Niederschläge Wassermengen in Reservoirs sammeln und in entsprechender Menge und Zeit der besonderen
Verwendung zuführen kann.

Im vorliegenden Falle handelt es sich
jedoch darum, zu wissen, wie sich die Magazinirung größerer Wassermengen mit dem
vorbeschriebenen System der Reservoirsanlagen
zu Zwecken der Regulirung des Abflusses der
Hochwässer vereinigen ließe; ob und unter
welchen Verhältnissen dies überhaupt möglich ist.

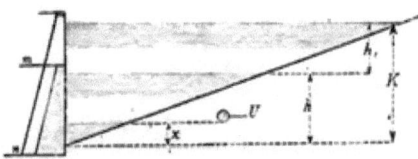

Es wäre ein Reservoir mit dem Abschluß
damm und der Stauhöhe h ausschließlich
zu Zwecken der Regulirung des Wasserabflusses errichtet worden.

Der Wasserstand x im Reservoir bezeichnet die ständigen Reserve, so daß der
Wasserstand h — x jenem Wasserquantum

entspricht, das durch das Maximum der
Ablaufschichte im Gebiete aufgespeichert wird.

U. ist der Umlauf, durch den $^3/_1$ oder
$^2/_3$ der Maximal-Zuflußmenge ins Gerinne
abfließen kann.

Nun beabsichtigt man eine gewisse Menge
Wasser mehr im Reservoir zurückzuhalten, um

es noch Belieben ableiten zu können, und zwar eine Wassermenge, entsprechend der Stauhöhe h', so daß das Maximum der Kapazität dem Wasserstande K im Reservoir entspräche.

Beide Zwecke lassen sich uns durch folgende Einrichtung erreichen:

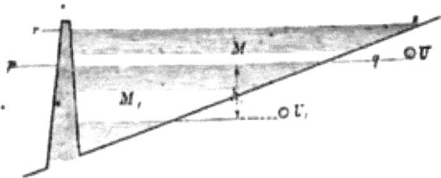

Nennen wir die Gesammt-Wassermenge, die zu Zwecken der Regulirung aufgespeichert wird, M,

diejenige Wassermenge, die zu anderen Zwecken und beliebiger Verwendung aufgespeichert wird, M_1.

Wird der Umlauf U, der $^3/_4$ resp. $^2/_3$ der Maximal Zuflußmenge ableiten soll, so angelegt, daß er sofort zu funktioniren beginnt, wenn der Wasserstand die Stauhöhe p q überschritten hat, über welcher Stauhöhe noch die Wassermenge M im Reservoir bis zur höchsten Stauhöhe r s Platz findet, so kann der mit der Stauhöhe h' bezeichnete Raum des Reservoirs die Wassermenge M_1 aufnehmen, die beliebig verfügbar ist.

Um letzteres Wasser dann abzuleiten, ist ein zweiter Umlauf U_1, entsprechend der abzuleitenden Wassermenge kalibrirt, nothwendig, der eventuell mit Schiebern zur Regulirung des Ablaufes versehen werden kann.

Der Umlauf U bleibt jedoch stets mit vollem Profil geöffnet.

Wie man sieht, ist hier der obere Theil des Reservoirs mit der Kapazität M als Regulator eingerichtet, während der untere Theil des Reservoirs das Wasser zu anderen beliebigen Zwecken magazinirt, und unterliegt es keinem Anstande, beiden Zwecken durch ein um die Bedarfsmenge entsprechend vergrößertes Reservoir gerecht zu werden.

An den Umlauf U_1 kann sich eine Rohrleitung anschließen und man kann das magazinirte Wasser in tiefer gelegene Gebiete leiten, eventuell den Druck des Wassers zum Betriebe von Maschinen ꝛc. verwenden.

Bevor wir das Kapitel schließen, müssen wir auf die Wichtigkeit der Bewässerung der Wiesen und Hutweiden aufmerksam machen, die hiedurch einer intensiveren Bewirthschaftung unterzogen werden könnten. Gerade die an den Lehnen befindlichen Grundstücke leiden durch die raschere Abfuhr der Niederschläge mehr an der nöthigen Befeuchtung, wie die Gründe in der Thalsohle.

20. Anlagen zu Zwecken der Versorgung mit Trink- und Nutzwasser.

Soll das Wasser aus den Thalsperren zur Abgabe von Trink- und Nutzwasser Verwendung finden, so müssen Thalsperren von größerer Kapazität angelegt werden, um das Wasser, wie dies aus den Monographien des I. Theiles zu entnehmen ist, einer länger andauernden Abklärung und Abkühlung, ferner dem Einflusse der Luft und des Lichtes aussetzen zu können. Insbesondere wirkt die größere Tiefe auf die Erniedrigung der Temperatur, wenn auch bei langen Leitungen beobachtet wurde, daß das Wasser in ihnen die Temperatur des Bodens, in dem die Rohre tief genug gebettet sind, und die sich der mittleren Jahrestemperatur des Ortes nähert, annimmt.

Man wird daher für derlei Zwecke große Sammel-Reservoirs mit einem kubischen Inhalte von mindestens 500—600,000 Kub. M. errichten und sie im Uebrigen ebenso behandeln, wie die im früheren Kapitel beschriebenen Thalsperren. Es wird dann nur das M_1 ungleich größer sein als das M.

21. Wienthal-Wasserleitung.

Aus diesem Grunde können wir in der Ausführung des geplanten Projektes für die Wienthal-Wasserleitung weder ein Hinderniß für die bloße Regulirung der Flußrinne, noch ein solches für die Anlage von Thalsperren zu Zwecken der Regulirung des Abflusses erblicken.

Sind die Thalsperren zur Zeit großer Niederschläge leer oder theils entleert, so nützen sie der Regulirung des Abflusses des Hochwassers, sind sie voll, so schaden sie nichts, denn das oben zufließende Wasser geht in gleicher Menge über die Ueberfälle in's außerhalb liegende Gerinne ab.

Die projektirten 4 Thalsperren im Wolfsgraben-, Gablitz-, Thonbach- und Mauerbachthale mit zusammen 2·4 Mill. Kub.-M. Kapazität figuriren in erster Linie als Sammel-Reservoirs und können, wenn ihnen noch eine, um geringes größere Stauhöhe gegeben wird, die dann jedoch einzig als Regulator des zugehörigen Niederschlagsgebiete zu dienen hat, in das Netz der andern Reservoirsanlagen einbezogen werden.

Insolange die anderen, nicht zur Wasserleitung gehörigen Thalsperren im gleichen Gebiete nur als Regulatoren fungiren, kann auch rechtlich seitens der Unternehmer nie ein Einwand aus den ihnen durch die Konzession zugestandenen Verfügungsrechte über das vorhandene Wasser erhoben werden, denn ob das Wasser im Gerinne abläuft, oder durch die höher gelegenen Reservoirs nur durchläuft, ist für die Manipulation der Wasserzufuhr in die Sammelreservoirs der Gesellschaft ganz gleichgiltig.

Sollten jedoch die zu Zwecken der Regulirung erbauten Thalsperren ebenfalls die Aufgabe zu erfüllen haben, größere Wassermengen dauernd zu magaziniren, so käme man allerdings im gleichen Sammelgebiete mit den konzessionsmäßig von der Gesellschaft erworbenen Rechten in Kollision. In den von ihr nicht okkupirten Niederschlagsgebieten steht der Verwendung des Wassers nichts im Wege, insolange nicht Rechte dritter Personen alterirt werden.

Der oft gehörte Einwand, daß durch die Ausführung der Wienwasserleitung Wasser überhaupt entzogen werde, das sonst im Wienflusse abfließen würde und das bei Anlage von Reservoirs zur Soutinirung des Gerinnes bei Eintritt kleiner Wasserstände verwendet werden könnte, ist wohl heute hinfällig, da die Gemeinde bereits ihre Forderung bezüglich Abgabe eines bestimmten Wasserquantums zur Sommer- und anderen Jahreszeit aufgestellt hat, die ja in der Konzessionsertheilung auch berücksichtigt wurde und die die Unternehmung zu erfüllen verpflichtet ist.

Referent:

J. Artur Oelwein.
Ingenieur und Bauinspektor.

III. Theil.

Beantwortung der den Experten vorgelegten Fragen.

Es wurden uns nachfolgende Fragen zur Beantwortung vorgelegt:

Fragen

für eine über die Regulirung des Wien-flusses einzuberufende Expertise.

I. Ist eine Verbesserung der sanitären Verhält-nisse des Wienflusses in Wien und in den angrenzenden Vororten ohne Aenderung der bestehenden Abflußverhältnisse (des Fluß-Regimes) möglich?

A. Im Falle der Bejahung dieser Frage. Soll diese Verbesserung geschehen:

1. Durch Regulirung und Versicherung der Ufer nach einem Normalprofile?

2. Durch Versicherung der Sohle mit vollständiger Auspflasterung oder bloß durch Knöpflasterung einer Kunette?

   Wie wäre bei einer solchen Aus-führung das Flußgeschiebe zurück zu halten oder zu beseitigen?

3. Durch vollständige Einwölbung des Flusses im Bereiche der Stadt?

4. Durch Herstellung mobiler Wehran-anlagen?

B. Im Falle der Verneinung der Haupt-frage I.

Soll die Aenderung im Fluß-Regime geschehen?

1. Durch Vorkehrungen im äußersten Quel-lengebiete u. zw.:

a) Durch ausgedehnte Bewaldung?

b) Durch terrassenförmige Um-gestaltung der Kulturflächen?

2. Durch Anlage von Thalsperren?

3. Durch Anlage von offenen Reservoirs und zwar:

a) im Hauptgerinne und in den Neben-gerinnen oder

b) außerhalb der Gerinne überhaupt?

4. Sollen die offenen Reservoirs dienen?

a) zur Zurückhaltung der Hochwässer?

b) zur Aufspeicherung des Wassers für Wasserversorgung?

c) zur Erfüllung beider Zwecke?

d) zum Betriebe von Motoren?

5. Welche Disposition und Konstru-tionsart ist bei Anlage offener Re-servoirs die zweckmäßigste und sicherste?

6. Wie groß soll das Fassungsver-mögen der Reservoirs in den sub 4. a, b und c angegebenen Fällen sein, um vollständige Sicherheit zu gewähren?

7. Ist die Beibehaltung des Hoch-wasser-Profiles im unteren Laufe nothwendig, wenn die Aenderung des Fluß Regimes geschieht:

a) Durch Bewaldung?

b) Durch terrassenförmige Anlagen?

c) Durch Herstellung von Thalsperren?

d) Durch Anlage von Reservoirs?

8. Wenn die Beibehaltung des Hochwas-ser-Profiles im unteren Laufe nicht als nothwendig erkannt wird:

a) Auf welches Maß kann, ohne die Sicherheit zu gefährden, in den sub 7 a, b, c und d angeführten Fällen das Hochwasserprofil reduzirt werden?

b) In welcher Weise ist für den Abfluß außerordentlicher Niederschläge aus dem Aufnahmsgebiete unterhalb der Reservoiranlagen, somit auch aus den bestehenden Umrathskanälen vorzusorgen?

c) In welcher Weise soll der disponibel werdende Raum des Flußprofiles verwendet werden? (Etwa auch für die Anlage einer Eisenbahn?)

II. Ist die Umgestaltung des Wienflusses in einen Schifffahrts-Kanal ausführbar und empfehlenswerth?

Im Falle der Bejahung dieser Frage:

1. Soll sich eine solche Umgestaltung lediglich auf den Wienfluß beschränken oder ist die Einbeziehung anderer Flußgebiete (und welcher) zu empfehlen?

2. Ist die Führung eines Schifffahrts-Kanales im Weichbilde von Wien im Hinblicke auf die Verkehrsverhältnisse, dann in sanitärer und ästhetischer Beziehung zulässig?

3. In welcher Weise soll für die Alimentation eines Schifffahrts-Kanales gesorgt werden?

4. In welcher Weise kann die gefahrlose Ableitung der Hochwässer geschehen?

5. Kann auf die Rentabilität einer solchen Anlage gerechnet werden?

III. 1. Soll eine Ableitung des Wienflusses und Verlegung desselben aus dem Gebiete von Wien und den angrenzenden Vororten erfolgen?

2. Ist eine Ableitung den in Beantwortung der Fragen I. und II. gemachten Vorschlägen in jeder Hinsicht, namentlich unter Bedachtnahme auf die Kostenfrage vorzuziehen?

Im Falle der Bejahung obiger Fragen:

3. An welcher Stelle außerhalb Wien soll die Ableitung erfolgen?

4. In welchen Wasserlauf soll der abzuleitende Wienfluß geführt werden?

5. Soll die Ableitung vollständig oder theilweise erfolgen, d. h. sollen die Hoch-, Mittel- und Niederwässer, oder sollen nur die Hochwässer abgeleitet und die Mittel- und Niederwässer im alten Bette abgeführt werden?

a) Soll die Ableitung der Mittel- und Niederwässer in einem offenen Gerinne oder

b) in geschlossenen Kanälen erfolgen?

c) Auf Grund welcher Annahmen sind die letzteren mit Rücksicht auf außerordentliche Niederschläge in dem Aufnahmsgebiete unterhalb der Ableitungsstelle zu konstruiren?

6. In welcher Weise soll der disponibel werdende Raum des aufzulassenden Wienflußbettes benützt werden? (Etwa auch für die Anlage einer Eisenbahn?)

Die Fragen zerfallen somit in 3 Gruppen.

I. Verbesserung der sanitären Verhältnisse. — Regulirung des Wienflusses mit Rücksicht auf die Abfuhr der Hochwassermengen. — Regulirung des Wienflusses bei gleichzeitiger Regulirung des Wasserabflusses aus dem Niederschlagsgebiete und die Ausführung der hiezu erforderlichen baulichen Anlagen im Quellengebiete. — Nutzbarmachung des im Niederschlagsgebiete abfließenden Wassers.

II. Schiffbarmachung der Wien.

III. Ableitung der Wien.

Eine gesonderte Beantwortung jeder einzelnen Frage würde zu häufigen Wiederholungen führen und haben wir daher beschlossen, auf die Fragen einer und derselben Gruppe zusammengefaßt zu erwidern.

Beantwortung.

Gruppe I.

Eine Verbesserung der sanitären Verhältnisse des Wien-flusses in Wien und den Vororten ist auch ohne Aenderung der bestehenden Abfluß-Verhältnisse (des Fluß-Regimes) möglich, wenn

die gegenwärtig notorisch stattfindende Verun-reinigung des Wienbettes vollständig beseitigt wird.

Es müßten alle am Wienflusse und die am unteren Laufe der Seitenbäche gelegenen Gehöfte, Fabriken und Ortschaften verhalten sein, das System der Senkgruben ein-zuführen, und es müßte verboten werden, die Fäkalstoffe, den Unrath und Schutt in das Gerinne der Wien zu leiten, oder an dessen Ufern abzulagern.

Die aus Fabriken ablaufenden Schmutzwässer müßten, wenn dieselben organische, der Fäulniß unterliegende Sub-stanzen enthalten, vorher auf chemischen Wege gereinigt, oder mindestens einer Filtration unterzogen werden.

Diese Bestimmungen sind an der Hand des Wasser-rechts-Gesetzes im Wege der politischen Behörde durch-führbar.

Von Schönbrunn und Penzing angefangen, wo bereits eine theilweise Kanalisirung vorhanden ist und in der Zukunft mit Rücksicht auf die fortschreitende Verbauung und die Dichte der Bevölkerung ganz durchgeführt werden muß, sind analog den Choleralkanälen Sammelkanäle längs der beiden Ufer der Wien bis zur Mündung in den Donau-Kanal in solchen Dimensionen auszuführen, daß sie bereits einer künftigen vollständigen Verbauung im zugehörigen Nieder-schlagsgebiete entsprechen.

Die im Weichbilde der Stadt Wien und über die Stadtgrenze hinaus bereits bestehenden Cholera-Kanäle wären daher umzubauen und über Penzing-Schönbrunn fortzu-setzen sein, oder es müßten neben den bestehenden neue Abznhr-Kanäle erbaut werden.

Diese Sammel-Kanäle haben alle Seiten-Kanäle auf-zunehmen und haben dann nicht nur die zugeleiteten Fäkal-stoffe und Schmutzwässer, sondern auch die Tagwässer des zu-gehörigen Niederschlag-Gebietes, endlich jene Wassermengen abzuleiten, die durch die Wasserleitungen und Brunnen den Haus- und Straßen-Kanälen zufließen.

Die Tagwässer müssen mit mindestens 90% der Maximal-Ablaufschichte, d. i. von 0·00272 Millimeter per Sekunde in Rechnung gesetzt werden.

Die heute bestehenden Ueberfälle in die Wien sind zwar auch später für außergewöhnliche Fälle des Niederschlags oder für Fälle von lokalen Hindernissen im Abflusse herzustellen, sollen aber nur unter solchen Umständen funktionieren.

Die Sohle ist am Anfange dieser Sammel-Kanäle so tief zu legen, daß auch die kleinsten Wasserstände der Wien zur zeitweisen Durchspülung derselben benützt werden können.

Wird die Verunreinigung des Wienfluß-Gerinnes solcherart behoben, so wird ein klares und reines Wasser zum Abfluß gelangen, denn die etwa noch eintretenden Verunreinigungen im Quellengebiete oder Mittellaufe der Seitenbäche durch organische Stoffe sind von keinem nachtheiligen Einflusse mehr, da sie bei der Länge des Flußlaufes durch den Einfluß der Luft und des Lichtes zum großen Theile verändert werden.

Ob jedoch selbst bei der rigorosesten Handhabung der bezüglichen Verordnungen eine so vollständige Hintanhaltung jeder Verunreinigung des Flußgerinnes, wie sie gefordert werden müßte, möglich ist, müssen wir bezweifeln.

Zum Schlusse müssen wir noch bemerken, daß erfahrungsgemäß beim Sinken der Wasserstände stets Laub-, Holz- und Pflanzenreste, Schlamm, die durch kein Mittel abzuhalten sind, an den Uferböschungen und Sandbänken liegen bleiben, dort in Fäulniß übergehen und einen üblen Geruch erzeugen. Dieser Uebelstand, der allerdings im Vergleich mit den heute vorkommenden Miasmen nur als eine geringfügige Belästigung erscheinen wird, wird beim offenen Gerinne durch öftere Spülung auf ein Minimum reduzirt, aber nie ganz beseitigt werden können.

Regulirung des Wienflusses mit Rücksicht auf die Abfuhr der Hochwasser-Mengen.

Will man sich jedoch gegen die Gefahren der Ueberschwemmung auch bei Eintritt eines Hochwassers, wie jenes vom 18. Mai 1851 war, schützen, so muß man sich zu einer Regulirung des Wienflusses in der einen oder andern Form entschließen, denn, wie im II. Theile des Berichtes erwiesen wurde, sind sogar im Weichbilde der Stadt einzelne Flußstrecken (von der Pilgrambrücke aufwärts) vorhanden, die das genügende Durchfluß-Profil für so eine Katastrophe nicht besitzen.

Ebenso sind auch die Flußprofile in den Vororten zwischen Gaudenzdorf und Sechshaus vielfach zu klein, stellenweise die Ufer zu niedrig, während das Flußbett im obern Laufe in manchen Partien ganz verwildert und größtentheils gar nicht regulirt ist, so daß selbst bei kleineren Hochwässern wie im Jahre 1881 und am 29. Juli d. J., lokale Ueberschwemmungen und Devastationen der Ufer ꝛc. eintreten.

Ein Hauptgrund dieser mißlichen Verhältnisse ist auch in der Durchführung lokaler Regulirungen im Wienflusse, in systemlosen Uferschutzbauten, in der Verbauung der Ufer in den Sommerfrischen zu suchen, und all dieß ist nur möglich — weil wir bis zum heutigen Tage noch immer keinen behördlich festgestellten Regulirungs-Plan besitzen.

Innerhalb der Stadtgrenze ist das Wienbett gut erhalten, die Böschungen sind mustergiltig hergestellt, an der Stadtgrenze beginnt aber bereits die Verwahrlosung.

Wenn man sich nur mit einer bloßen Regulirung des Wienbettes zu Zwecken der Abfuhr der größten Hochwässer begnügen will, so sind die an der Wien gelegenen Stadt-Distrikte bereits vollkommen geschützt, wenn die auf pag. 76 im II. Theile des Berichtes berechneten Dimensionen tale quale bei allfälliger Aenderung des heutigen Gefälles ausgeführt werden. Wir glauben jedoch aus der Fragestellung zu entnehmen, daß der Gemeinderath der Haupt- und Residenz-stadt nicht diesen engen Standpunkt einnimmt, sondern auch die Initiative für eine Regulirung der außerhalb seines Bannes gelegenen Wienstrecke ergreifen will, um das in nächster Nähe der Residenz gelegene herrliche Wienthal vor den stets wiederkehrenden Katastrophen für immerwährende Zeiten zu bewahren.

Für den Fall der alleinigen Regulirung des Wien-flusses im obern Laufe haben wir ebenfalls in pag. 76 die Durchflußprofile in einigen Strecken, wenigstens annähernd gerechnet und ist es Sache der Detail-Aufnahme, das Sub-strat für die genaue Berechnung zu beschaffen.

Wir beantworten hier gleich die sub A, 1, 2, 3 und 4 für diesen Fall gestellten Fragen:

1. Versicherung der Ufer. Die Art der Versicherung der Uferböschungen hängt hauptsächlich von der Lage derselben an der konvexen oder konkaven Seite des Gerinnes ab.

Die Böschungen an letzterer erfordern, je geringer der Radius des Bogens ist, eine um so widerstandsfähigere Versicherung. An diesen Uferböschungen empfehlen wir unbedingt nur Steinpflasterung mit solider Versicherung des Fußes aus Steinwurf, eventuell noch mit einer Schwelle, die an Piloten befestigt ist, anzuwenden.

Die an der konvexen Seite liegenden Böschungen bedürfen nur bloß einer Begrünung, am Fuße einer Verflechtung und Bepflanzung von Weiden oder Erlen, die kurz geschnitten zu halten ist.

In den geraden Strecken ist der Fuß wenigstens mit Steinwürfen zu versichern, die Böschung auf circa 1 Meter Höhe zu pflastern und im Uebrigen zu begrünen.

Die durchwegs bis ½ Meter über höchsten Wasserstand gepflasterten Böschungen können steiler gehalten werden, sonst ist eine 1½füßige Böschung einzuhalten.

Bei Herstellung der Uferversicherungen wird auf eine allfällige spätere Vertiefung der Flußsohle nach Thunlichkeit Rücksicht zu nehmen sein.

Werden stellenweise Quaimauern oder steilere Böschungen errichtet, so muß dort mit Rücksicht auf das erforderliche Durchflußprofil die Sohle verbreitert werden. Der Anschluß von Quaimauern an die andere Böschung muß kunstgerecht erfolgen.

Holzwände statt Böschungen an den konkaven Ufern zu errichten, empfehlen wir nicht.

Es soll das Regulirungsprojekt nicht als Stückwerk, sondern als ein Ganzes ausgearbeitet, und wenn von der Behörde genehmigt, als eine unverrückbare Grundlage den Gemeindebehörden zur Richtschnur hinausgegeben werden.

2. Versicherung der Sohle.

Einer besonderen Versicherung der Flußsohle bedarf es nicht, da viele Jahre vergehen werden, bis sich die Sohle entsprechend den neugeschaffenen Verhältnissen ausgeglichen hat.

Eine Abpflasterung der Sohle ist enorm kostspielig und selbst nach einer vollständigen Ausbildung des künftigen Gefälles ganz unnütz.

3. Einwölbung der Wien.

Eine Einwölbung der Wien im Weichbilde der Stadt und selbst innerhalb der Vororte bis inklusive Schönbrunn ist nicht nur durchführbar, sondern auch zu empfehlen, denn:

a) man gewinnt das ganze vom Wienfluß occupirte Terrain zu Straßen, Gärten und sonstigen Anlagen;

b) kann der Bau eigener Sammelkanäle ganz entfallen, und können die seitlichen Gerinne der Einwölbung als Sammelkanale benützt werden;

c) wird hiedurch auch den ästhetischen Rücksichten am besten Rechnung getragen, denn die Wien ist ein Gebirgsfluß und bietet den größten Theil des Jahres das Bild eines wasserarmen Gerinnes.

Wir haben das Kunst- und Durchflußprofil für die Strecke an der Leopoldsbrücke entworfen und ist Type IV (Tafel XV.) für die volle Abfuhr der Hochwässer berechnet worden. Sache des Detailprojektes ist es, für die anderen Strecken die entsprechenden Kunstprofile zu ermitteln.

Es ist selbstverständlich, daß eine Einwölbung des Flußgerinnes die Anlage eines unmittelbar vor dem Gewölbe situirten Rechens zum Auffangen von Bäumen, Holztrümmern abgerissener Stege und Brücken, Badehütten zc., die die Hochwasser gewöhnlich mit sich führen, erfordert. Es empfiehlt sich aus Sicherheitsrücksichten, eine zweite gleiche Rechenanlage noch an einem 2—3 Kilom. höher gelegenen Punkte auszuführen, und darauf zu bringen, daß an den Ufern des Flußgerinnes hochstämmige Hölzer nicht kultivirt und daß die Stege derart an den Ufern befestigt werden, daß wenigstens die Ballenlagen nicht fortgerissen werden können, und daß die Badehütten nur aus schwachem Stangenholze zusammenzufügen sind.

4. Wehranlagen.

Wir sprechen uns entschieden gegen jede Wehranlage im Gerinne der Wien aus, da sie im vorliegenden Falle keinen Vortheil bietet, dagegen stets zu einer fortwährenden Veränderung des unmittelbar abwärts gelegenen Flußbettes führt, und die Kosten der Erhaltung jährlich wiederkehren.

Die Geschiebe sollen durch Schwellen in den Seitenbächen zurückgehalten werden.

Wir haben erwiesen, daß mit Zuhilfenahme von Thalsperren im Zulaufgebiete der Abfluß der Niederschläge ohne Anwendung irgend welcher mechanischer Vorrichtungen oder Zuhilfenahme eines eigenen Wärters oder eines Telegraphen derart geregelt werden kann, daß im Flußgerinne beim größten Niederschlag nur so viel Wasser als Maximum abläuft, als das Gerinne, ohne zu überfluthen, fassen kann.

Man kann daher das Durchflußprofil der Wien beliebig wählen, daher auch um ein Viertel, ein Drittel, ja selbst um die Hälfte jenes Querschnittes vermindern, das sonst zur Abfuhr des Hochwasser-Maximums nothwendig wäre (siehe Tabelle auf pag. 76 und Profil I und IV auf Tafel XV) und das Fassungsvermögen dann ziffermäßig bestimmen, das den als Regulatoren dieses Abflusses dienenden Thalsperren gegeben werden müßte.

Im II. Theile des Berichtes, pag. 90, haben wir berechnet, daß bei einer Reduktion des Durchflußprofiles für die Hochwässer ohne Regulirung der Abflüsse mit drei Viertel, resp. zwei Drittel dieses Querschnittes diese Thalsperren einen Fassungsraum von . . . . . . 3,068.000 Cubikmeter resp. von . . . . 3,922.000 „ erhalten müßten, deren Herstellung circa . . . . 982.000 fl. resp. circa . . . . 1,255.000 fl. kosten würde, ein verhältnißmäßig geringer Betrag gegen die Ersparniß an Grund und Boden in Folge der Reduktion des Flußbettes, gegen die Ersparniß an Baukosten bei eventueller Einwölbung der Wien in Folge Reduktion des Kunstprofils und gegen die sonstigen Vortheile eines geschlossenen Gerinnes.

Durch die Regulirung der Abflüsse der Niederschläge für die niederen vorherrschenden Wasserstände ein konzentrirtes Durchflußprofil zu erhalten, hiedurch ihren Wasserstand zu erhöhen, ihre Abflußgeschwindigkeit zu steigern und die stets wiederkehrende Geschiebeablagerung im überbreiten Querprofil zu vermindern, sind Vortheile, die durch bloße Regulirung des Flußlaufes nicht zu erreichen sind, und diese haben uns mit veranlaßt, diese Methode am Schlusse in Antrag zu bringen.

Wir beantworten hier gleichzeitig die noch weitern sub B 1 bis 8 gestellten Fragen.

1. Sollen besondere Vorkehrungen im Quellengebiete vorgenommen werden?

Der Waldkomplex im Niederschlagsgebiete bis Speising (185 Quadratkilom.) beträgt 69·3 Perzent, und genügt schon diese Ziffer für die Behauptung, daß günstigere Bewaldungsverhältnisse wohl selten in einem anderen Quellengebiete getroffen werden. Das andere Gebiet ist meist Wiesenland. Wir sind daher der Ansicht, daß eine noch ausgedehntere Bewaldung nicht mehr erforderlich ist, und nur noch hie und da eine Verbesserung der heutigen Holzbestands-Beschaffenheit einzutreten hätte.

Eine terrassenförmige Umgestaltung der Kulturflächen müssen wir schon mit Rücksicht auf die großen Kosten ablehnen, hielten sie auch sonst nicht für nothwendig.

Was die Anlage von Gräben längst der Lehnen betrifft, um den Abfluß des Wassers zu verzögern, so könnten wir deren Ausführung nur dann empfehlen, wenn die Terrain- und Bodenverhältnisse sich hiezu eigneten, und eine Abrutschung des Bodens in Folge derartiger Anlagen ausgeschlossen wäre.

Wir sind dagegen der Meinung, es seien an bloßliegenden Abhängen, wie dies in der Monographie I vorgeschlagen wurde, Baumreihen in horizontalen Zügen und Hecken anzupflanzen, weil namentlich letztere bei der Schneeschmelze den raschen Abfluß des Wassers verzögern und diese Art der Anpflanzungen von den Grundbesitzern ohne besondere Entschädigungsansprüche ausgeführt werden wird.

2. 3. Anlage der Thalsperren.

Es genügt für die vorliegenden Zwecke, nur den Abfluß der Niederschläge in den Seitenzuflüssen zu reguliren und haben wir die Thalsperren daher auch nur in die Zuflußgebiete verlegt.

Ein Reservoir in das Hauptgerinne des Flusses, insbesondere in den untern Lauf zu verlegen, kann vom technischen Standpunkte zwar nicht beanstandet werden, denn ähnliche Anlagen sind in England, Schottland und anderswo auch ausgeführt worden, allein es erfordert dessen Herstellung, wenn es die Wässer eines großen Niederschlagsgebietes zu fassen hat, auch große und kostspielige Bauanlagen, es unterbricht die Bewegung der Geschiebe, muß deshalb fortwährend geräumt werden, und begründet die Ansprüche auf Entschädigung für Entgang der Schottergewinnung im abwärts gelegenen Flußgebiete. Eines kleinen Niederschlagsgebietes wegen wird man aber gewiß nicht eine Thalsperre ins Hauptgerinne legen, da die Nachtheile die gleichen wären, in der Regel aber Seitenthäler vorhanden sind, in denen die Thalsperren bei gleichem Effect billiger hergestellt werden können.

Bei Thalsperren im Hauptgerinne müßten wir jedenfalls vorschlagen, den Fluß selbst um das Reservoir herum abzuleiten und die Speisung der Thalsperre an einer oben eingebauten Wehre zu reguliren.

4. Welchen Zwecken sollen die Thalsperren dienen?

Als wichtigsten Zweck der Thalsperren bezeichnen wir ihre Eigenschaft als Regulatoren des Abflusses der Niederschläge.

Als Regulatoren hätten sie keineswegs Wasser dauernd aufzuspeichern.

Wir haben jedoch im Berichte, pag. 95. nachgewiesen, daß es keinem Anstande unterliegt, diese Thalsperren auch zur Magazinirung von Wasser anzulegen, ohne daß hiedurch ihr Zweck, als Regulatoren zu dienen, irgendwie beeinträchtigt werden würde.

Die Kapazität solcher, beiden Zwecken dienenden Thalsperren müßte dann um die zu magazinirende Wassermenge plus des Verlustes durch Verdunstung und Versickerung vergrößert werden, und könnte diese letztere Wassermenge in beliebiger Quantität und Zeit zu andern Zwecken ausgenützt werden.

Dieses in Thalsperren magazinirte Wasser kann ebenso gut als Trink- wie Nutzwasser verwendet werden und verweisen wir auf die nähere Begründung in den Monographien 5 und 7. Um Trinkwasser zu magaziniren, müßten jedoch einige Thalsperren besonders als Sammelreservoirs bestimmt werden und diese Thalsperren eine Kapazität von wenigstens 500.000 Kubikmeter erhalten.

Es ist weiter selbstverständlich, daß das Wasser aus solchen Reservoirs ebenso gut zu Zwecken der Bewässerung, wie auch zu Zwecken des Betriebes von Motoren dienen könne, und verweisen wir auf die diesbezüglichen Bemerkungen in der Monographie 7 . . . . .

Es ist aber Sache des Programms, zu bestimmen, ob und zu welchem Zwecke Wasser magazinirt werden soll, um darnach im Detailprojekte vorgehen zu können.

Will man dem Wienflußgerinne bei Eintritt niederer Wasserstände Wasser zuführen, so müssen die entsprechenden Wassermengen aus dem Ueberflusse größerer Niederschläge in den Thalsperren magazinirt werden.

5. Disposition und Konstruktion der Thalsperren.

Wir schließen uns hierin den bewährten Konstruktionen der englischen Ingenieure an, und ist in dem reproduzirten Vortrage des Ingenieurs Rippl pag. 119 und 120, die Type eines für die Wasserversorgung Manchesters ausgeführten Absperrdammes sammt zugehörigen Anlagen dargestellt. Uebrigens haben wir auch im Rosenbachthale auf der ehemals Fürst Paar'schen Besitzung eine nach gleichen Prinzipien hergestellte Reservoir-Anlage.

Wir sind der Ansicht, daß sowohl Erd- wie Steindämme allen Bedingungen eines vollkommen widerstandsfähigen und kunstgerechten Absperrdammes entsprechen, und daß lediglich der ökonomische Standpunkt über die Wahl der einen oder anderen Konstruktionsart zu entscheiden hat.

Das Materiale zu den Steindämmen muß frostbeständig sein.

Erd-Dämme erhalten einen Tegel-Kern, der bis auf die wasserdichte Schichte des Thales reicht. Die Breite der Dammkrone genügt mit $\frac{1}{3}$ der Dammhöhe, die Erdböschung gegen Wasser ist mit 1 : 3, gegen das abwärtige Thal mit 1 : 2 herzustellen. Die Innenseite des Dammes ist zu pflastern, die Außenseite zu begrünen.

Die Dammkrone ist bei Thalsperren bis 100.000 Kubikmeter Fassungsraum 1 Meter, darüber mit 1,₅—2 Meter über den höchsten Wasserspiegel anzuordnen.

Alle Ablaufkanäle und Grundablässe, offen oder eingewölbt, sind bei Erddämmen nicht in den künstlichen Dammkörper, sondern in gewachsenen Boden anzulegen.

Das Dammmateriale ist vorher sorgfältig auszuwählen und in Schichten zu stampfen.

Damit die Dämme nicht vollends austrocknen, hat eine bestimmte Wassermenge stets als konstante Reserve zu verbleiben.

Die näheren Angaben hierüber sind auf pag. 90 enthalten. Die Art der Anlage bei mehreren Reservoirs im gleichen Gerinne wurde in der Skizze auf gleicher pag. ersichtlich gemacht.

Wir ersehen in der Herstellung von Reservoirs, wenn sie kunstgerecht ausgeführt werden, und eine vorangegangene genaue Bodenuntersuchung die Zulässigkeit der Ausführung ergeben hat, keinerlei Gefahr weder für die Bevölkerung der Stadt Wien, noch des Wienthales. Dies bezweifeln diese geradezu alle Erfahrungen, die in anderen Ländern und selbst in Oesterreich bereits gemacht worden sind, verleugnen.

6. Fassungsraum der Thalsperren.

Wir haben für zwei Fälle den Fassungsraum der Thalsperren berechnet und zwar für eine Reduktion des Hochwasserprofiles um $\frac{1}{2}$, dann um $\frac{1}{3}$ des Querschnittes.

Der Fassungsraum dieser Thalsperren beträgt für

das $\frac{1}{2}$ Profil . . . 3,068.000 Kubik-Meter

„ $\frac{1}{3}$ „ . . . 3,922.000 „

und kann man die Rechnung auch für eine weitere Verengung des Durchflußprofiles fortsetzen.

Wir glauben jedoch die Reduktion des Durchflußprofils bis auf die Hälfte des für die volle Abfuhr der Maximal-Wassermenge berechneten Querschnittes als Grenze bezeichnen zu müssen, über welche hinaus man nicht gehen sollte.

7. Ist die Beibehaltung des Hochwasser-Profils im untern Laufe nothwendig, wenn eine Aenderung des Fluß-Regimes eintritt?

8. Wenn die Beibehaltung des Hochwasser-Profils im untern Laufe nicht als nothwendig erkannt wird, auf welches Maß kann es reduzirt werden?

Darauf haben wir mit „nein" zu antworten.

In welcher Weise ist für den Abfluß außerordentlicher Niederschläge unterhalb der Reservoiranlagen, somit auch aus den bestehenden Unraths-Kanälen vorzusorgen?

In welcher Weise soll der disponibel werdende Raum des Flußprofils verwendet werden?

Die Reduktion des Hochwasserprofils hängt von dem Fassungsraum der Thalsperren ab, oder richtiger: der Fassungsraum der Thalsperren ergibt sich, wie aus der vorangegangenen Antwort zu ersehen ist, aus dem Maße, um das man das volle Hochwasserprofil im Flusse reduziren will.

Nach unserem Vorschlage sollen nur die Abflüsse aus jenem Gebiete regulirt werden, wo die Thalsperren ohne übermäßige Kosten errichtet werden können, d. h. in den Seitenthälern der Wien. Es bleibt somit ein Gebiet von 62·1 Quadratkilometer übrig (siehe die in rother Farbe ersichtliche Fläche in Tafel IX), dessen Abflüsse nicht re-

gulirt werden sollen, und für deſſen Maximalabflußmenge die Profile ebenfalls ausreichen müſſen. Dieſes
Maximalabflußquantum per Sekunde beträgt 169 Kubikmeter
und wurde bei Berechnung der Durchflußprofile pag. 91.
berückſichtigt.

Wird die Wien eingewölbt, ſo erſetzen die beiden
Seitenwölbungen die heutigen Cholerakanäle; wird ſie nicht
eingewölbt, dann müſſen die Cholerakanäle vollſtändig umgebaut oder neue Abfuhr-Kanäle errichtet werden, u. z. mit
einer Abfuhrsfähigkeit von mindeſtens 90°, der Maximalab-
laufsſchichte, d. i. von 0·00272 Meter per Sekunde auf das
zugehörige Niederſchlagsgebiet gerechnet, plus des Volums,
das für Fäkal- und Abfallſtoffe und das ſonſt aus Brunnen
und Waſſerleitungen abfließenden Waſſer zugeſchlagen werden
muß.

Will man die Koſten der Einwölbung mit den Koſten
für Herſtellung eines offenen Gerinnes vergleichen, ſo muß
man zu letzterem noch die Koſten für den Umbau der Cholera-
kanäle zuſchlagen, denn wölbt man die Wien nicht ein, ſo
müſſen die Cholerakanäle umgebaut oder neue Abfuhr-Kanäle
hergeſtellt werden.

Was die Verwendung des durch Reduktion des heutigen
Wienflußprofiles gewonnenen Grundes betrifft, ſo iſt zu unter-
ſcheiden, ob dieſes reduzirte Profil offen bleiben oder ob es
eingewölbt werden ſoll.

Beim offenen Flußprofil ergibt die erſparte Grundfläche, beim Wienflußprofil an der Leopoldsbrücke gemeſſen,
an beiden Ufern zuſammen einen Streifen
beim drei Viertel-Projekt von circa . . 5·2 Meter Breite,
beim zwei Drittel-Projekt von circa . 7·4 „ „
u. ſ. w.

Werden die 1 ¹/₂ füßigen Böſchungen einſeitig durch
Stützmauern erſetzt, ſo erſpart man einſeitig einen Streifen
von circa 10 Meter, reſp. 12·5 Meter Breite. Werden beidſeitig
geböſchte Stützmauern errichtet, und verſchiebt man das Bett
der Wien derart, daß die obere Mauerkante der einen Stützmauer mit der heute beſtehenden Uferkante zuſammenfällt, ſo
erſpart man am anderen Ufer der Wien einen Streifen von
20 Meter, reſp. 25 Meter Breite.

Im letzteren Falle hätte man dann Grund genug
gewonnen, um ſowohl eine Tiefbahn, wie auch eine Hochbahn
ohne Beſchränkung des heute vorhandenen Ufergrundes anzulegen.

Ueberwölbt man jedoch die Wien, ſo hat man allen
von der Wien occupirten Grund gewonnen und haben wir
auf pag. 93 die Skizze einer Anlage gebracht, die etwa auf
dem gewonnenen Grunde zur Ausführung gebracht werden
könnte.

Man kann dann den ſolcherart gewonnenen Raum um
ſo leichter für die Anlage der Hoch- oder Tiefbahn benützen,

14*

da die etwa kollidirenden Straßenzüge auch über die Gewölbe verlegt werden können.

Das Detail einer solchen Anlage ist dann Sache der Projektanten der Stadtbahn.

Gruppe II.

Eine Schiffbarmachung der Wien kann durch Kanalisirung ihres Laufes erfolgen.

Nimmt man das Schleußengefälle mit 2 Meter an, so kämen 8 Schleußen innerhalb des Weichbildes der Stadt einzubauen.

An die Schleußenhäupter sind dann die Nadelwehren anzuschließen, die das Wasser bis zur erforderlichen Fahrwassertiefe (etwa 1·8 Meter) stauen würden.

Durch Ziehen der entsprechenden Anzahl Nadeln hätte man es in der Hand, den Abfluß des Wassers zu reguliren. Bei höheren Wasserständen könnten sämmtliche Nadeln gezogen, die Wehre umgelegt und das volle Durchflußprofil dem Abflusse der Wassermengen zur Verfügung gestellt werden.

Einer Kanalisirung müßte die Regulirung der Wien in der betreffenden Strecke vorangehen.

Zur Alimentirung der Schifffahrt müßten die Thalsperren gleichzeitig zur Magazinirung des erforderlichen Wasserquantums eingerichtet werden und genügt eine Vermehrung der Kapazität der zu Zwecken der Regulirung errichteten Thalsperren um 4—4¹/₂ Mill. Kubik-Meter für einen Verkehr von circa 1 Mill. Tonnen. Die Niederschläge im Gebiete sind reich genug, um dieses Wasser zur Verfügung zu stellen.

Die Kanalisirung würde innerhalb des Weichbildes der Stadt ohne Regulirung des Gerinnes und ohne Hafenanlagen circa 1,300.000 fl. kosten.

Die sanitären Verhältnisse werden durch eine Kanalisirung der Wien nicht alterirt.

Aesthetische Bedenken haben wir gegen eine Wasserstraße auch nicht gefunden.

Allein andere Motive veranlassen uns, zu empfehlen, auf diese Idee nicht weiter einzugehen.

Wir zählen gewiß zu den wärmsten Vertretern der Wasserstraßen und würden es im Interesse der Approvisionirung, des Handels und der Industrie Wien's begrüßen, wenn Wien der Knotenpunkt eines Wasserstraßennetzes werden würde.

Wir bedauern recht lebhaft, daß es bisher noch nicht gelungen ist, die mächtigste natürliche Wasserstraße, die Donau, weder in ihrem Laufe, noch in unmittelbarer Nähe unserer Hauptstadt bei allen Wasserständen zu einer guten Schifffahrtsstraße umzugestalten.

So lange aber die wichtigste Wasserstraße nicht die entsprechende Pflege findet, ist überhaupt an eine größere Entwicklung der Schifffahrt nicht zu denken und hieße es geradezu ein großes Kapital für ein verhältnißmäßig untergeordnetes Unternehmen opfern, das besser größeren und wichtigeren Zwecken zugewendet werden könnte.

Eine künstliche Wasserstraße bedarf, soll sie rentabel werden und billig verfrachten, eines großen Verkehrs an Roh- und Massenprodukten und dieser ist in den an der Wien gelegenen Distrikten nicht zu erwarten. Das aufgewandte Anlage-Kapital würde sich daher weder heute noch später verzinsen, denn die zukünftige Fabrikstadt Wien liegt nicht in der Richtung des Wienflusses, und ist somit auch das Bedürfniß für diese Wasserstraße gar nicht vorhanden.

Eine Kanalisirung der Wien würde aber auch eine Einwölbung derselben für immerwährende Zeiten unmöglich machen, und letztere erscheint uns weit wichtiger und nothwendiger als die Umwandlung der Wien in eine Schifffahrtstraße.

.

Gruppe III.

1. **Ableitung der Wien.**

Für eine Ableitung der Wien sind seinerzeit zwei Projekte in Antrag gebracht worden.

Nach dem ersten sollte die Wien von Sechshaus ab abgeleitet werden, entlang der Hundsthurmer-, Matzleinsdorfer- und Favoritenlinie in der Richtung der dortigen Verzehrungssteuerlinie gehen und über das Erdberger Mais in den Donaukanal einmünden.

Wegen der hohen Lage des Terrains sollte die Wien in dem größten Theile der Strecke eingewölbt werden.

Der Durchflußquerschnitt müßte für den Abfluß von circa 580 Kubik-Meter per Sekunde eingerichtet werden.

Für das übrige Niederschlagsgebiet könnten dann allerdings die Choleraknäle entsprechend umgebaut werden, und wäre dann das heute von der Wien occupirte Gebiet innerhalb der Stadt für beliebige Zwecke gewonnen.

Ein Kostenanschlag für diese Anlage lag uns nicht vor, allein es ist zweifellos, daß die Herstellungskosten weitaus mehr als das Doppelte einer Einwölbung der Wien in ihrem heutigen Laufe erfordern würden, da man im letztern Falle die Ausführung eigener Choleraknäle ersparen kann.

Wie wir gehört, haben die Projektanten selbst diese Idee als nicht weiter diskutierbar erklärt.

Nach dem zweiten Projekte sollte die Wien bei St. Veit abgeleitet werden, den Höhenrücken zwischen Speising und Hietzing im offenen Einschnitte durchschneiden, um dann oberhalb Inzersdorf in das Bett der Liesing einzumünden.

Der tiefste Punkt des Einschnitts beträgt circa 43 Meter.

Nun ist die Differenz der Höhenlage zwischen der Wiensohle bei St. Veit und jener der Liesing bei Inzersdorf eine solche, daß für die zwischenliegende Strecke nur ein Gefälle von 0·001 zu gewinnen ist, während das Gefälle der Wien bei St. Veit 0·0045—0·0048 beträgt.

Schon ein so unvermittelter Uebergang des Gefälles kann vom hydrotechnischen Standpunkte nie gutgeheißen werden, weil die von oben mitgeführten Geschiebe bei geringen Hochwässern in Folge der plötzlich abnehmenden Geschwindigkeit im Einschnitte liegen bleiben, mächtiger andrängende Wassermengen, dann aber gewöhnlich, statt die Geschiebe fortzureißen, die Ufer angreifen und die Böschungen zum Einbruch bringen.

Das dem Niederschlags-Gebiete der Wien bei St. Veit (200 Quadratkilometer) entsprechende Maximal-Abflußquantum von circa 500 Kubikmeter per Sekunde würde bei gleicher Fluthhöhe von 3·3 Meter in Folge des verminderten Gefälles ein Durchflußprofil von mindestens 60 Meter Sohlenbreite *) erfordern und mag man sich eine Vorstellung von den bewegten Erdmassen machen, wenn das Aushub-Profil am tiefsten Punkte des Einschnittes bei 1½füßigen Böschungen circa 5300 Kubikmeter per laufenden Meter beträgt. Diese Erdmassen müssen aber anderwärts deponirt werden, als in aufzulassenden Bette der Wien, da dieses erst verfügbar wird, bis das neue Gerinne vollendet ist. Erst dann aber müssen wieder die genügenden Erdmassen zugeführt werden, um das verfügbare Bett der Wien auszufüllen.

In entsprechendem Maße müßten auch die Bette der Liesing und der Schwechat erweitert werden, die dann 500 Kubikmeter Wasser per Sekunde mehr abzuleiten hätten, in denen man aber keine Fluthhöhe von 3·3 Meter voraussetzen kann.

Die Projektanten haben sich allerdings damit helfen wollen, daß sie im Einschnitte die Fluthhöhe von 3·3 auf 7 bis 8 Meter erhöhten, und hiedurch das Durchflußprofil verengen zu können glaubten.

---

*) Die mittlere Geschwindigkeit der Wien beträgt bei St. Veit bei 3·3 Meter Fluthhöhe 5·2 Meter per Sekunde und ermäßigt sich bei gleicher Fluthhöhe in Folge des Gefälles von 0·001 auf 2·55 Meter per Secunde.

Wir konnten jedoch einer solchen Einengung nur dann zustimmen, wenn man das ganze Flußprofil vollkommen ausmauern und gegen eine Auswaschung schützen würde, denn die geringste Unterwaschung der Seitenwände würde bei der großen Höhe des Einschnittes zu einer Abrutschung gewaltiger Massen und zu einer Katastrophe führen.

Ob sich das Terrain überhaupt zu derlei Einschnittstiefen, deren Sohle fortwährend naß ist, eigne, kann erst eine genauere Bodenuntersuchung ergeben; es müßten jeden falls Bodengattungen sein, die keinerlei Neigung zur Rutschung haben.

Daß ein so gewaltiges Défilé eine Entwerthung der Nachbargründe in ziemlich weiter Zone zur Folge hat, ist sicher und ist daher eine auch nur annähernde Schätzung der Einlösungs-Kosten kaum möglich.

Für das übrige Niederschlagsgebiet von ca. 24 ☐Kilometer müßte noch ein Flußgerinne von allerdings geringern Dimensionen offen gehalten werden und könnten im Weichbilde der Stadt und der Vororte ebenfalls die Sammel-Kanäle für die Abfuhr dieser Wässer umgestaltet werden.

Auch zu diesem Projekte, das noch aus den Jahren des wirthschaftlichen Aufschwungs 1872 und 1873 herstammt, müssen wir das gleiche, wie zum ersten Projekte bemerken, daß die Kosten der Einwölbung der Wien im heutigen Laufe der Wien ungleich geringer sind und daß schon aus diesem Grunde auf eine ernstliche Verfolgung dieser Idee nicht eingegangen werden kann, wenn auch die erwähnten technischen Bedenken nicht vorlägen.

2. Projekt eines Sammelkanals, abzweigend aus der Wien bei Baumgarten.

Wir müssen noch zum Schlusse das seitens des Stadtbauamtes angeregte Projekt besprechen, nämlich abzweigend von der Wien bei Baumgarten einen gewölbten Kanal herzustellen, der über Breitensee, Hernals, Währing, Döbling oberhalb des Bahnhofes der Franz Josefs-Bahn in einen längs des Donaukanales von Nußdorf bis in die große Donau projektirten Sammelkanal münden würde, und der den Zweck hätte:

1. einen Theil des Wienfluß-Wassers abzuführen und gleichzeitig die Uebewässer des Als- und Ottakringer Baches aufzunehmen, die bei der zunehmenden Verbauung in Folge des raschen Abflusses der Niederschläge schon bedeutend überlastet und zu gering profilirt sind;

2. die nöthigen Wassermengen zur kräftigen Durchspülung des nordwestlich gelegenen Kanalnetzes von Wien und den Vororten zu liefern.

Die Ausführung dieses Projektes müssen wir auf das Wärmste unterstützen, denn es verfolgt den für die Sanirung der westlich gelegenen Vororte und Vorstädte hochwichtigen

Zweck, einen genügend großen Spülkanal zu erbauen, und das Wasser der Wien und der anderen vorgenannten Bäche zur gründlichen Reinigung nutzbar zu machen. Es wird somit schon jetzt einem Bedürfniß abgeholfen, das von Jahr zu Jahr bei der immer fortschreitenden Verbauung immer dringender werden wird.

Diesem Projekte käme die Anlage von Reservoiren auch zu statten, da in ihnen das zur intensiven Spülung erforderliche größere Wasserquantum auch bei Niederwässern der Wien magazinirt werden kann.

Anträge der Experten.

Wie aus dem Berichte und der Beantwortung der an uns gestellten Fragen zu ersehen ist, gibt es je nach den Zielen, die verfolgt werden, mehrere Lösungen für die Sanirung der bestehenden Verhältnisse und für die Regulirung der Wien.

Ebenso hängt das Fassungsvermögen der Thalsperren, falls man sich auch für eine Regulirung des Abflusses aus dem Niederschlagsgebiete entscheidet, wieder von der Bestimmung ab, ob noch andere Wassermengen und zu welchem Zwecke magazinirt werden sollen.

Der Projektant muß aber, soll er sich nicht in einer Menge von Kombinationen erschöpfen, ein klar gegebenes und genau umschriebenes Programm besitzen.

Zu diesem Behufe haben wir die folgenden Anträge formulirt, damit sie vom Gemeinderathe diskutirt, angenommen oder entsprechend verändert werden; die jeweilig gefaßten Beschlüsse bilden erst die Grundlagen für die weitere Ausarbeitung des definitiven Projektes.

Unsere Anträge, welche gleichzeitig die Grundlage des Projektes bilden, lauten:

1. Es ist das System der Thalsperren im Zulaufgebiete des Wienflusses anzuwenden, um gleichzeitig die Abflüsse im Niederschlagsgebiete reguliren zu können.
2. Das Durchflußprofil ist für ¹⁄₂ der Maximal-Abflußmenge festzustellen.
3. Innerhalb des Weichbildes der Stadt ist das Durchflußprofil der Wien einzuwölben und sind die Vororte einzuladen, diese Einwölbung über Schönbrunn-Penzing fortzusetzen.
4. Die beiden seitlichen Gerinne der Einwölbung sollen die bestehenden Choleralkanäle als Sammelkanäle ersetzen und haben alle gegen die Wien fallenden Haus- und Straßenkanäle in diese Seitenwölbungen einzumünden.
5. Die Choleralkanäle werden sonach aufgelassen.
6. Für die zeitweise Durchspülung der Sammelkanäle ist ein Wasserquantum von mindestens 20.000 Kubik-M. (c. 340.000 Ein.) per Woche in den Thalsperren aufzuspeichern, was bei Ermittlung der Kapazität der Reservoirs zu berücksichtigen ist.

7. Die Sohle der seitlichen Gerinne in der Einwölbung ist am 10—15 Cm. tiefer zu legen als das Hauptgerinne. Die Sohle der Sammelkanäle in den Vororten ist am Anfange so tief zu legen, daß die Einmündung bei einer allfälligen Vertiefung der Flußsohle nicht höher als die Flußsohle zu liegen kommt, und daß dann durch eine einfache Leitschwelle, die von Fall zu Fall eingelegt wird, die Niederwässer der Wien zur Spülung benützt werden können.

Im Interesse einer rationellen Durchführung und im Interesse der Sicherstellung eines günstigen Effektes der ganzen Wienfluß-Regulirung stellen wir noch die weiter folgenden Anträge:

A. Die Regulirung der Wien hat sich nicht bloß auf die Verbesserung der sanitären Verhältnisse im Weichbilde der Stadt, sondern auch auf die Hintanhaltung aller und jeder Ueberschwemmungs-Gefahr im ganzen Flußgebiete auszudehnen.

B. Sämmtliche Vorarbeiten und Projekte sind unter einheitlicher Leitung auszuführen.

C. Vor Allem ist das Projekt für eine Regulirung des Flußlaufes der Wien vom Quellengebiete bis zur Mündung auszuarbeiten; die Verfassung der Regulirungs-Projekte für die Zuläufe ist Sache der betreffenden Gemeinden, doch ist jedes derartige Projekt mit dem Projekte der Regulirung des Hauptgerinnes in Einklang zu bringen und von der mit der Ausführung und Ueberwachung betrauten technischen Stelle zu begutachten, zu verwerfen oder abzuändern.

D. Der behördlich genehmigte Regulirungsplan ist als obligatorisch an die Gemeinden bkanntzugeben; auf Grund desselben ist für die Regulirung der Flußrinne eine Wassergenossenschaft zu bilden und derselben auch in der Folge die flußpolizeiliche Aufsicht zu übertragen. Die Arbeiten sind auf ungefähr 3 Jahre zu vertheilen.

E. Den Ortschaften an der Wien und an der Einmündung der Seitenzuflüsse ist im Wege der politischen Behörde jede Verunreinigung des Wienflusses durch Ableitung der Fekalstoffe, durch Ablagerung von Schutt und Unrath mit aller Strenge zu verbieten, Farb- und Schmutzwasser sind, wenn sie organische und überhaupt der Gesundheit schädliche Substanzen mit sich führen, vorher von diesen zu reinigen.

F. Sollten die Vororte die Einwölbung der Wien nicht fortsetzen, so sind sie im Wege der politischen Behörde zu verhalten, Sammelkanäle in einem der zukünftigen Theile der Bevölkerung entsprechenden Querschnitte, oberhalb Schönbrunn-Penzing angefangen bis zur eingewölbten Wien, herzustellen, und haben dann diese Sammelkanäle in die seitlichen Wölbungen einzumünden.

G. Die Projektanten für die Stadtbahn wären nach erfolgter Beschlußfassung über die sub 1, 2, 3, 4, 5, 6 und 7 genannten Anträge einzuladen, ihre Projekte mit dem Projekte der Wienfluß-Regulirung in Einklang zu bringen, die erforderlichen Typen für das Kunstprofil auszuarbeiten und vorzulegen, das Ausmaß des für ihre Bahnanlage und deren Betrieb beanspruchten Arreals anzugeben, endlich über die Beitragsleistung zu den geplanten Regulirungsarbeiten, eventuell bezüglich des zu entrichtenden Pacht-Betrages für den dauernd zu okkupirenden Grund die diesbezüglichen Anträge zu stellen.

H. Erst nach Maßgabe des Erfolges der Verhandlungen mit den Projektanten der Stadtbahn wären über die weitere Verwendung des verfügbaren Grundes, der zu schaffenden oder umzugestaltenden Straßenzüge, der zu Bauzwecken oder öffentlichen Gartenanlagen bestimmten Flächen Vorschläge auszuarbeiten.

J. Die wirthschaftlichen Vortheile einer intensiven Ausnützung des im Wienfluß-Gebiete verfügbaren Wasserquantums wurden bereits im Berichte eingehend besprochen, und empfehlen wir, das sonst unnütz abfließende Wasser in den Thalsperren zu magaziniren und zu Zwecken der Industrie, des Gewerbes, der Landwirthschaft und zur Beschaffung von Trink- und Nutzwasser zu verwenden.

Ist dies Ziel auch nicht in den ersten Jahren zu erreichen, so soll dasselbe wenigstens in spätere Zeit angestrebt werden.

Wien im August 1882.

Die Experten:

Gottlieb Jänner,
k. k. Ober-Ingenieur.

Dr. Julius Hann,
k. k. Professor und Director der meteorologischen Reichsanstalt.

Josef Andreas Knobloch,
beh. autor. Civil-Ingenieur.

Robert Miklitz,
k. k. Ministerialrath und Ober-Landforstmeister.

Dr. Josef Nowak,
k. k. Professor und Mitglied des n. ö. Sanitätsrathes.

J. Arthur Oelwein,
Ingenieur und Bauinspektor der k. k. Direction für den Staatseisenbahn-Betrieb in Wien.

Karl Maria Paul,
k. k. Bergrath.

Josef Riedel,
Ingenieur und Kulturtechniker.

Das englische Wasserversorgungs-System in hygienischer und technischer Beziehung.

Vortrag des Ingenieur B. Keppl, Dozenten für Hydrographie, Wasserversorgung und Städte-Kanalisation an der k. k. technischen Hochschule in Graz.

Mit Rücksicht auf die Art der Wasserentnahme für Wasserversorgungs-Anlagen läßt sich bezüglich des Wassers folgende Eintheilung treffen:

A. Oberirdische Wasser:
aus Niederschlagsgebieten abfließend:

Wasserversorgungs-Systeme:

1. Flüsse, Bäche und sonstige Wasserläufe . . . . . Fluß-Syst. 1.
Aus Niederschlagsgebieten gesammelt:

2. Seen (natürl. Reserv.) . See-Syst. 2.
3. Reservoire (künstl. Seen) . Engl. Syst. 3.

B. Unterirdische Wasser (Grundwasser im Allgemeinen):
Natürlich hervorbrechend:

Wasserversorgungs-Systeme:

4. Quellen . . . . Quellen-Syst. 4.
Künstlich erschlossen:

5. Dünenwasser . . . . . Dünen-Syst. 5.
6. Grundwasser (natürl. Filtration) aus Diluvien . Grundw.-Syst. 6.
7. Artesische Brunnen . . . Artes. B.-Syst. 7.

Jedes dieser Systeme hat gewisse Vortheile und Nachtheile, und man muß bei der Auswahl des Systems für die Wasserentnahme mehrere Umstände gleichzeitig berücksichtigen. Insbesondere sind es Qualität und Quantität des Wassers, dann aber auch die Kosten der Anlage und des Betriebes, denn diese müssen für den betreffenden Ort auch erschwingbar sein.

Die Brauchbarkeit eines Wasserversorgungs-Systems läßt sich daher allgemein durch nachstehende Form darstellen:

$$\text{Brauchbarkeit} = \frac{\text{Quantität} \times \text{Qualität}}{\text{Anlagekosten} \times \text{Betriebskosten}}.$$

Je nachdem man dem einen oder anderen Faktor mehr Gewicht und Werth beilegt, stellt sich die Brauchbarkeit irgend eines Systems auch mehr oder minder günstig dar.

Bei vielen Städten jedoch hat man in Folge der örtlichen Lage oder des ungeheueren Bedarfs (in Großstädten) selten die Auswahl über mehr

als zwei Systeme, ja wenn man mit wirklichen Zahlen zu rechnen anfängt, wird man sogar auf ein einziges System zurückgedrängt.

Als diesbezügliches Beispiel möchte ich Hamburg anführen. Diese Stadt wird seit 1849 bis heute noch mit unfiltrirtem Elbwasser versorgt. Das Wasser ist in ausreichendem Quantum vorhanden, aber die Qualität ist unzureichend. Seit Jahren ist die Einführung einer besseren Wasserversorgung Gegenstand der eingehendsten Erörterungen und Studien. Man hat Quellen auf einem Umkreis von 30 Meilen Rad., sodann Grundwasser, artesische Brunnen in ernste Erwägung gezogen, aber keine der Entnahmen war praktisch möglich. Hätte man doch sämmtliche Quellen, die am Harze die verschiedensten Bäche und Flüsse speisen, in Anspruch nehmen müssen, um nur der künftigen Halbmillionen-Stadt ausreichend Wasser bieten zu können. Welche Kosten und Schwierigkeiten die Regelung der rechtlichen Verhältnisse verursacht hätten, läßt sich gar nicht berechnen. Das Resultat aller Studien und Expertisen, denen auch Pettenkofer ganz beistimmte, war: „Unter den gegebenen Verhältnissen ist es das einzig Rathsame, das Elbwasser einer rationellen Sandfiltration zu unterziehen, um ein gesundheitsunschädliges Wasser für Hamburg zu erlangen" — wie es in unmittelbarster Nähe in Altona bereits seit 23 Jahren geschieht.

Jedes der genannten sieben Wasserversorgungs-Systeme hat hinsichtlich seiner Anlage seine besondere Eigenthümlichkeit, die eben durch die jeweilige Art der Wasser-Entnahme selbst bedingt ist. Aber auch die Qualität des Wassers tritt in einzelnen Systemen in mehr charakteristischer Weise hervor.

Bisher waren mir aus eigener Anschauung gelegentlich meiner Exkursionen, die ich seit sieben Jahren in den Ferienmonaten immer mache, die Systeme 1, 2, 4, 5, 6 und 7 bekannt. Wo immer ich in Norddeutschland, Holland und Belgien ein hervorragendes Wasserbauwerk fand, fast immer waren es englische Ingenieure, welche es erbaut hatten.

Das System 3 jedoch kannte ich, trotz seiner ausgebreiteten Anwendung, nur aus der Literatur. Bloß ein einziges Mal, es war im Jahre 1877, hatte ich Gelegenheit, einen flüchtigen Eindruck während zweier Stunden zu erhalten: es war bei Gileppe in Belgien, wo eine 47 Meter hohe Mauer als Thalabschluß errichtet wurde. (Servier.)

Mit großen Hoffnungen auf eine reiche Ausbeute aber rüstete ich mich in dem verflossenen Sommer zur Ferienreise, da es mir diesmal durch die Munificenz des hohen Unterrichts-Ministeriums ermöglicht wurde, meine Exkursion auf England und Schottland, das eigentliche Vaterland der modernen Wasserversorgung auszudehnen.

Schon bald, nachdem ich einige Tage in London in der Bibliothek des Institutes der Civil-Ingenieure gearbeitet hatte, um mich über mein Lieblingsgebiet, die Wasserversorgung, zu orientiren, wurde ich gewahr, daß da in England eine solche Fülle großartiger Anlagen vorhanden ist, die mich — hätte ich nur die wichtigeren allein studiren wollen — erdrückt und mindestens 7 Monate statt der mir zur Verfügung stehenden 7 Wochen Zeit erfordert hätte. Das Instruktivste und Interessanteste von Allem jedoch, was ich im Laufe von 7 Wochen dort kennen gelernt habe, bilden die Gravitationsleitungen aus Wasserreservoiren, respektive das „Englische System der Wasserversorgung."

Das englische System wird in unserer Fach-Literatur deshalb so bezeichnet, weil wir es von England her, wo es allgemein in Anwendung ist, zuerst kennen gelernt haben. Doch sollte es eigentlich das indische System heißen, denn schon die alten Indier haben vor fünf Jahrtausenden dieses System in Anwendung gebracht, und zwar in einem Maßstabe, wie wir es eigentlich gar nicht ahnen würden.

Das System basirt auf der Anwendung künstlicher Reservoire in Quellengebieten von Flüssen, und zwar sucht man diese Reservoire so hoch zu legen, daß sie die zu versorgende Stadt beherrschen, daß also das Wasser durch natürlichen Druck nach dem Orte seiner Bestimmung gebracht wird.

In dieser Beziehung stimmt das System mit dem Hochquellen-System überein und beide bezeichnet man als Gravitations-Systeme. Am liebsten werden gleich die Thäler direkt abgeschlossen durch einen Querdamm, der an den beiderseitigen Berglehnen entsprechend eingebunden wird.

Hinter diesem Querdamm nun staut sich das Wasser auf und bildet einen künstlichen See (Sammelreservoir, Vorrathsreservoir oder Massen-

reservoir genannt), in welchem sich jenes Wasser ansammelt, das früher in dem Bache oder Flusse an dieser Stelle geflossen ist. Ein Vorraths-Reservoir wird also gespeist aus Quell-wasser, Grundwasser, Flußwasser, direktem Niederschlagswasser, und steht in inniger Abhängigkeit von der Niederschlagsmenge, welche im Sammelgebiete fällt.

Der Hauptzweck der Vorrathsreservoire ist:
1. Die Schwankungen, welche im Zufluß und Verbrauch des Wassers im Laufe des Jahres eintreten, auszugleichen — während bekanntlich die Dienstreservoire die Tagesschwankungen auszugleichen haben.
2. Das Wasser zu verbessern, indem es einerseits die mechanisch beigemengten Verunreinigungen zum Absetzen bringt — das Wasser klärt — und andererseits durch den steten Kontakt der freien Atmosphäre mit dem Wasser die organischen Substanzen, die etwa vorhanden sind, möglichst zerstört.

Es ist das die „Aeration", ein natürlicher Prozeß, der in so mächtigem Grade wirkt, daß er nicht unterschätzt werden darf.
3. Die Temperatur-Differenzen, die im Laufe des Jahres früher in dem Flußwasser eintraten, nunmehr auszugleichen, so daß das Wasser in dem großen Wasserkörper kühl erhalten bleibt.

Ich werde später bei der Qualität des Wassers noch auf die beiden letztgenannten Punkte zurückkommen.

Wenn wir Zufluß und Konsum des Wassers mit einander vergleichen, so stellt sich das grafisch so dar:

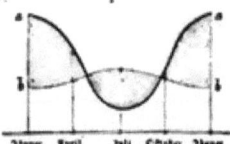

Jänner April Juli Oktober Jänner

Stellt a die Kurve des nutzbaren Zuflusses in das Reservoir, b hingegen den Konsum in derselben Zeit dar, so sehen wir, daß eine gewisse Zeit hindurch der Verbrauch größer als der Zufluß ist. So viel als das ganze Deficit be-

*) Selbstverständlich dient das aufgespeicherte Wasser nicht bloß zur Versorgung des betreffenden Ortes, sondern auch zur Entschädigung an die Wasserbezugsberechtigten. (Kompensation.)

trägt, muß aufgespeichert werden, damit der Bedarf gedeckt wird. Natürlich muß das benöthigte Aufspeicherungsquantum auch als Ueberschuß in der anderen Periode vorhanden sein. Das vorliegende System nun ist in Großbritannien das herrschende, fort und fort werden Wasserversorgungen darauf basirt. Selbst solche Städte, welche ursprünglich Quellenleitungen hatten, kamen allmälig auf das Reservoirsystem. So lange nämlich der Konsum die Minimalergiebigkeit nicht überschritt, so lange hatte man keinen Wassermangel. Als aber die Einwohnerzahl und mit ihr der Konsum derartig stieg, daß die Zuflußkurve von der Verbrauchskurve nicht bloß berührt,*) so trat Wassermangel ein, der Anfangs anderweitig gedeckt werden mußte (Fluß, Brunnen), schließlich aber durch Anlage von Vorrathsreservoiren, in welchen sich das verfügbare Quellenwasser aus der Zeit des Ueberschusses sammelte, behoben wurde. Ein äußerst instruktives Beispiel in dieser Richtung fand ich an der schönen schottischen Hauptstadt selbst.

Edinburgh eröffnete 1882 eine Quellenleitung, welche ihr Wasser aus den Crawley- und Glencorse-Quellen von dem südwestlich der Stadt gelegenen Pentland-Gebirge bezog.

Gleichzeitig wurde im Glencorse-Thale ein Reservoir erbaut, aber ausschließlich zu Kompensationszwecken für die Mühlenbesitzer im North-Esk-Thale.

Schon 1879 mußte behufs Einbeziehung neuer Quellen eine weitere Parlamentsakte erwirkt werden.

Da trat 1842 eine außerordentliche Dürre ein, so daß die Quellen der Wasserversorgung durch eine beträchtliche Zeit beinahe erschöpft waren.

Die Folge davon war, daß abermals eine neue Lokalakte erworben werden mußte. Dieser Akte vom 1843 zufolge nun wurden neue Quellen und Bäche einbezogen u. zw. in der Weise, daß in den verschiedenen Thälern der Pentland-Hills vier Reservoire erbaut wurden, in welche sich die Quellenabflüsse und Bäche ergießen sollten.

Ebenso wurde das vorhandene Kompensations-Reservoir um 1·5 M. erhöht und die Wasserentnahme für die Stadt nun direkt auch aus diesem Reservoire bewirkt.

Alle fünf Reservoire haben nach jener Parlamentsakte einen Fassungsraum von 3·1 Mill.

*) In diesem Falle ist die Grenze der Leistungsfähigkeit des bezüglichen Quellensystems erreicht.

Kub.-M., wovon aber täglich 9786 Kub.-M. an die Mühlenbesitzer abzugeben waren. Gleichzeitig wurden Filteranlagen vorgeschrieben.

Damals war eine Bevölkerung von 190.000 Einwohnern mit 136 Liter per Tag zu Grunde gelegt.

Die so geschaffene Wasserversorgung funktionirte bis auf die neueste Zeit heraus. Da aber mittlerweile auch noch Leith, Portobello und New-Haven mit in die Wasserversorgung einbezogen wurden, so hat man vor drei Jahren wieder eine Parlamentsakte für ein neues östlich vom Pentland-Gebirge gelegenes Niederschlagsgebiet erworben. Um nämlich diese 9786 Kub.-M. Wasser, die aus den Pentland-Hills gesetzlich an die Müller zu liefern sind, auch noch für städtische Versorgungszwecke erlangen zu können, erbaut man vier Reservoire im neuen Sammelgebiet und entschädigt die alten und neu hinzukommenden Müller aus den genannten Reservoiren.

Im Augenblicke sind diese Anlagen in der Bauausführung begriffen. Zur Zeit meiner Anwesenheit im September v. J. funktionirten bereits zwei Reservoire, eines stand unmittelbar vor der Eröffnung und bei dem vierten begann man mit den einleitenden Bauarbeiten. Aehnliche Stadien wie bei Edinburgh sehen wir die Wasserversorgung bei anderen Städten durchwachsen.

Viele andere volkreiche Städte wieder haben in den letzten Jahrzehnten ihre Wasserversorgungsfrage in der Weise gelöst, daß sie gleich vom Anfange an nur die Vorraths-Reservoire in's Auge faßten, und so ist denn dieses System seit vollen 40 Jahren in Großbritannien in Anwendung, ja es fand solchen Eingang, daß heute in England und Schottland allein gegen 500 Städte und Orte mit circa 9 Millionen Einwohnern, d. i. ein Drittel der Gesammtbevölkerung, auf diese Weise mit Wasser versorgt werden.

Im großen Ganzen kann man sagen, daß die nördliche Hälfte Englands und ganz Schottland das Reservoir-System in Anwendung bringt, in der südlichen Hälfte Englands jedoch in Folge der geologischen Verhältnisse (klüftige Kreidefelsen), die derartigen Anlagen weniger günstig sind, andere Versorgungssysteme vorherrschen.

Ich muß gestehen, daß ich erst durch meine Studienreise so recht Aufklärung über die englischen Wasserversorgungs-Verhältnisse erlangt habe. Darnach habe ich aber auch die volle

Ueberzeugung gewonnen, daß dieses Reservoir-System das System der Zukunft in unseren industriellen und starkbevölkerten Kontinentalstaaten überall dort sein wird, wo es die geologischen Verhältnisse halbwegs gestatten.

Diese zwei großen Karten, die zusammen gegen 400 Quadratmeilen Fläche umfassen, enthalten jene Distrikte, die ich bereits bereist habe. Durch grüne und blaue Farbe habe ich die wichtigsten Niederschlagsgebiete jener Städte angedeutet, welche aus Sammelreservoiren ihren Wasserbedarf decken. Es sind das die sogenannten Ordonnance Maps, die beiläufig unseren Generalstabskarten entsprechen. Die Karten sind außerordentlich gut, denn ich bin Tage lang darnach in den Gebirgen gereist, ohne irgend Jemand um den Weg zu fragen. Diese 69 getrennten Niederschlagsgebiete zusammen aber versorgen über 300 Städte und Orte mit Wasser. Beispielsweise liefert Bradford allein noch 33 anderen Ortschaften das nöthige Wasserquantum. Trotz der größten Ausnützung der Zeit konnte ich natürlich nicht alle diese Wasserversorgungen in Augenschein nehmen. Ich habe nur folgende Städte in dieser Hinsicht näher kennen gelernt: Leicester, Manchester, Liverpool, Bolton, Bury, Rochdale, Bradford, Leeds, Sheffield, Dewsbury, sodann in Schottland Edinburgh, Glasgow (Gorbals-Distrikt und Loch Katrine), Stirling, Dundee. Doch ist es mir gelungen, mir ein vollständig überzeugendes Urtheil zu bilden auf Grund von 73 Reservoiren, die ich an Ort und Stelle gesehen, nunmehr, als ich sie in allen Stadien des Baues und Betriebes verfolgen konnte.

Ich will nun das in Rede stehende System in seinen Hauptzügen besprechen und zwar vorerst die Konstruktion der Anlage (technischer Theil), sodann die Qualität des Wassers (hygienischer Theil).

Auf den vorliegenden Plänen habe ich den Typus einer Reservoir-Anlage dargestellt, wie er zur Zeit in England als zweckmäßig anerkannt wird. In dieser Weise sind auch alle Reservoire im Etherow-Thale für die Manchester-Versorgung ausgeführt. Ueberhaupt haben mir die Anlagen für Manchester unter allen, die ich in England und Schottland gesehen habe, am besten gefallen.

An einer geeigneten engeren Stelle des Thales wird ein Querdamm errichtet von dem in Fig. 2 dargestellten Querschnitte.

In der Mitte des Dammes ist ein undurchlässiger Kern (puddle wall), der von der Dammkrone bis zum wasserdichten undurchlässigen Gestein hinabreicht.

Im vorliegenden Falle wurde angenommen daß 15 M. tief hinabgegangen werden mußte; doch ist das noch bei Weitem nicht das ungünstigste, denn bei den Liverpool-Reservoiren am Rivington Peak mußte vielfach über 30, ja sogar bis 51 M. unter das natürliche Terrain gegangen werden, um auf wasserdichtes Material zu kommen.

Als wasserdichtes Material erscheint dort an dem Pennine-Gebirge der sog. „Shale", ein dunkler Thonschiefer von dieser Beschaffenheit (Redner weist ihn vor). Den einen Schiefer habe ich mir aus dem Thornton-Reservoir (Bradford), das gerade im Baue war, selbst aus der 20 M. tiefen Baugrube heraufgeholt. Ebenso dem zweiten Schiefer, den ich mir vom neuen Scrup-Reservoir (Leeds) mitgenommen habe.

Das zu durchbrechende, nicht wasserdichte Gestein ist der Kohlensandstein der durch seine Risse, die vertikal und horizontal laufen, oft in förmliche Quaderblöcke abgetheilt ist.

Auch davon habe ich mehrere Proben mitgenommen. Das hier ist ein Sandstein, wie er in der Nähe des Woodhead-Reservoirs im Etherowthale (Manchester) zu Tage liegt. (Manchester-Sheffield-Bahn). Auf dem Sandstein liegt dann Sand und schließlich eine Schichte Moor haben.

Die ganze Landschaft im Pennine-Gebirge macht einen höchst eigenthümlichen Eindruck. Das Pennine-Gebirge zieht sich bekanntlich von der schottischen Grenze, östlich von Carlisle, in der Richtung von Nord nach Süd bis gegen Birmingham und scheidet hauptsächlich die beiden Grafschaften Yorkshire und Lancashire von einander. Dieses Gebirge nun bildet das Sammelgebiet für die Wasserversorgung der zahlreichen und bevölkerten Städte Nord-Englands.

Die Gipfel der dortigen Hügel bilden flache Rücken, die sich weithin ausdehnen und schließlich steil in ein Thal abfallen. Die flachen Bergrücken sind unbebaut und nur mit Heidekraut bedeckt. Dadurch erhält die ganze Gegend eine braunrothe Färbung.

Durch das Heidekraut hat sich auf den Höhen eine dicke Schichte schwarzbrauner Erde gebildet, die dem Torfe gleicht. Ich habe hier eine kleine Quantität solchen Torfes, den ich aus den Abhängen des Rivington Peak (Liverpool-Sammelgebiet) mitgenommen habe.

In dieser Torfschichte nun wird das Regen-wasser wie in einem Schwamm zurückgehalten, so daß es oft schon nahe am Gipfel in Form kleiner Quellen wieder zu Tage tritt.

Fig. 1.

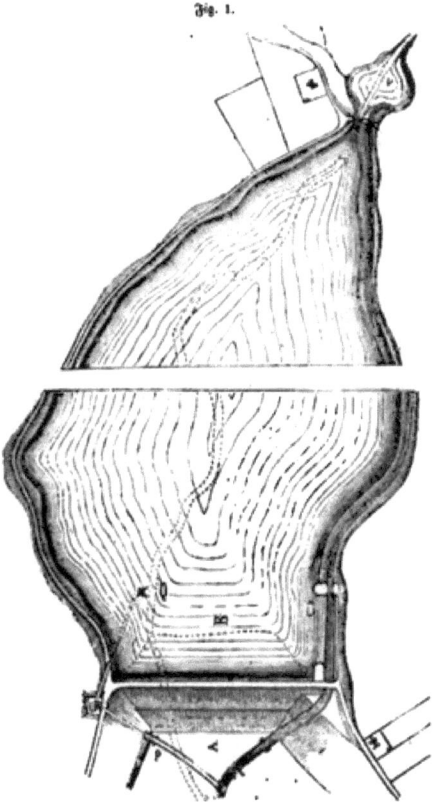

Die Thäler hingegen haben steile Abhänge und sind stark be-baut und bevölkert. Man sieht Werk an Werk stehen, wie ungefähr in Sachsen, wo ich in manchen Gegenden jeden Zoll Wassergefälle ausgenützt fand.

Vor jedem Reservoir wird zweckmäßiger Weise eine soge-nannte Residuum-Kammer (V. Fig. 1) angelegt, d. i. ein ausgehöhlter Vorraum, in welchem sich das vom Bache mitgebrachte gröbere Geschiebe absetzen kann. Ist diese Kammer voll, so kann sie immer leicht entleert werden, ohne im Reservoir irgend welche Störung zu erzeugen.

Von der Residuum-Kammer tritt das Wasser über ein Treppen-wehr in das eigentliche Reservoir. Auf diesem Wehre nun rieselt das Wasser für gewöhnlich in dünnen Schichten von einer Stufe zur andern hinab, kommt mit der Luft in vielfache Berührung, so daß also schon hier eine ziemliche Aëration des Wassers statt-findet. Wenn das Reservoir voll ist (2 M. unter der Dammkrone), muß aber das neu hinzukommende Wasser auch noch einen Ablauf finden. Zu diesem Zwecke ist seit-wärts ein Ueberlaufs-Wehr angebracht. Anschließend an das Wehr ist dann das Ueberlauf-gerinne (Bye-wash) vorhanden.

Das Wehr muß so lang sein, daß selbst das größte über-haupt dagewesene Hochwasser bei gefüllt gedachtem Reservoir nur eine Dicke des überfallenden Wasser-körpers von 20 bis 30 C. erzeugt.

Die Wehrlänge ist also eine Funktion der Größe des Sammelgebietes und des Maximal-Niederschlages.

Das Wehr ist sehr solid aus Quadern stufenförmig konstruirt. Ebenso solid ist der Bye-wash hergestellt. Derselbe ist aber seitwärts vom Damme in die feste Berglehne eingeschnitten und durchwegs stufenförmig abgetheilt. (Fig. 3 stellt den Längenschnitt des „Bye-wash" dar.)

Es hat dies einerseits den Zweck, den Stoß des Wassers zu mildern, also Auskolkungen zu verhindern, andererseits aber, wo mehrere Reservoire untereinander bestehen, dem Wasser eine möglichst große Oberfläche zu bieten, um mit der Luft in vielfache Berührung zu kommen, zu oxidiren. In Edinburg und Sheffield habe ich sogar gefunden, daß man selbst die einzelnen Roststächen (1, 2; 3, 4; 5, 6 c. Fig. 3) noch in Stufen von 2 bis 3 Centimeter Höhe abtheilt, um nur dem Wasser die größtmögliche Oberstäche zu bieten. In diesem Falle rieselt das Wasser im wahren Sinne des Wortes nur herab. Deshalb bringt man wenigstens zwei, sehr gern aber, wenn es die Verhältnisse gestatten, mehr Reservoire übereinander an.

So fand ich dies z. B. bei den Manchester-Werken im Etherow-Thale, wo fünf Reservoire übereinander angelegt sind, in einer Gesammtlänge von 9 Kil. = 2½ Stunden. Ebenso bei Liverpool, wo sechs Reservoire übereinander liegen in zwei Gruppen zu je 3, welche durch einen offenen Kanal von 5-6 Kilometer Länge verbunden sind.

Fig. 2

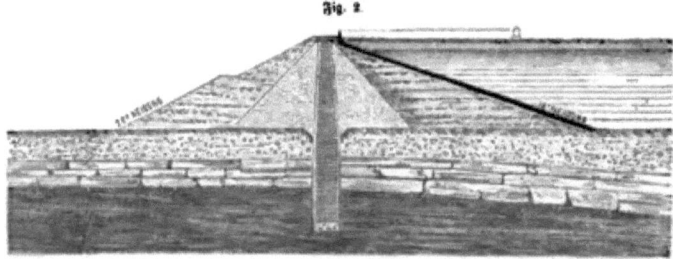

Fig. 3.

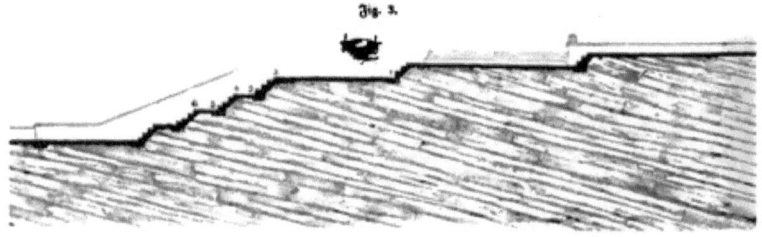

Zur größeren Vorsicht und Sicherheit wird längs des Reservoires noch ein eigenes Wassergerinne — „Saum-Gerinne" — hergestellt. Es hat dies den Vortheil, zur Zeit größerer Niederschläge einen Theil des Hochwassers oder das ganze abzuführen, wodurch das Reservoir reiner erhalten bleibt. Man hat es also in der Hand, stark getrübtes Hochwasser von einem Reservoire fern zu halten, dafür es aber in ein unterhalb gelegenes Kompensationsreservoir zu leiten, damit es nicht verloren gehe. Das Saumgerinne hat aber noch den weiteren Zweck, während der Bauzeit des Reservoires das ganze Wasser abzuführen und so die Baustelle trocken zu erhalten.

Der Ablauf oder Abzug kann auf drei Arten bewirkt werden:

1. Indem man die Abzugsrohre an der tiefsten Stelle direkt unter den Damm legt.

2. An der tiefsten Thalstelle unter dem Damme einen gemauerten Kanal herstellt, in welchen die Rohre gelegt werden.

3. Mittelst eines gemauerten Tunnels abseits vom Damm im natürlichen Boden. Diese Art ist, wenn das zu durchfahrende Gestein deren Anwendung gestattet, wohl die zweck-

mäßigste, da durch ein etwaiges Gebrechen, das im Tunnel vorkommt, nicht gleichzeitig auch der Damm in Mitleidenschaft gezogen wird. Der Damm bleibt vollkommen intakt.

Der Tunnel ist ungefähr in der halben Länge durch eine vertikale Wand in zwei Theile abgetheilt, von denen der eine stets unter Wasser, der andere aber, der das Leitungsrohr zur Stadt (auch 2 Rohre) enthält, immer trocken ist.

Um das Wasser im Leitungsrohre absperren zu können, ist ein Absperr-Schieber angebracht, der mittelst Aufzugsvorrichtungen gehoben und gesenkt werden kann. Zu dem Ende ist ein sogenannter „Ventil-Schacht" (L Fig. 1) hergestellt, in welchem sich die Schieberspindel an Führungen auf- und abwärts bewegt. Der Tunnel liegt erhöht über der Thalsohle und zwar so, daß, wenn beispielsweise die Dammhöhe 30 M. beträgt, die Tunnelsohle 5 M. (d. i. ⅙ h) über der Thalsohle liegt. Es hat dies nämlich den Zweck, daß nicht ungeklärtes Wasser zum Abzug gelangt.

Ueberhaupt darf das Wasserquantum unter diesem Niveau nicht mit in den nutzbaren Inhalt des Reservoirs einbezogen werden.

Auf diese Weise nun erhält man ein recht kühles Wasser, von einer Temperatur, die in der Nähe der mittleren Jahrestemperatur liegt.

Oefter jedoch wird das Wasser in der Nähe der Oberfläche abgezogen; dann aber ist auch die Temperatur etwas höher, doch fand ich dieselbe immer nach 6—10° Fahrenheit niedriger als die jeweilige Lufttemperatur. Solche Anordnungen habe ich z. B. an den Vorrathsreservoiren von Bolton, Bradsport, im Gorbals-Distrikt und Edinburgh getroffen. Ja, man hat sogar die Einrichtung getroffen, daß man in verschiedenen Niveaus das Wasser abziehen kann. Zu dem Ende schließt an den Abzugskanal direkt ein gemauerter oder eiserner Schacht („Upstand") an, welcher in verschiedenen Niveaus Oeffnungen hat, die durch Schieber, resp. Klappen, verschließbar sind.

Das Leitungsrohr zur Stadt ist vom Tunnelende angefangen an der Lehne auf die bekannte Weise 1—1½ M. tief ins Erdreich eingebettet zum Schutz gegen äußere Temperaturschwankungen.

Der Puddel-Kern, der über die ganze Länge des Dammes sich erstreckt, muß, wie erwähnt, in die Berglehnen eingebunden sein. Sind die natürlichen Lehnen des Thales nicht ausreichend wasserdicht, ist also ein Umgehen des Puddel-Kernes durch das Wasser zu befürchten, so muß derselbe auch noch mittelst Armen in die Lehnen eingebunden werden.

Im Querschnitt des Dammes (Fig. 2) schließt sich an den Puddel-Kern zu beiden Seiten die Anschüttung aus sogenanntem „ausgewählten" Material, an dieses sodann die gewöhnliche Anschüttung aus dem vorhandenen Material (Schotter, Gerölle ꝛc.). Zur Erzielung des wasserdichten Abschlusses nach abwärts macht man den unteren Theil des Puddel-Kernes aus Beton.

„Puddel" sowohl als „ausgewähltes Material" müssen in einzelnen dünnen Lagen sorgfältig aufgebracht werden.

Die unter 18° geneigte Innenböschung des Dammes (Wasserseite) ist durch ein solides Pflaster gegen den Angriff des Wassers geschützt, der in Folge des Wellenschlages an der Oberfläche oft ganz bedeutend ist, insbesondere wenn das Reservoir gerade in der Richtung des herrschenden Windes liegt, so daß also der Damm senkrecht zur Windrichtung steht.

Damit diesfalls nicht etwa die Dammkrone angegriffen werde, schließt sich an das Pflaster oben eine Parapetmauer an, die wie bei einem Hafendamm gekrümmt ist, damit die Wellen „auslaufen" können.

Auf der Thalseite ist die unter 26° geneigte Dammböschung mit einer Rasendecke bekleidet.

Ein solcher Damm nun macht sowohl auf den Fachmann, als auf den Laien einen äußerst beruhigenden Eindruck, beiläufig eben so, wie eine natürliche grüne Berglehne.

Und nun zum hygienischen Theil.

Wie ist ein solches Wasser beschaffen, wie sieht es aus, wie schmeckt es?

Diese Frage hat mich am meisten beschäftigt und ich habe, wie ich es auch früher auf meinen Exkursionen immer gethan habe, nicht unterlassen, in jedem Reservoire und in jeder Stadt das Wasser zu kosten. Ich habe stets Trinkglas und Thermometer bei mir gehabt, und es mag sich mein Vorgang gar manchmal recht pedantisch ausgenommen haben; das hinderte mich aber nicht, in gleicher Weise fortzufahren, denn ich wollte der Sache bis auf den Grund nachgehen.

Und so habe ich an mehr als 200 verschiedenen Punkten solches Wasser untersucht. *)

Das Resultat aller meiner Wahrnehmungen in dieser Richtung aber war ein so günstiges, wie ich es vorher gar nie geahnt, geschweige denn anzusprechen gewagt hätte. Beeinflußt nämlich durch die von verschiedener, mitunter hervorragender Seite, bei uns verbreiteten Befürchtungen, glaubte ich, das Wasser müsse in den Vorraths-Reservoiren doch abgestanden sein und demgemäß „fad" schmecken.

Ich konnte mich von dem Eindrucke eines gewöhnlichen Fischteiches, auf dem großblättrige Wasserpflanzen sich befinden, nicht mehr frei machen. Es trat mir dann auch gleichzeitig immer wieder jener Eindruck lebhaft vor meine Augen, den mir das Regenwasser seinerzeit in Holland gemacht hat, wenn ich es aus den Holztonnen unter der Dachrinne entnahm.

Was fand ich aber in diesen großen Reservoiren in Wirklichkeit vor? Ueberall eine wunderschöne, spiegelblanke Wasserfläche, auf welcher nicht eine Spur von Wasserpflanzen oder sonstigen Verunreinigungen zu entdecken war.

Der Eindruck war ein zweifacher, je nachdem vollkommen Windstille herrschte oder nicht. Im ersteren Falle — zumeist am Abend — wurde ich lebhaft an jene beiden kleinen Bergseen im Riesengebirge erinnert, die nordwärts der Schneekoppe liegen, und aus welchen das oberschlesische Flüßchen „Lomnitz" (Nebenfluß des Bobber) entspringt. Im anderen Falle aber — und der Fall fast den ganzen Tag über statt — hatte ich den Eindruck des Mondsees in Oberösterreich bei trübem Wetter. Selbst wenn scheinbar kein Wind blies, waren immer Wellen von 15—20 Centimeter Höhe vorhanden.

Dadurch aber, daß das Wasser an der Oberfläche stets in Bewegung ist, kann sich an den Reservoirböschungen auch gar kein Humus halten, derselbe wird vollständig weggespült; ja auch alle sonstigen erdigen und sandigen Partikelchen werden fortgetragen.

Wie „mit einem Messer abgeschnitten" ist in der Höhe des Oberwasser-

*) Selbstverständlich hatte ich für die betreffenden Wasser auch die chemischen Analysen bei mir, die ich mir früher schon aus den amtlichen Berichten herausgezogen hatte.

spiegels die Humusdecke. Ich habe das überall an jenen Reservoiren gesehen, die entweder theilweise oder ganz trocken gelegt waren.

Die bloßgelegten Reservoirböschungen sehen dann gerade so aus, als hätte man einen „Steinwurf" aus halbfaustgroßen Geschieben hergestellt, oder als hätte man einen Damm von einer bestimmten Höhe an bis zum Boden seiner Rinde entkleidet.

Ich hatte da auch Gelegenheit, den Schlammabsatz kennen zu lernen, der sich an der Sohle bildet. (Redner weist eine Probe vor.)

Das sind nun allerdings ganz mechanische Wirkungen. Aber welche chemischen Wirkungen gehen da außerdem vor sich in einem solchen Wasserreservoire?

Durch den steten innigen Kontakt, in welchem die Wasseroberfläche mit der Atmosphäre steht, findet eine fortwährende Zufuhr von Sauerstoff statt, wodurch die im Wasser vorhandenen organischen Substanzen allmälig zerstört werden; dies findet um so kräftiger statt, je länger das Wasser in einem solchen Reservoire vorhanden ist.

Diese Thatsache, so neuartig sie vielleicht Manchem klingen mag, gilt in England bei allen maßgebenden Fachmännern als ganz selbstverständlich, und ich erregte daher einiges Aufsehen, als ich Anfangs meine Verwunderung darüber ausdrückte, daß die Aëration doch so bedeutend sein könne, um sogar eine merkliche Verbesserung des Wassers hervorzubringen, da ich mir immer vorstellte, das Wasser müsse durch Aufspeicherung eher verschlechtert werden.

Erst als ich die ersten Wässer in den Reservoiren gekostet hatte und jedes Mal ein sehr reines Wasser von angenehm erfrischendem Geschmack konstatiren mußte, begann ich allmälig zu glauben, und ich war nach Verlauf einer Woche bereits überzeugt von der wunderbaren Selbstwirkung der Natur in solchen großen Wasserkörpern.

Bei fast sämmtlichen Wässern, die ich an den verschiedensten Theilen der Reservoire gekostet habe, mußte ich in mein Tagebuch eintragen: „Wasser im Glas ganz klar, von angenehm erfrischendem oder sehr erfrischendem Geschmack."

Ich muß hier bemerken, daß ich die Temperatur des Wassers in jenen Reservoiren, an welche direkt die Rohrleitung zur Stadt anschließt, nur in der Nähe der Oberfläche, also höchstens in einer Tiefe von 30 Centimeter unter derselben messen konnte. Doch fand ich immer noch 6—10° Fahrenheit weniger, als für die jeweilige Lufttemperatur.

Die Temperatur des Wassers in der Tiefe konnte ich nur bei den Kompensationsreservoiren konstatiren, wo ein direkter Ausfluß nach dem alten Bachbett stattfindet. Und da fand ich immer 51, 52, Max. 53° Fahrenheit (10·6 bis 11·7° C.). Es war dies aber so kühl, daß ich beim Eintauchen des Instrumentes immer die Hand wechseln mußte.

Maßgebend hinsichtlich der Aëration wurde mir insbesondere der direkte Ausspruch einer Autorität in England auf diesem Gebiete, nämlich des Dr. Tidy's, Professor der gerichtlichen Medizin, dessen persönliche Bekanntschaft ich in London im Hause Mr. Hawksley's gemacht habe.

Bei einem Gespräche mit Dr. Tidy über meine Wahrnehmungen auf meiner Studienreise drückte ich auch meine Ueberraschung aus über den günstigen Effekt, den ich in den Vorrathsreservoiren hinsichtlich der Aëration wahrgenommen hatte, und meinte, daß ich erst jetzt aus eigener Anschauung weiß, was Aëration ist.

„Ja — meinte Prof. Tidy — das ist ein sehr bedeutender, wichtiger Prozeß, der da in den offenen Reservoiren vor sich geht; die Hälfte der organischen Substanzen gehen auf diese Weise verloren; wir können eben die Natur in ihrem großen Prozesse nur unterstützen, nie aber aufhalten; das Wasser in solchen Vorraths-Reservoiren ist ganz gesund und gut, aber wir haben auch noch bessere Wässer in England, und zwar manche Quellwässer (spring water*).

Als das beste Leitungswasser in England bezeichnete er mir auf meine direkte Frage das von Birkenhead und dieses stammt aus Tiefbrunnen im New-Roth-Sandstein.

Dieser Ausspruch eines solchen Mannes ließ es mir nun ganz natürlich erscheinen, daß selbst die neuesten Wasserversorgungs-Anlagen in England und Schottland auf dem Reservoir-System basirt werden; ließ es mir ganz erklärlich erscheinen, daß man für London seinerzeit das

*) Mit „spring water" wird in England häufig der Eingangs erwähnte ganze Genuß B bezeichnet.

Wasser aus den natürlichen Seen in Cumberland und Westmoorland, dann aus künstlichen Reservoiren in Nord-Wales ganz ernstlich in Vorschlag gebracht hat, welche Vorschläge aber wegen der enormen Kosten und großen Entfernung von der Stadt nicht in Ausführung gekommen sind; denn es wäre eine bedenkliche Sache gewesen, eine Stadt mit mehreren Millionen Einwohnern von einem Rohrstrange von 40, respektive 50 österreichischen Meilen Länge abhängig zu machen. Und dann war es ein Gebot der Billigkeit, diese Niederschlagsgebiete für das dichtbevölkerte Nord-England zu reserviren.

Uebrigens sind gegenwärtig thatsächlich die beiden genannten Gebiete bereits für Wasserversorgungszwecke in Anspruch genommen. Für den Thirlmere-See hat Manchester, und für das Byrnry-Gebiet (Nord-Wales) Liverpool je eine Parlamentsakte erworben.

Der Thirlmere-See wird durch einen Damm künstlich erhöht und wird in einigen Jahren sein Wasser auch nach Manchester führen, welche Stadt heute bereits noch 31 andere Ortschaften damit versorgt; während Liverpool aus einem künstlichen Reservoir von 4·5 Millionen Kubikmeter Inhalt die ergänzende Wasserversorgung beziehen wird, damit die durch die Stadtlauge bereits zu stark verunreinigten Bohrbrunnen, die heute noch mit 25.000 Kubikmeter in Anspruch genommen werden müssen, aufgelassen werden können*). Alsdann werden inklusive der Rivingtonwerke täglich 77.240 Kubikmeter, das ist 1·1 Millionen Cubicmeter und schließlich Reservoirwasser nach Liverpool fließen. Der Grundstein zu diesem gewaltigen Byrnry-Reservoir wurde Mitte August vorigen Jahres gelegt.

Der oben angeführte Ausspruch Dr. Tidy's stimmt auch ganz überein mit den Versuchen, die er (und vor ihm auch schon Dr. Letheby) mit Londoner Kanalwasser hinsichtlich der Aëration angestellt hat.

*) Sehr beachtenswerth ist die Thatsache, daß in den beiden bloß einige Kilometer von einander entfernten Städten Birkenhead und Liverpool die Qualität des Wassers aus Bohrbrunnen, trotzdem sie in demselben Gestein liegen, ganz verschieden ist. Während in Birkenhead noch das beste Trinkwasser aufgefunden wird, sind in Liverpool sogar schon die Tiefbrunnen von mehreren hundert Fuß Tiefe so stark mit der „Stadtlauge" verunreinigt, daß man sie ganz auflassen muß.

Er mischte 1 Pint*) Kanalwasser mit 20 Pint gewöhnlichen Trinkwassers und ließ diese Flüssigkeit 5·2 Meter hoch in 5½ Minuten (also mit der geringen Geschwindigkeit von 16 Meter pro Sekunde) verschiedene Male durch die Luft herabfließen und bestimmte jedes Mal den Sauerstoff, welcher zur Oxidation der organischen Stoffe nöthig war. Je weniger Sauerstoff erforderlich war, desto kleiner war natürlich die vorhandene Menge organischer Substanzen und umgekehrt.

Bar am Anfange des Experimentes die erforderliche Sauerstoffmenge 1000
so war sie

nach 10maligem Herabfließen der Flüssigkeit	717
„ 20 „ · „ „ „	525
„ 30 „ · „ „ „	405
„ 40 „ „ „ „ „	311
„ 50 „ „ „ „ „	225

Also nach 50maligem Passiren der Luft waren die organischen Substanzen bereits um 77·5% vermindert worden.

Hinsichtlich der Farbe fand ich, daß jene Wasser, die von Moorboden herstammen, in den Reservoiren gelblich, ja manche sogar bräunlich gefärbt aussehen;' es rührt dies von dem Peaty-Stoff (Torf) her, der ziemliche Flächen in den Niederschlagsgebieten bedeckt.

Doch verliert sich diese Farbe allmählig, in Folge der Exposition des Wassers (Licht und Luft). So z. B. habe ich gefunden, daß das Manchesterwasser in der Stadt bereits vollständig farblos ist, während man 29 Kilometer vorher, in den Etherow-Reservoiren bei einiger Wassertiefe eine gelbliche Färbung konstatiren kann. Ja, das Glasgow-Wasser aus dem Loch-Katryne, das immer als Muster eines tadellosen gesunden Wassers dargestellt wird, fand ich im See selbst bräunlich, im Dienstreservoire bei Milgarie nach 42 Kilometer Lauf nur mehr etwas gelblich, in Glasgow aber bereits farblos.

Und Bateman, der Erbauer dieses großartigen Werkes, der in seinem Leben über hundert Vorrathsreservoire ausgeführt hat, berichtet hinsichtlich der Farbe dieses Wassers an die königl. Wasser-Kommission:

„Die Bäche, welche den Loch Katryne speisen, sind zur Zeit ihrer Anschwellung so dunkel gefärbt wie Mahagoni und so braun wie Kaffee in einer

*) 1 Pint = 0·568 Liter.

Kaffeeschaale; aber so groß ist die Wirkung der Exposition und der Bleichung, daß das Wasser in der Stadt Glasgow durch einen beträchtlichen Theil des Jahres absolut farblos ist und im Herbst und Winter ein Stück weißes Porzellan in einer Tiefe von 5—6 Schuh nur strohgelb erscheint, während das Auge bei Anwendung eines Glasgefäßes gar keine Färbung entdeckt."

Und der vielerfahrene große Fachmann auf diesem Gebiete, Mr. Hawksley, der seit vollen 50 Jahren Reservoir-Wasserversorgungen erbaut und dessen Rath und Urtheil bei jeder nennenswerthen beabsichtigten Wasserversorgung eingeholt wird, sagt 1879 in seinem Gutachten über die neue Liverpool-Versorgung wörtlich, daß in Vorrathsreservoiren das Wasser alle subsidialen Substanzen absetzt und es gebleicht wird durch die Wirkung von Licht und Luft, ganz genau in derselben Weise, in welcher Leinwand „grasgebleicht" (grass bleached) wird.

Daß der große Naturprozeß der Aeration in Vorrathsreservoiren schon vor 35 Jahren in England in seiner Bedeutung erkannt und gewürdigt wurde, beweist das Gutachten, welches Professor Graham am 2. März 1847 über die Bachwässer im Etherowthale bei Errichtung der Manchester-Werke abgab.

Er sagt auf pag. IV der bezüglichen Parlamentsakte:

„...Wenn dieses Wasser der Luft frei exponirt wird, so wird der färbende Stoff unlöslich und hiernach durch Filtration entfernbar. Dieses Wasser, glaube ich daher, enthält keine Unreinigkeiten, welche nicht leicht entfernt werden könnten durch gewöhnliche mechanische*) Filtration und Subsidence, vorausgesetzt, daß ihm gestattet wird, durch zwei oder drei Wochen in einem Reservoire oder Absatzteich zu bleiben."

In ganz gleicher Weise sprachen sich Prof. Playfair und Dr. Brett aus, als sie 1847 ihr Gutachten über die Bachwässer vom Rivington Peak für die heutigen Liverpool-Reservoire abgaben (Parl.-Akt. Liverp. pag. XXIX). Ebenso bei den Leicester-Werken ꝛc. ꝛc.

*) Damals war der Filtrationsprozeß nicht so ausgebildet wie heute, um auch eine chemische Wirkung desselben konstatiren zu können.

Die verbessernde Wirkung der Luft kennen übrigens auch die Schiffer ganz gut, denn sie lassen ihr mitgeführtes Süßwasser, um es genießbar und gesund zu erhalten, zeitweise in der Luft herabfallen.

Auch in den Aquarien führt man bekanntlich künstlich Luft in das Wasser, um dasselbe gut und gesund zu erhalten.

Ebenso ist bekannt, daß destillirtes Wasser verdaulich und genießbar gemacht werden kann durch bloßes Schütteln.

Die Selbstreinigung der Flüsse, die heute glücklicherweise anerkannte Thatsache ist, basirt ja eben auch nur auf der oxydirenden Wirkung der Luft. Das Oberwasser hat Prof. Hirt's Beobachtungen zufolge 30 Meilen unterhalb Breslau wieder dieselbe Zusammensetzung und Beschaffenheit wie oberhalb dieser Stadt.

Aehnliche Resultate wurden an der Seine bei Paris konstatiert, sowie endlich in den amerikanischen Flüssen.

Deshalb sagte auch der große deutsche Hygieniker Pettenkofer auf der Naturforscherversammlung in Salzburg im vorigen Herbste, daß die Wasser aus Flüssen und Seen recht wohl zur Wasserversorgung der Städte geeignet seien, da diese Wässer nach einiger Zeit durch Oxydation der sie verunreinigenden Bestandtheile ihre ursprüngliche Güte wieder erlangen.

Hinsichtlich der Aëration des Wassers in offenen Reservoiren hat auch Dr. Bischof in Berlin vor zwei Jahren durch drei Monate hindurch Beobachtungen angestellt und zwar mittelst chemischer Analyse und mittelst Mikroskop. Er ist zu solch wichtigen, günstigen Resultaten gekommen, daß auf Grund derselben der Berliner Magistrat, an dessen Spitze bekanntlich v. Forckenbeck steht, voriges Jahr wiederholt dem Stadtkollegium den Vorschlag gemacht hat, die vor wenigen Jahren erst eröffneten Tegeler Brunnen ganz aufzulassen und das Wasser direkt aus dem im Maximum 15 Meter tiefen Tegeler See zu entnehmen. Vorderhand konnte sich jedoch das Stadtverordneten-Kollegium noch nicht zur Annahme dieses Vorschlages entscheiden und hat beschlossen, noch Versuche mit artesischen Brunnen und Sandfiltern zu machen.

Je kultivirter und je bewohnter ein Sammelgebiet ist, desto mehr werden im Allgemeinen die das Reservoir speisenden Wässer durch organische Substanzen verunreinigt sein. Unbewohnte oder nicht kultivirte Niederschlagsgebiete, die für Wasserversorgungszwecke bereits einbezogen sind, dürfte es in England wohl gar keine oder gewiß nur sehr kleine geben; ich habe kein einziges vorgefunden. Daß man bewohnte und kultivirte Gebiete bei der Auswahl möglichst zu vermeiden trachtet, ist natürlich; theoretisch läßt sich die Forderung allerdings leicht stellen; sehr schwer oder auch gar nicht ist sie praktisch durchführbar, sobald es sich um eine Großstadt von Hunderttausenden von Einwohnern handelt.

Besitzt aber ein Niederschlagsgebiet stärkere Kultur und dichtere Ansiedlungen, so wird das abtrete Wasser noch einer Sandfiltration unterzogen.

Solche Filtrations-Anlagen an Reservoir-Versorgungen habe ich getroffen in Leicester, für Liverpool bei Rivington, in Edinburgh und im Gorbals-Distrikt für Glasgow.

Manchester und Sheffield filtriren nicht, da das Wasser ohnehin rein genug und vorzüglich ist.

Es wäre sehr interessant, auf das wichtige Kapitel "Centrale Sandfiltration" näher einzugehen, doch muß ich mich zufolge der knapp zugemessenen Zeit nur auf das Hauptresultat beschränken, „daß die centrale Sandfiltration, wenn sie rationell durchgeführt wird — wie es in den meisten englischen, aber nur in einigen wenigen deutschen Städten der Fall ist — nicht bloß suspendirte Verunreinigungen beseitigt, sondern auch einen Theil der aufgelösten organischen Substanzen zerstört."

Längere Zeit hindurch, von 1838 bis 1851, hat man allgemein der Filtration bloß eine mechanische Wirkung zugeschrieben. Selbst die ersten Fachmänner auf diesem Gebiete in jener Zeit, wie Clarke, Graham, Playfair sprechen in ihren Gutachten über die verschiedenen damals in Errichtung begriffenen Wasserversorgungen immer nur von der günstigen „mechanischen" Wirkung der Sandfiltration auf das Wasser.

Erst seit 1851, mit welchem Jahre von Seite der Behörde eine sehr scharfe Kontrole über die Londoner Wassergesellschaften hinsichtlich der erzielten Qualität des Wassers eingeführt und fort und fort verbessernde Versuche in der Sandfiltration gemacht wurden, ist es schließlich im großen Maßstabe gelungen, Resultate zu erzielen, die uns in Erstaunen setzen.

London hat bekanntlich 8 Wasserkompagnien, die ihr Wasser der Themse, resp. dem New-River und aus Tiefbrunnen entnehmen.

Ein übersichtliches Urtheil über den Effekt der Sandfiltration in London zeigt uns folgende von der „Royal Water Kommission"*) gegebene Tabelle:

In 70.000 Theilen

	Themse-Kompagnien		Prozent	
	vor Filtr.	nach Filtr.	Zunahme	Abnahme
Aufgelöste organische Stoffe . .	1·261	0·976	—	22·7
Suspendirte organische Stoffe .	0·173	0·005	—	72·8
Aufgelöster Sauerstoff	0·796	0·825	3·6	—
Ammoniak	0·003	0·002	—	33·3

Anmerkung. Nach den Analysen von Letheby, Odling und Abel. — Die in der Kolonne „vor der Filtration" angeführten Zahlen beziehen sich noch nicht auf das direkt geschöpfte Themsewasser, sondern auf das Wasser nach der Klärung, ein wesentlicher Prozeß, der jeder rationellen Sandfiltration vorausgehen muß. Vergleicht man das ursprüngliche Themsewasser mit dem filtrirten, so stellt sich der Unterschied in den Zahlen noch weit größer heraus.

„Alle Chemiker — sagt daher die kgl. Kommission — stimmen über die Wichtigkeit der Filtration überein."

Uebrigens haben wir auch auf dem Kontinent ein eklatantes Beispiel für die hochverbessernde Wirkung der Filtration; es ist dies in Altona der Fall, einer jener wenigen Städte in Deutschland und Oesterreich, die rationelle Reinigungsanlagen haben.

Bekanntlich entnimmt Altona sein Wasser der Elbe, 15 Kilometer unterhalb der Stadt (bei Blankenese). Das Wasser wird einer Reinigung durch Ablagerung und Sandfiltration unterzogen und zeigt nach Dr. Wiebel durch die Reinigung eine Verminderung der organischen Substanzen um 64·7 Prozent.

Selbst die bloße Klärung verminderte, je nach der Ruhezeit, die organischen Substanzen um 23 bis 45·7 Prozent.

Ich spreche da nur von der rationellen Filtration, wo alle Umstände (wie Ablagerung, sehr langsames Filtriren, gehörige Lüftung mittelst Luftröhren, rechtzeitige Reinigung des Filterbettes, mechanisches Waschen, nachheriges Aussetzen der Atmosphäre, Ausruhen des fertigen Filters durch längere Zeit rc. rc.) in gleich sorgfältiger Weise berücksichtigt und gehandhabt werden und nicht, wie es meist geschieht, man das ungeklärte Wasser direkt auf die Filter bringt und immer größere Druckhöhen anwendet und keine Luftröhre, kein Ausruhen rc. kennt. Alle diese Rücksichten werden in London in Folge der strengen Kontrole der Behörden in sehr exakter Weise und in großem Maßstabe geübt.

Nimmt man diese Rücksichten nicht, dann passirt es allerdings, daß man nicht zu den erwünschten Resultaten gelangt; daher kommt es aber auch, daß die Sandfiltration bei uns in Oesterreich und Deutschland so vielfach diskreditirt, ja sogar ohneweiters als ganz zwecklos hingestellt wird, da man auf mehr als ein Dutzend von Städten in Mitteleuropa hinweisen kann, welche (trotzdem ihre Filterwerke in der neuesten Zeit angelegt worden), kein befriedigendes Resultat erzielt haben.

Ich habe zwei Proben Filtersand aus Edinburgh mitgebracht. Die eine stellt den ungebrauchten Sand vor der Filtration, die andere aber denselben Sand nach der Filtration vor.

Dieser gebrauchte Sand aber kann durch Waschen wieder vollkommen brauchbar gemacht werden, und ich habe mehreren solchen Arbeiten (in Altona, Leicester, Edinburgh) beigewohnt.

Je nach der Sorgfalt beim Waschen ist auch der Grad der Reinigung und die Dauer der Wiederverwendbarkeit des Sandes verschieden.

Außerdem habe ich noch vier Proben Filtersand da, welche sich auf Leicester, Liverpool und Glasgow beziehen. Sie sehen die ganz verschiedene Beschaffenheit des Sandes, wie er eben zu erlangen ist.

Der eine Sand von Glasgow (Gorbals-Distrikt), ein wunderschöner Quarzsand, stammt

*) Nicht identisch mit „River Pollution Kommission", der Engelland angehörte.

sogar aus Lissabon, von woher er billiger und, wie deutlich zu sehen ist, besser bezogen wird als aus Schottland (Insel Arran) selbst.

Und nun erlauben Sie mir, meine hochgeehrten Herren, zum Schlusse noch einige Worte zu sagen über die Thätigkeit Englands auf dem Gebiete der öffentlichen Gesundheitspflege überhaupt.

Ich habe hier die Originalberichte jener königlichen Kommissionen mitgebracht, welche vom Jahre 1840 bis 1874 auf diesem Gebiete thätig waren. Auf diese Berichte berufen sich alle deutschen Hygieniker und sonstigen Männer, die sich mit der Gesundheitspflege eingehender befaßt haben und befassen.

Insbesondere sind es fünf Kommissionen:

I. Die Kommission zur Erforschung des Zustandes großer Städte und bevölkerter Distrikte. 1843.

II. Kommission zur Erforschung der besten Mittel zur Verhütung der Verunreinigung der Flüsse. 1865. (River Pollution Kommission 1865.)

III. Kommission zur Erforschung der besten Mittel zur Verhütung der Verunreinigung der Flüsse. 1868—74. (R. P. C. 1868.)

IV. Königl. Kommission für Wasserversorgung. 1866 bis 1867. (Duke of Richmond Kommission.)

V. Königl. Sanitäts-Kommission 1869.

Jede dieser Kommissionen hatte das Recht, alle jene Männer zur Aufklärung herbeizuziehen, welche sie in Folge ihrer Stellung, Kenntniß und Erfahrung für kompetent erachtete. Und so kommt es, daß alle hervorragenden Männer der letzten 40 Jahre in England und Schottland an diesen mühsamen, eingehenden, ausgezeichneten Erforschungen theilnahmen; ich nenne da nur die Namen Clark, Smith, Playfair, Graham, Parkes, Hoffmann, J. Miller, Letheby, Frankland, Tidy ic., dann Hawksley, Bateman, Leslie, Quick, Rawlinson, Beardmore, Rob. Stephenson ic.

Allen Berichten sind als wesentliche hochwichtige Theile die ausführlichen Protokolle beigegeben; jede Frage, die an irgend eine Korporation oder Person gestellt wurde, sowie auch die jeweiligen Antworten — alles, alles ist haarklein wiedergegeben, so zwar, daß man beim Lesen ein so klares Bild von dem ganzen Vorgange bei den Erforschungen erhält, als wäre man selbst dabei gewesen.

Auf diesen Erforschungen, respektive Vorschlägen nun basiren alle Gesundheitsgesetze, wie sie in England bis auf die allerneueste Zeit herauf erlassen wurden.

In diesen Berichten haben wir auch bereits den Weg vorgezeichnet, den wir bei uns einschlagen müssen, um unsere hohe Sterblichkeitsziffer von 33°/₀ zu reduziren. Begleiten wir dieses Volk bei seiner ruhigen Arbeit in seinem Lande. Wir werden vielleicht theilweise zu anderen Schlüssen gelangen, in Folge unserer besonderen Verhältnisse; sicher aber werden wir den gleichen Weg hinsichtlich der Erhebungen und Erforschungen der bestehenden Uebelstände und deren Ursachen gehen müssen.

Schaffen wir, so wie in England, dem Stadtbewohner eine reine, genießbare Luft in seinem Wohn- oder Arbeitsraum durch rasche Entfernung der Fäkalien und durch eine ordentliche Ventilation; führen wir ihm ein ausreichendes Quantum brauchbaren Wassers zu; nöthigen wir so den Einzelnen, insbesondere den Aermeren indirekt zu einer größeren Reinlichkeit in seinem Hause; wirken wir aber auch Alle ohne Unterschied des Standes zusammen: dann kann der Erfolg nicht ausbleiben und auch unsere Oesterreichische Gesellschaft für Gesundheitspflege wird sich ein bleibendes Denkmal für die Nachwelt setzen.

Correcturen

im Experten-Berichte über die Wienfluß-Regulirung nach der Drucklegung.

pag. 88, 2. Spalte, Absatz 3 von unten, soll heißen:

„Die Reservoirs wären also . . . . . bei einem Gefälle des Terrains von 1 : 15 im Querprofile und 1 : 66 (15⁰/₀₀) im Längenprofil."

pag. 90, 2. Spalte, Absatz 3, soll heißen:

„Bei einem Reservoir mit 1 : 15, respektive 1 : 66 (15⁰/₀₀) Terrainneigung . . . ."

pag. 90, Spalte 2, Absatz 3,

„statt bei 2 Meter, soll heißen: circa 1 Meter."

pag. 91, 1. Spalte, Absatz 2, im Kapitel 16, soll heißen:

„einer Neigung des Bodens von 1 : 15, respektive 1 : 66 . . ."

pag. 91, 1. Spalte, Absatz 3, am Ende,

„statt circa 23,000 fl. soll heißen: 36,000 fl."

pag. 91, 1. Spalte, Absatz 4, am Ende,

„statt 32 kr. soll heißen: 50 kr."

pag. 91, 1. Spalte, am Ende der Spalte,

„statt 982,000 fl. ö. W. soll heißen: 1,534.000 fl. ö. W."

„statt 1,255.000, fl. ö. W. soll heißen: 1,961.000 fl. ö. W."

pag. 103, 3. Absatz,

„statt 982,000 fl. ö. W. soll heißen: 1,534.000 fl. ö. W."

„statt 1,255.000 fl. ö. W. soll heißen: 1,961.000 fl. ö. W."

Verlag des Gemeinderaths-Präsidiums. Druck von J. B. Wallishausser.